铁路职工岗位培训系列教材

车站调度员　调车区长（理论部分）

中国铁路呼和浩特局集团有限公司　编

中国铁道出版社有限公司

2024年·北　京

内 容 简 介

本书为中国铁路呼和浩特局集团有限公司编写的"铁路职工岗位培训系列教材"之一,介绍车站调度员、调车区长岗位应掌握的理论知识。全书分三部分,包括:站场设备,信号、联锁、闭塞设备,机车车辆,电气化铁路相关知识,其他设备等基础知识;行车技术管理,车站作业计划,车站技术作业过程及车站能力,调车作业、接发列车,运输统计等专业知识;施工维修作业,铁路交通事故处理等相关知识。

本书适合车站调度员、调车区长工种及相关人员培训及自学使用。

图书在版编目(CIP)数据

车站调度员 调车区长.理论部分 / 中国铁路呼和浩特局集团有限公司编 . -- 北京 : 中国铁道出版社有限公司,2024. 9. -- (铁路职工岗位培训系列教材).

ISBN 978-7-113-31502-3

Ⅰ. U292.4;U292.2

中国国家版本馆 CIP 数据核字第 2024JM4783 号

书　　名:**车站调度员 调车区长(理论部分)**

作　　者:中国铁路呼和浩特局集团有限公司

责任编辑:李曦琳 黄 筱　　　　　　编辑部电话:(010)51892548

封面设计:郑春鹏

责任校对:安海燕

责任印制:高春晓

出版发行:中国铁道出版社有限公司(100054,北京市西城区右安门西街 8 号)

网　　址:http://www.tdpress.com

印　　刷:三河市国英印务有限公司

版　　次:2024 年 9 月第 1 版 2024 年 9 月第 1 次印刷

开　　本:787 mm×1 092 mm 1/16　**印张:**15.25　**字数:**357 千

书　　号:ISBN 978-7-113-31502-3

定　　价:105.00 元

编　委　会

技能是强国之基、立业之本，技能人才是支撑铁路高质量发展的重要力量。为加强铁路专业技能人才队伍建设，加快铁路创新型、应用型、技能型人才培养，依据铁路特有工种技能培训规范，中国铁路呼和浩特局集团有限公司组织编写了铁路职工岗位培训系列教材。

本套教材从各工种岗位实际出发，注重专业性、实用性和指导性，内容主要包括基础知识篇、专业知识篇和相关知识篇三部分，各篇章节内容紧扣培训规范，通过深入浅出的讲解，力求通俗易懂。本套教材可作为铁路职工岗位培训和业务学习用书，亦可供有兴趣职工自学使用。

本套教材由中国铁路呼和浩特局集团有限公司教材编审委员会组织，集团公司运输、客运、货运、机务、工务、电务、车辆及供电部编写、审稿，职工培训部校订并实施完成。本书第一章至第四章由王亮编写；第五章至第八章由董志刚编写；第九章至第十二章由杨再喜编写。本书由赵凯、李春龙审核。在此对所有编审人员及支持帮助本书编写的同志表示衷心的感谢。

本书编写时间较短，难免存在疏漏之处，欢迎读者朋友予以批评指正。

编委会

2024 年 7 月

目　录

第一篇　基 础 知 识

第三篇　相 关 知 识

第一篇 基础知识

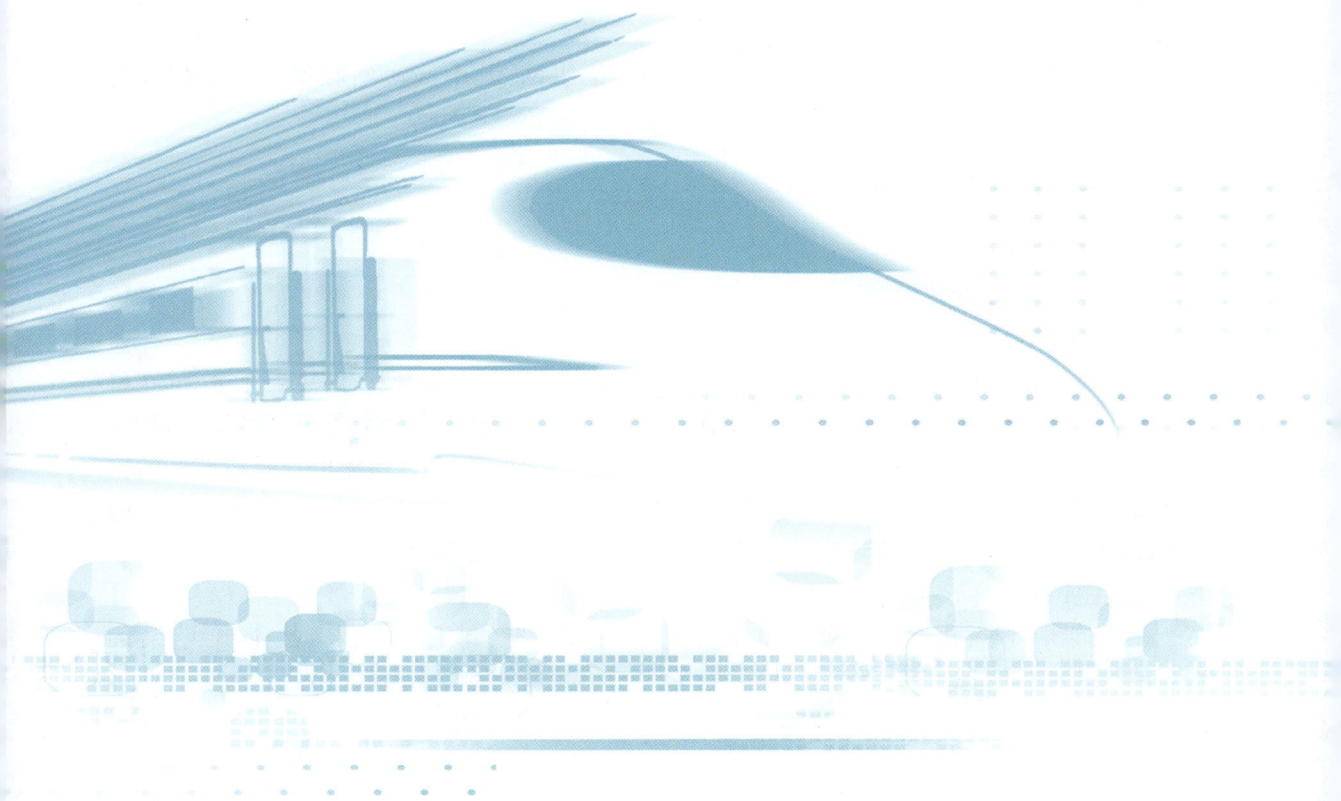

第一章 | 站 场 设 备

第一节 铁 路 车 站

一、车站的概念及分类

（一）车站的概念

车站是办理旅客运输与货物运输的基地、是铁路运输的基本生产单位,旅客乘降、货物装卸及其有关作业都是在车站上进行的。在车站,除了办理客、货运输各项作业外,还办理和列车运行有关的各项作业,如列车的接发、会让与越行;车列的解体与编组;机车的换挂与整备;车辆的检查与修理等。

（二）车站的分类

由于车站所担负的任务量、业务性质不同,其办理的作业、服务的对象及重点也有所不同。因此,车站有不同的分类。

按业务性质不同,车站分为营业站、非营业站,其中营业站分为客运、货运站、客货运站。

按技术作业不同,车站分为中间站、区段站、编组站,其中区段站和编组站总称为技术站。

二、车站的特点及等级

（一）中间站

1. 中间站的作业和设备

（1）主要作业

中间站是设在两个技术站之间的车站,主要办理客、货运业务以及客、货列车会让（在单线铁路上）和越行（在双线铁路上）等技术作业。中间站是铁路线路上数量最多的车站,铁路线上运行的大量列车主要在中间站通过、交会或避让;同时,中间站还承担着所在地区的旅客乘降和货物发送、到达任务。因此,中间站办理的作业主要是接发列车作业和摘挂列车的摘挂车辆技术作业,少数中间站也办理始发直达列车和终到列车的技术作业。

（2）主要技术设备

①供接发列车、进行调车作业和装卸货物用的配线（到发线、调车线、牵出线、装卸线等）;

②供服务旅客用的旅客站舍及站台等；

③供货物作业用的中小型货场及仓库等；

④信号、联锁、闭塞设备及通信设备。

2. 会让站和越行站

（1）会让站

会让站是指提供多趟列车相互会让的车站。会让站设置在单线铁路上，主要办理列车的到发和会让，也可以同时办理客运或货运业务。会让站应铺设到发线并设置通信设备、旅客乘降和技术办公房屋等。在会让站上，既可以实现会车，也可以实现越行。先到的列车在本站停车，等待反方向的列车到达本站，两列列车相互交会，叫作会车；先到的列车在本站停车，等待后一个同方向的列车通过本站或到达本站停车后先开，叫作越行。

（2）越行站

越行站设置在双线铁路上，主要办理同方向列车的越行，必要时办理反方向列车的转线，也办理少量客、货运业务，利用越行站可以使同一线路上的快车超过慢车。因此越行站应有到发线、旅客乘降设备、信号及通信设备、技术办公房屋等。

（二）技术站

编组站和区段站统称为技术站。从技术作业上看，编组站和区段站都要办理列车的接发、解编，机车供应或换挂，列车的技术检查及车辆检修等作业。但二者又有区别，区段站主要办理中转列车的作业，解体和编组的列车数量少，而且大多是区段列车或摘挂列车；编组站主要办理改编货物列车作业、无调中转列车作业、编组直达列车和直通列车等，所以编组站又被称为"货物列车制造工厂"。

1. 区段站

区段站是设在铁路牵引区段分界处的车站，主要办理货物列车机车换挂、整备、检修以及区段列车、摘挂列车的解编等作业。其主要设备有：到发线、调车线、牵出线以及机务段、车辆段和其他有关设备。区段站的作业和设备尽管在数量和规模上都不是最大的，但其作业和设备的种类却是比较齐全的。

（1）区段站的作业

①客运业务：与中间站所办理的客运业务基本相同，只是数量较大。

②货运业务：与中间站所办理的货运业务大致一样，但作业量较大。

③运转作业：

a. 与旅客列车有关的运转作业：主要办理通过旅客列车的接发作业，有的车站还办理局管内或市郊旅客列车的始发、终到作业以及个别车辆的甩挂作业。

b. 与货物列车有关的运转作业：主要办理无改编中转货物列车的接发和有关作业。对区段列车和摘挂列车进行解体和编组作业。同时还办理向货场、工矿企业专用线取送作业车等。有些区段站对部分改编中转列车，还要办理变更运行方向、变更列车重量或换挂车组等作业；有些区段站还担当少量始发直达列车的编解任务等。

④机车业务：以更换货物列车机车和乘务组为主，对机车进行整备、修理和检查等。

⑤车辆业务：主要是办理列车的技术检查和车辆的检修任务。在少数设有车辆段的区段站上，还办理车辆的段修业务。

由上述可知,区段站办理的作业,无论在数量上还是种类上,都较中间站复杂得多。而在它办理的解体、编组及中转列车中,又以无改编中转列车所占比重为最大,成为区段站作业组织工作的重要部分。

所有到达区段站的货物列车,按它在该站所进行的作业性质,可以分为两类:一类是到达本站不解体,只做技术检查和机车换挂等作业,然后继续运行的列车,叫作无改编中转列车(无调中转列车);一类是列车到达本站后,要将车列解体,车组进入调车场集结编组形成新的列车后由车站出发,这种列车叫作改编或解体列车(有调中转列车)。

(2)区段站的设备

①客运业务设备:包括旅客站房、站台、雨棚及跨越线路设备等。

②货运业务设备:包括货场及其有关设备,如装卸线、货物站台、仓库、堆放场及装卸机械等。

③运转设备:供旅客列车使用的运转设备,主要有旅客列车到发线,必要时设客车车底停留线;供货物列车使用的运转设备,主要有货物列车到发线、调车线、牵出线(有时设小能力驼峰)、机车走行线及机待线等。

④机务设备:包括机务段和折返段。在机务段所在的区段站上如采用循环运转制时,在到发场应设有机车整备设备。当采用长交路轮乘制时,可设置机车运用段或机务换乘点。

⑤车辆设备:包括车辆段、列车检修所和站修所等。

⑥除上述设备外,还有信号、通信、照明、办公房舍等设备。

2. 编组站

(1)编组站主要作业

编组站是专门担当有改编货物列车的解体、编组作业和无改编货物列车的通过作业,以及列车机车供应、换挂、整备、检修和货车技术检查、修理等作业的车站。

编组站通常设在几条主要干线的汇合处,也可以设在有大量装卸作业地点的大城市、港口或大工矿企业附近。编组站是铁路网上办理大量货物列车解体和编组作业,并设有比较完善调车设备的车站。编组站按照编组计划要求,编解各种类型的列车,多数是直达列车和直通列车,为合理的车流组织服务。编组站的主要作业有:改编货物列车作业、无调中转列车作业、货物作业车作业、机车整备检修作业、车辆检修作业等。

(2)编组站主要设备

编组站的主要设备有:改编货物列车的到达线(场)、调车线(场)、出发线(场);无改编货物列车的到发线(通过场);驼峰、牵出线、调车机车;机务段;车辆段等。从种类上看与区段站基本一样,但位于大城市郊区的编组站,可能不设客、货运设备;在货物运转设备方面,调车场和调车设备的规模和能力比区段站要大得多,所以调车设备是编组站的核心设备。

凡以一套调车设备为核心,配合到达场、出发场组成的车站图形,称为一个改编设备系统的布置图。上、下行场与调车场并列配置时,叫作横列式布置图;所有主要车场顺序排列时,叫作纵列式布置图;部分车场纵列、另一部分车场横列的,叫作混合式布置图。我国铁路现场对编组站图形有所谓"几级几场"的称呼。"级"是指车场排列形式,一级式就是车场横列,二级式就是到达场、调车场纵列,三级就是到达场、调车场、到发场顺序排列。"场"就是指车场,站内有几个车场,就叫几场。

（3）编组站的等级

①路网性编组站

路网性编组站位于几条铁路干线的汇合点，其主要任务是办理各条干线之间大量直达或直通车流的改编作业，改编作业量大。编组直达和直通列车的去向一般在 6 个及以上，编组列车到站总数每昼夜达到 15～20 个或更多，日均有调作业量一般在 6 000 辆以上。

②区域性编组站

区域性编组站分布在铁路干线交会的重要地点，是路网重要支点，主要承担路网中一定地区内车流的改编任务，改编作业量较路网性编组站少。编组直达列车和直通列车的去向在 3 个及以上，编组列车到站总数每昼夜 10 个左右，日均有调作业量在 4 000 辆以上。

③地方性编组站

地方性编组站一般位于干支线交会点、铁路枢纽内或有大宗车流集散地点，是承担地方车流解编作业的中小型编组站。它一般编组 2 个及以上去向的直通和直达列车，日均有调作业量在 2 500 辆左右，编组列车到站数 8 个以下。

第二节 铁路线路

一、线路的分类

铁路线路分为正线、站线、段管线、岔线、安全线及避难线。车站线路图如图 1-1 所示。

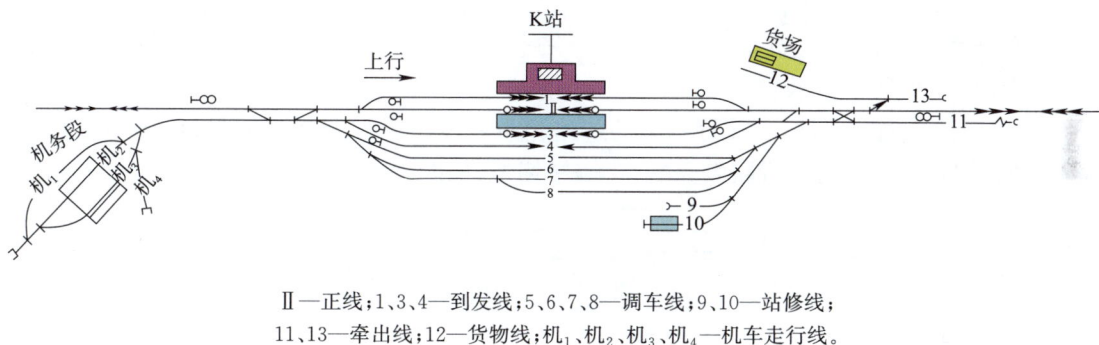

Ⅱ—正线；1、3、4—到发线；5、6、7、8—调车线；9、10—站修线；
11、13—牵出线；12—货物线；机₁、机₂、机₃、机₄—机车走行线。

图 1-1　车站线路图

（一）正线

连接车站并贯穿或直股伸入车站的线路为正线。

正线可分为区间正线及站内正线：连接车站的部分为区间正线，贯穿或直股伸入车站的部分为站内正线。

（二）站线

站线指到发线、调车线、牵出线、货物线及站内指定用途的其他线路。

到发线是供接发旅客和货物列车的线路；调车线和牵出线是供解体或编组车列的线路；货物线是办理货物装卸等货运业务的线路；站内指定用途的其他线路，主要有机车走行线、机待线、禁溜线、峰下迂回线、存车线、站内机车整备线、站修线、专用铁路交接线等。

（三）段管线

段管线是指由机务、车辆、工务、电务、供电等段专用并由其管理的线路。如机务段内机车整备线、机车转头用的三角线和转盘线，车辆段内车辆检修作业用的线路以及工务、电务段内停留轨道车及其他车辆的线路。

（四）岔线

岔线指在区间或站内接轨，通向路内、外单位的专用线路。岔线直接为厂矿企业服务，有的岔线上还设有车站，相互间还办理闭塞手续，但这些车站不办理铁路营业业务，该岔线也不算铁路营业线。

（五）安全线

安全线指为防止机车车辆进入其他线路，与其他线路上的机车车辆发生冲突而设的尽头式线路。安全线向车挡方向不应采用下坡道，其有效长度一般不小于 50 m。机车车辆因故进入安全线并不能保证其本身安全，只是起隔开作用，以保证邻线上其他机车车辆的安全。

（六）避难线

为防止在陡长坡道上运行的列车发生颠覆或冲突，《铁路技术管理规程（普速铁路部分）》（以下简称《技规》）要求必须设置避难线。

避难线应将接车方向设为上坡，以缓和列车的前冲力，避难线的长度应通过检算确定。

二、线路编号

为便于管理，《技规》规定，站内线路应统一进行编号。线路编号规定正线用罗马数字表示，站线用阿拉伯数字表示。

1. 单线区段内的车站，从靠近站舍的线路起向远离站舍方向顺序编号；位于站舍左、右或后方的线路，在站舍前的线路编完后，再顺序编号，如图 1-2 所示。

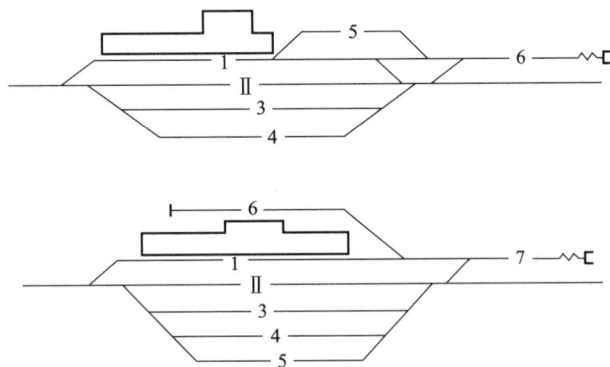

图 1-2　单线铁路车站线路编号

2. 双线区段内的车站，从正线起顺序编号，上行为双号，下行为单号，如图 1-3 所示。

双线铁路横列式区段站的线路，因为在车站两侧线路的数量不均衡，相差较大，如果按照双线车站进行编号，就会出现单号远多于双号或双号远多于单号的情况，不便记忆和日常管理，不适宜按列车运行方向分别编号，可比照单线铁路车站的线路编号方法编号。

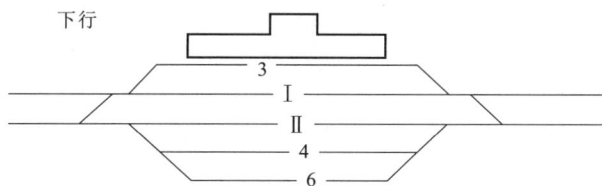

图 1-3 双线铁路车站线路编号

3. 尽头式车站,站舍位于线路一侧时,从靠近站舍的线路起,向远离站舍方向顺序编号,如图 1-4(a)所示。站舍位于线路终端时,面向终点方向由左侧线路起顺序编号,如图 1-4(b)所示。

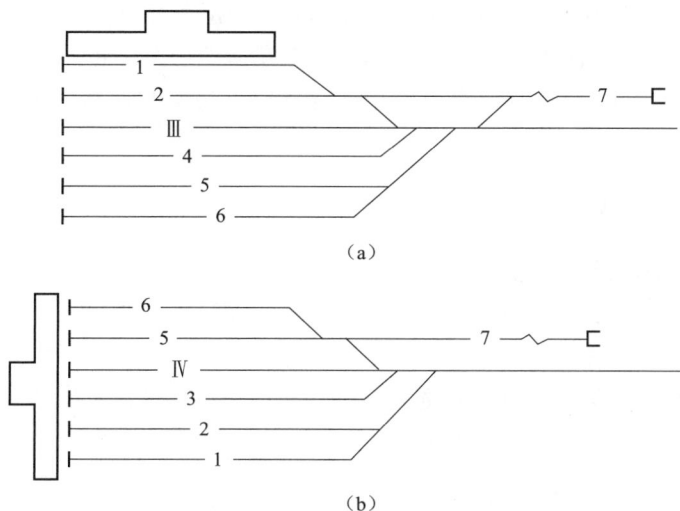

图 1-4 尽头式铁路车站线路编号

4. 大型车站当有数个车场时,应分车场编号。车场靠站舍时,从靠近站舍线路起,向远离站舍方向顺序编号;车场远离站舍时,顺公里标前进方向由左侧向右侧顺序编号;且在线路编号前冠以罗马数字表示车场,如二场 3 道,写为 Ⅱ-3。

三、线路全长和有效长

车站线路的长度分为全长和有效长两种。

线路全长是指线路一端的道岔基本轨接头至另一端的道岔基本轨接头的长度,如图 1-5 所示。如尽头式线路,则为道岔基本轨接头至车挡的长度。线路全长减去该线路上所有道岔的长度,叫作铺轨长度。

线路有效长是指在线路全长范围内可以停留机车车辆而不妨碍信号显示、道岔转换和邻线行车的部分。

线路有效长起止点由警冲标、道岔的尖轨尖端、轨道绝缘节、出站信号机(或调车信号机)、车挡(为尽头式线路时)等因素确定。

有效长的起止点,设有信号机的线路为信号机~信号机、信号机~警冲标、信号机~车

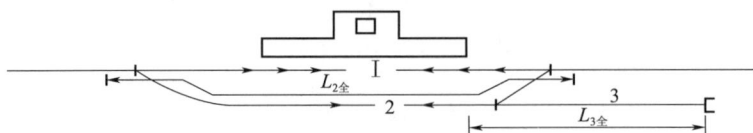

图 1-5　线路全长示意图

挡或信号机～轨道绝缘节（采用绝缘节时，应在表内注明）；无信号机的线路为警冲标～警冲标、警冲标～车挡、道岔尖轨尖端～车挡。车挡前设有挡车器时，计算至挡车器；设有尽头站台时，有效长计算至车钩缓冲装置。

我国铁路采用的货物列车到发线有效长，在Ⅰ级、Ⅱ级铁路上为 1 050 m、850 m、750 m 及 650 m，在Ⅲ级铁路上为 850 m、750 m、650 m 及 550 m，有特殊需要时也可选用 1 050 m。采用何种有效长，应根据输送能力的要求、机车类型及所牵引列车的长度，结合地形条件，并与相邻各铁路到发线相配合等因素确定。开行组合列车为主的铁路可采用大于 1 050 m 的到发线有效长。

四、线路容车数计算

（一）计算线路容车数的标准

1. 以标记载重 30 t 四轴棚车的长度 11 m（换算长度 1.0）为标准，计算线路容车数。

2. 以标记载重 50 t 四轴棚车的长度 14.3 m（换算长度 1.3）为标准，计算线路容车数。由于 50 t 四轴棚车长度接近我国目前货车的平均长度，故所得结果近似现车数，便于作业中掌握线路容车数。

（二）容车数计算方法

根据每一线路的用途及保证线路内作业的安全需要，在计算线路容车数时，应在线路有效长的长度中减去必要的安全距离和停留车的合理间隔。

1. 正线、到发线按线路有效长减去机车长度（一台或多台）和 30 m 安全距离后，分别除以 11 m 或 14.3 m（小数部分舍去，以下同）。

$$N = \frac{L_{效} - L_{机} - 30\ m}{11\ m\ 或\ 14.3\ m}$$

式中　N——容车数；

　　　$L_{效}$——线路有效长；

　　　$L_{机}$——机车长度。

2. 调车线、禁溜线按线路有效长的 75% 分别除以 11 m 或 14.3 m 计算。

$$N = \frac{L_{效} \times 75\%}{11\ m\ 或\ 14.3\ m}$$

3. 牵出线按线路有效长减去一台机车长度及 10 m 安全距离后，分别除以 11 m 或 14.3 m。

$$N = \frac{L_{效} - L_{机} - 10\ m}{11\ m\ 或\ 14.3\ m}$$

4. 货物装卸线、洗刷消毒、专用线等,按线路实际能利用的长度分别除以 11 m 或 14.3 m。计算尽头线(牵出线除外)的容车数时,有效长应减去 10 m 安全距离(端部站台的货物线除外)。

5. 最大换算容车数计算方法:按车站线路有效长分别除以 11 m 或 14.3 m。

6. 进行容车数计算时,应达到以下标准:

(1)分清线路类型,正确确定计算线路有效长的起止点,线路有效长数据正确。

(2)线路扣除量要充分恰当,使计算出的换算容车数符合实际,能确保安全。

五、线路间距、线路纵断面、难易行线

(一)线路间距

区间及站内两相邻线路中心线间的距离为线路间距,简称线间距。线间距是根据有关限界、相邻线路间设置的与行车有关的技术设备和办理不同性质作业而确定的。

1. 普速铁路直线部分线间距见表 1-1。

表 1-1　客货共线铁路线间距

序号	名　　称			线间最小距离(mm)
1	区间双线	$v \leq 120$ km/h		4 000
		120 km/h$<v \leq 160$ km/h		4 200
		160 km/h$<v \leq 200$ km/h		4 400
2	三线及四线区间的第二线与第三线			5 300
3	站内正线			5 000
4	站内正线与相邻到发线	无列检作业		5 000
		有列检作业或上水作业	$v \leq 120$ km/h　一般	5 500
			$v \leq 120$ km/h　改建特别困难	5 000
			120 km/h$<v \leq 160$ km/h　一般	6 000
			120 km/h$<v \leq 160$ km/h　改建特别困难	5 500
			160 km/h$<v \leq 200$ km/h　一般	6 500
			160 km/h$<v \leq 200$ km/h　改建特别困难	5 500
5	到发线间或到发线与其他线			5 000
6	站内线间设有高柱信号机时,相邻两线(含正线)均需通行超限货物列车			5 300
7	站内线间设有高柱信号机时,相邻两线(含正线)只有一条通行超限货物列车			5 000
8	牵出线与其相邻线	调车作业繁忙车站		6 500
		改建困难或仅办理摘挂取送作业		5 000

注:线间有建(构)筑物或有影响限界的设施,最小线间距按建筑限界计算确定。既有线列车最高运行速度提速到 140~160 km/h 时,可保持 4 m 线间距。

站内正线须保证能通过超限货物列车。此外,在编组站、区段站及区段内选定的 3~5 个中间站上,单线铁路应另有一条线路,双线铁路上、下行各另有一条线路,须能通行超限货物列车。

2. 曲线部分。

列车在曲线上行驶时，转向架随线路的曲度可以转动，但车身是一个整体而不能随之弯曲，所以车体两端突出于曲线外侧，而中部向曲线内侧偏移，因而相邻两曲线上的两车辆之间净空减少。当相邻两曲线的外轨超高度不同时，车体倾斜度不同，也影响净空。为保持相邻曲线上车体有一定净空以及线路上的车辆与邻近的建筑物保持一定净空，所以曲线地段的中心线间的水平距离和线间设施（含站台边缘）至线路中心线的最小距离需要加宽。

曲线地段的中心线间的水平距离和线间设施（含站台边缘）至线路中心线的最小距离，均按下列（曲线半径大小，$v \leqslant 160$ km/h 客货共线铁路的曲线上建筑限界加宽办法）公式计算确定。

在两个相邻曲线线路间应加宽的距离 W 为

$$W = \frac{84\,500}{R} + \frac{H}{1\,500}h \quad \text{（mm）}$$

式中　W——相邻曲线线路间加宽值；

　　　R——曲线半径（m）；

　　　H——轨顶面至计算点的高度（mm）；

　　　h——外轨超高值（mm）。

（二）线路纵断面

1. 坡度

坡道的陡与缓常用坡度来表示。坡度是指坡道线路中心线与水平夹角的正切值，即一段坡道两端点的高差与水平距离之比，如图 1-6 所示。坡道坡度的大小通常是用千分率来表示。

$$i\permil = \tan\alpha = h/L$$

式中　i——坡度值；

　　　α——坡道段线路中心线与水平线夹角（°）；

　　　h——坡道段始点与终点的高差（m）；

　　　L——坡道段始点与终点的水平距离（m）。

若 L 为 1 200 m，h 为 6 m，则 AB 段坡道的坡度为 5‰。

2. 坡道附加阻力

由于有了坡道，就给列车运行带来了一定的

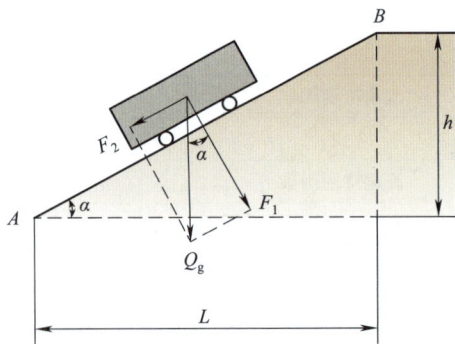

图 1-6　坡度与坡道阻力

影响。列车在坡道上运行时，会受到一种由坡道引起的阻力，这一阻力称之为坡道附加阻力，如图 1-6 中的 F_2。

列车上坡时，坡道阻力规定为"＋"，而当下坡时，坡道阻力规定为"－"。

坡度越大，列车上坡时的坡道阻力也就越大。在保持列车运行速度相同的条件一台机车所能牵引的列车重量也就越小。

3. 限制坡度

每一铁路区段都是由许多平道和不同坡度的坡道组成的。坡道的长度和坡度不同，对列车牵引质量的影响也就不同。

在一个区段上，决定某一类型机车所能牵引的货物列车最大质量的坡度，叫作限制坡度（$i_x‰$）。在一般情况下，限制坡度的数值往往和区段内陡长上坡道的最大坡度值相当。

如果在坡道上又有曲线，那么这一坡道的单位坡道阻力值和单位曲线阻力值之和，不能大于该区段规定的限制坡度的阻力值，即 $i+\omega_r \leqslant i_x$。

限制坡度的大小，影响一个区段甚至全铁路线的运输能力。限制坡度小，列车重量可以增加，运输能力就大，经济性也较好。但是限制坡度过小时，就不容易适应地面的天然起伏，特别是在地形变化很大的地段，使工程量增大，造价提高。因此，限制坡度的选定是一个很重要的问题，要经过仔细的综合研究，才能得出合理的结论。我国《技规》规定的最大限制坡度的数值见表 1-2。

表 1-2　客货共线 Ⅰ、Ⅱ 级铁路区间线路最大限制坡度（‰）

铁路等级		Ⅰ		Ⅱ	
		一般	困难	一般	困难
牵引种类	电力	6.0	15.0	6.0	20.0
	内燃	6.0	12.0	6.0	15.0

在个别线路的越岭地段，由于地形障碍显著而集中，若仍采用表 1-2 规定的限制坡度，实际上有困难或工程造价太高时，在经过详尽的技术经济比较后，允许采用大于限制坡度的加力牵引坡度。加力牵引坡度是指在大于限制坡度的坡道地段，为了统一全区段的列车重量标准，保证必要的线路通过能力，而进行多机牵引的坡度。内燃牵引的加力牵引坡度可增至 25‰，电力牵引的可增至 30‰。

4. 竖曲线

竖曲线是纵断面上的圆曲线，用以连接相邻两段坡道，如图 1-7 所示。列车经过平道与坡道、坡道与坡道的交点时，由于坡度的突然变化，车钩内产生附加应力较大，严重时容易发生断钩和脱钩等事故，因此采用竖曲线进行相邻坡道的连接以减缓车辆动力冲击。对于高速列车来说，竖曲线还能改善行车舒适性。

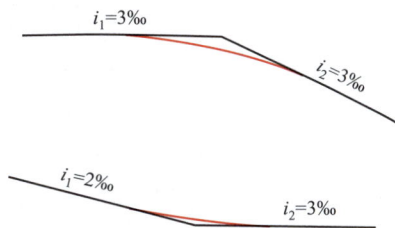

图 1-7　竖曲线

（三）难易行线

调车场的线路由于道岔、曲线、坡度等因素，会对溜入的车辆产生阻力。阻力较小，容易走行的线路称为易行线。反之，阻力较大，不易走行的线路称为难行线。溜入易行线的车组，速度可低些，溜入难行线的车组，速度应高些。

六、线路平面

（一）铁路线路平面的组成要素

铁路线路平面由直线、圆曲线以及连接直接与圆曲线的缓和曲线组成。

（二）曲线附加阻力与曲线半径

列车在线路上运行，总会受到各种阻力，阻力主要有两大类。

1. 基本阻力：这种阻力是指列车在空旷地段沿平、直轨道运行时所受到的阻力。

2. 附加阻力：列车在线路上运行时，所受到的额外阻力，如曲线阻力、坡道阻力、起动阻力等。

线路平面上有了曲线（弯道）后，由于离心力的作用，给运行中的列车造成一种附加阻力，称为曲线附加阻力。

当列车长度小于或等于曲线长度时，曲线附加阻力的大小通常用下面的试验公式来计算，即

$$\omega_r = \frac{600}{R}$$

式中　ω_r——单位曲线附加阻力（N/kN），即列车每千牛重力所分摊的曲线附加阻力值；

　　　R——曲线半径（m）；

　　　600——根据试验数据得出的常数。

从式中可知，曲线附加阻力与曲线半径成反比。为了保证线路的通过能力，对线路的最小曲线半径做了具体规定。客货共线铁路线路平面最小曲线半径，见表1-3；高速铁路线路正线平面最小曲线半径，见表1-4。

表1-3　客货共线铁路线路平面最小曲线半径（m）

路段设计速度（km/h）		200	160	120	100	80
工程条件	一般	3 500	2 000	1 200	800	600
	困难	2 800	1 600	800	600	500

表1-4　高速铁路线路平面最小曲线半径（m）

路段设计速度（km/h）			350	300	250
工程条件	有砟轨道	一般	7 000	5 000	3 500
		困难	6 000	4 500	3 000
	无砟轨道	一般	7 000	5 000	3 200
		困难	5 500	4 500	2 800

（三）圆曲线与缓和曲线

铁路线路在转向处所设的曲线为圆曲线。在铁路线路上，直线和圆曲线不是直接相连的，它们之间需要插入一段缓和曲线作为过渡段，以保证行车平顺，缓和曲线如图1-8所示。

七、线路标志

为方便检查和养护维修线路，方便司机和车长等工作上的需要，在线路沿线设有各种线路标志。线路标志应埋设在计算里程方向的线路左侧。其中，常见的有公里标、半公里标、曲线标、圆曲线与缓和曲线始终点标、桥梁及坡度标等。

（一）公里标半公里标

公里标的作用主要是确切地指明线路的位置，表示从铁路起点开始计算的连续里程，每公里设一个；半公里标设于线路的每半公里处，如图1-9所示。

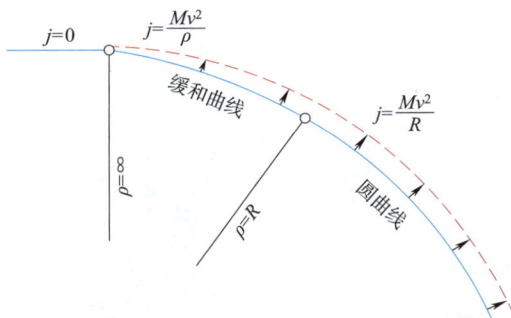

图 1-8 缓和曲线示意图

图 1-9 公里标

（二）曲线标

设在线路某条曲线的中点处，标明该曲线的长度、半径大小、缓和曲线长度、超高、加宽等数据，如图 1-10 所示。

图 1-10 曲线标

圆曲线和缓和曲线始终点标设在直线进入缓和曲线、缓和曲线进入圆曲线、圆曲线进入缓和曲线、缓和曲线进入直线的连接之处。标明所向方向或为直线、或为缓和曲线、或为圆曲线，如图 1-11 所示。

图 1-11 圆曲线和缓和曲线始终点标

（三）坡度标

设在线路坡度的变坡点处,它的正面和背面分别表示两边的坡度和坡段长度,并用箭头表示上坡或下坡,侧面则标明它所在位置的里程,如图 1-12 所示。

图 1-12　坡度标

（四）桥梁标

设在桥梁两端桥头处,标明桥梁编号、中心里程和长度,如图 1-13 所示。

图 1-13　桥梁标

（五）减速地点标

设在需要减速地点的两端各 20 m 处,正面表示列车应按规定限速通过地段的始点,背面表示列车应按规定限速通过地段的终点,如图 1-14 所示。

（六）桥梁减速信号牌

设在需要限速通过的桥梁两端,上部表示客车限制速度,下部表示货车限制速度,如图 1-15 所示。

正面　　　　　　　　　背面

图 1-14　减速地点标　　　　图 1-15　桥梁减速信号牌

八、限界

为了确保机车车辆在铁路线路上运行的安全，防止机车车辆撞击邻近线路的建筑物和设备，而对机车车辆和接近线路的建筑物、设备所规定的不允许超越的轮廓尺寸线，称为限界。

铁路限界是一个与线路中心线垂直的横断面，其横向尺寸系指水平宽度，由线路中心线起算；其高度尺寸为垂直高度，自钢轨面起算。

铁路基本限界可分为机车车辆限界和建筑限界两种。

（一）机车车辆限界

机车车辆限界是机车车辆横断面的最大极限，它规定了机车车辆不同部位的宽度、高度的最大尺寸和底部零件至轨面的最小距离。机车车辆限界是和桥梁、隧道等限界起相制约作用的，当机车车辆在满载状态下运行时，也不会因产生摇晃、偏移等现象而与桥梁、隧道及线路上其他设备相接触，以保证行车安全。

机车车辆无论空、重状态，均不得超出机车车辆限界。

客货共线铁路，机车车辆的中心最大高度为 4 800 mm。因此，机车车辆顶部的任何装置均应在 4 800 mm 之内，以防机车车辆顶部与桥梁、隧道上部相撞。

机车车辆在钢轨轨面上部 1 250～3 600 mm 范围内，其宽度为 3 400 mm；在 2 600～3 100 mm 列车信号、后视镜装置范围内，允许两侧各加宽 100 mm，如图 1-16 所示。

（二）建筑限界

建筑限界是一个和线路中心线垂直的横断面，它规定了保证机车车辆安全通行所必需的横断面的最小尺寸。凡靠近铁路线路的建筑物及设备，其任何部分（和机车车辆有相互作用的设备除外）都不得侵入限界之内。根据不同的运行速度和是否运行双层集装箱，规定了不同的建筑限界标准。其中 $v \leqslant 160$ km/h 客货共线铁路建筑限界，如图 1-17 所示。

建筑限界与机车车辆限界之间的空间为安全空间，如图 1-18 所示。留有安全空间的目的：一是为组织"超限货物列车"运行；二是为适应运行中的列车横向晃动偏移和竖向上下振动，防止与邻近的建筑物或设备发生碰撞。

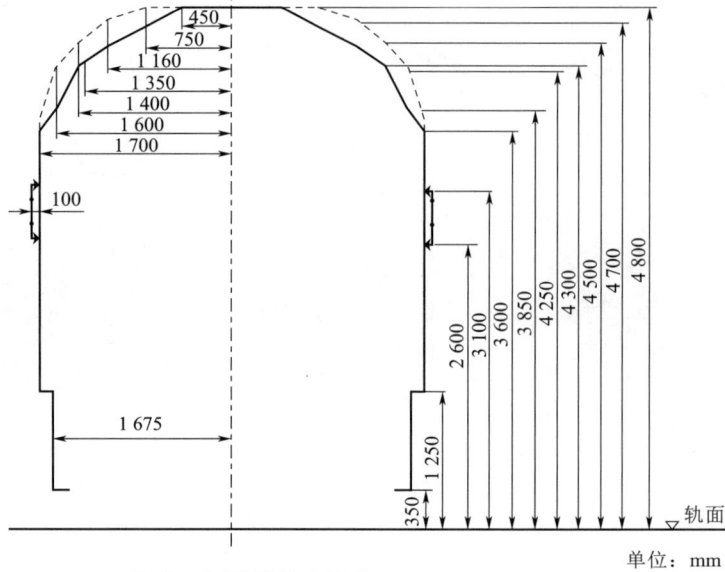

机车车辆限界基本轮廓。

电力机车限界轮廓。

列车信号、后视镜装置限界轮廓。

图 1-16　机车车辆限界基本轮廓

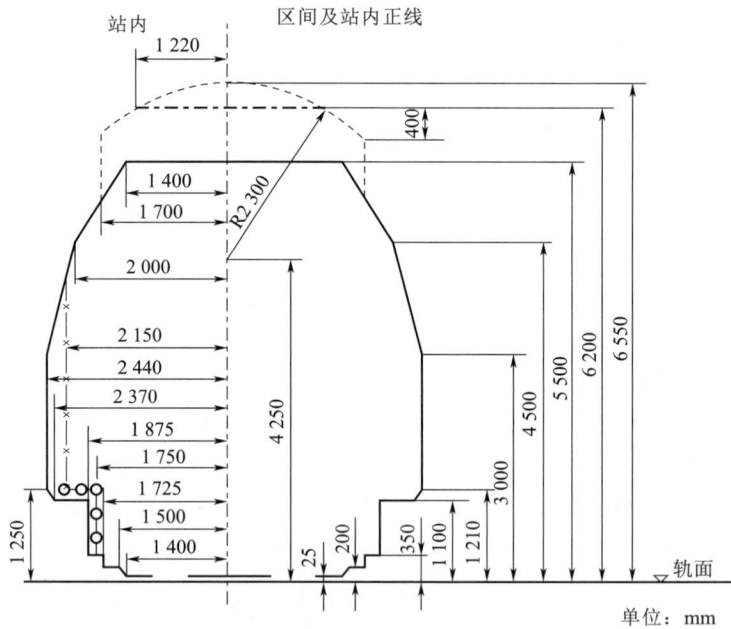

信号机、高架候车室结构柱和接触网、跨线桥、天桥、电力照明、雨棚等杆柱的建筑限界（正线不适用）。

站台建筑限界（正线不适用）。

各种建（构）筑物的基本限界。

适用于电力牵引区段的跨线桥、天桥及雨棚等建（构）筑物。

电力牵引区段的跨线桥在困难条件下的最小高度。

图 1-17　客货共线铁路建筑限界（$v \leqslant 160$ km/h）

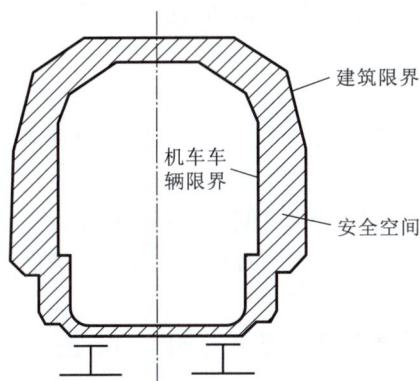

图 1-18　铁路限界和安全空间

机车车辆限界在装载货物时作为货物的装载限界。随着经济的发展,经由铁路运输的长大货物不断增加,当货物装车后,货物任何部分的高度和宽度超过机车车辆限界时,称为超限货物。

第三节　道　岔

一、道岔的构造、分类

道岔是一种使机车车辆能从一股道转入或越过另一股道的线路连接设备。道岔构造复杂,零件较多,过车频繁,技术标准要求高,是轨道设备的薄弱环节之一。常见的是普通单开道岔,除了普通道岔外,按照构造上的特点及所连接的线路数目,还有双开道岔、三开道岔、复式交分道岔和菱形交叉等。

(一)普通单开道岔

普通单开道岔是一种主线为直线,侧线由主线的左侧或右侧岔出的道岔。它由转辙器、辙叉及护轨和连接部分所组成,如图 1-19 所示。

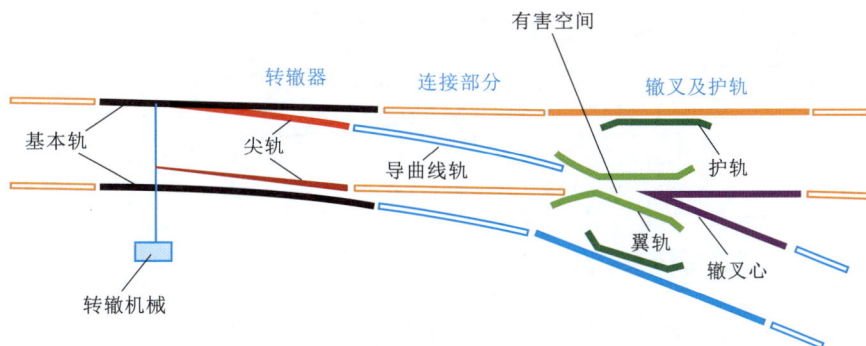

图 1-19　普通单开道岔

1. 转辙器

转辙器是引导机车车辆沿直线方向或侧线方向行驶的线路设备,由两根尖轨、两根基本轨和转辙机械组成。尖轨通过连接杆与转辙机械相连，操纵转辙机械可以改变尖轨的位置，确定道岔的开通方向。

2. 辙叉及护轨

辙叉及护轨包括辙叉心、翼轨及护轨。它的作用是保证车轮安全通过两股轨线的相互交叉处。

从两翼轨最窄处到辙叉心实际尖端之间，存在着一段轨线中断的空隙，叫作辙叉的有害空间。当机车车辆通过辙叉有害空间时，轮缘有走错辙叉槽而引起脱轨的可能。因此，必须设置护轨，对车轮的运行方向实行强制性的引导，保证行车安全。

为了消灭有害空间，可采用可动心轨道岔。可动心轨道岔的辙叉心轨和尖轨是同时被扳动的，当尖轨开通某一方向时，可动心轨的叉心轨就与开通方向一致的翼轨密贴，与另一翼轨分开，从而消灭了有害空间。可动心轨辙叉如图1-20所示。可动心轨道岔具有行车平稳、直向过岔速度限制较少等优点，因此，适合运量大、高速行车的线路使用。

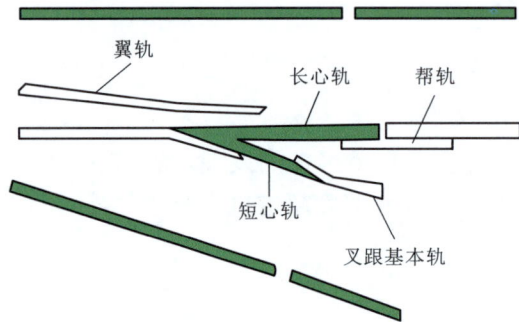

图1-20 可动心轨辙叉

3. 连接部分

连接部分的作用是连接转辙器、辙叉及护轨，使之成为一组完整的道岔。连接部分包括两根直轨和两根导曲线轨。在导曲线上一般不设缓和曲线和超高，所以列车在侧向过岔时，速度要受限制。

（二）其他类型道岔与交叉设备

1. 双开道岔

双开道岔的特点是与道岔相衔接的两条线路各自向两侧分岔，如图1-21所示。

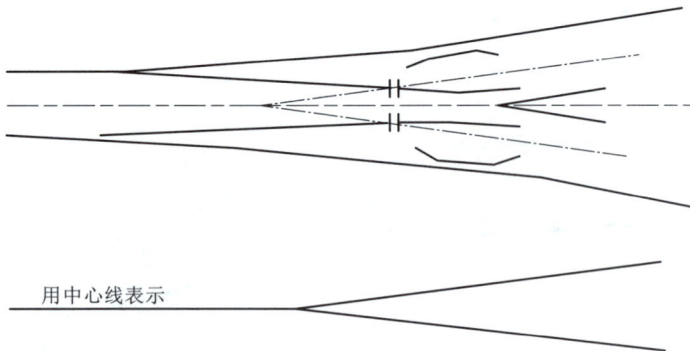

用中心线表示

图1-21 双开道岔

2. 三开道岔

三开道岔的特点是可以同时衔接三条线路，所以具有两套尖轨，分别用两组转辙机械操纵，如图1-22所示。

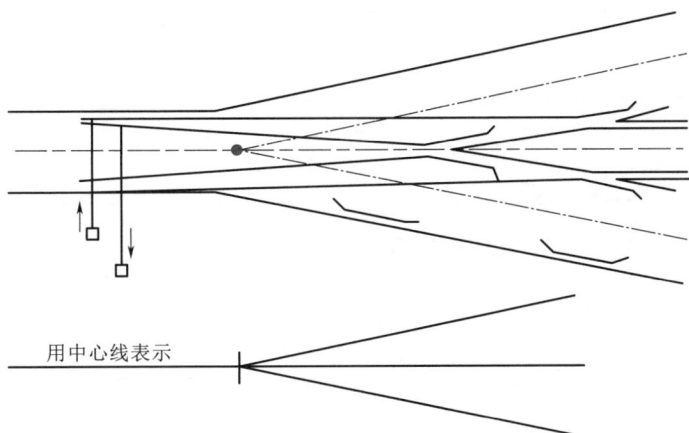

图 1-22　三开道岔

3. 复式交分道岔

复式交分道岔是由两组双转辙器、两组锐角辙叉及护轨、两组钝角辙叉和全套岔枕所构成，如图 1-23 所示。复式交分道岔的号码是以其锐角辙叉的号数为特征表示的。

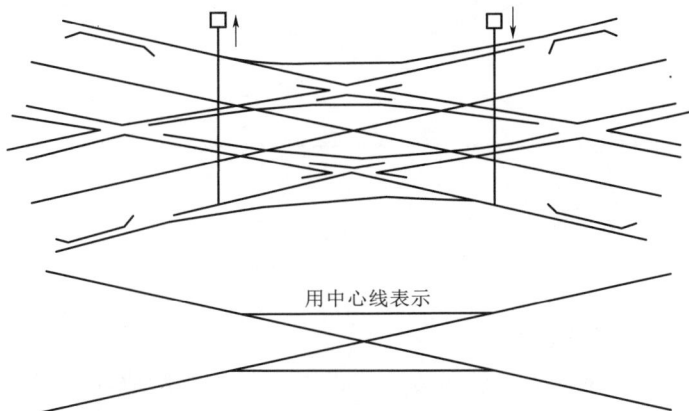

图 1-23　复式交分道岔

4. 渡线

为了使机车车辆能从一条线路进入另一条线路，应设置渡线。

(1)单渡线：设在两平行线路之间，由两组辙叉号数相同的单开道岔及两道岔间的直线段所组成，如图 1-24 所示。

(2)交叉渡线：设在两平行线路之间，由四组普通单开道岔和一副菱形交叉组成。交叉渡线不仅可以开通较多的方向，而且可以节省用地，也是车站内使用较多的一种连接设备，如图 1-25 所示。

5. 交叉设备

通常使用的交叉设备叫作菱形交叉，它由两组锐角辙叉和两组钝角辙叉组成，没有转辙器设备，机车车辆通过交叉设备时，只能沿着原来路线继续运行而不能转线。

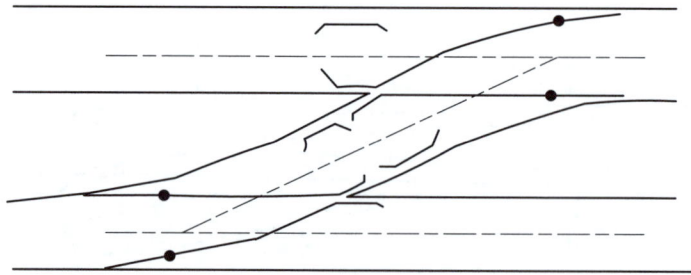

图 1-24 单渡线

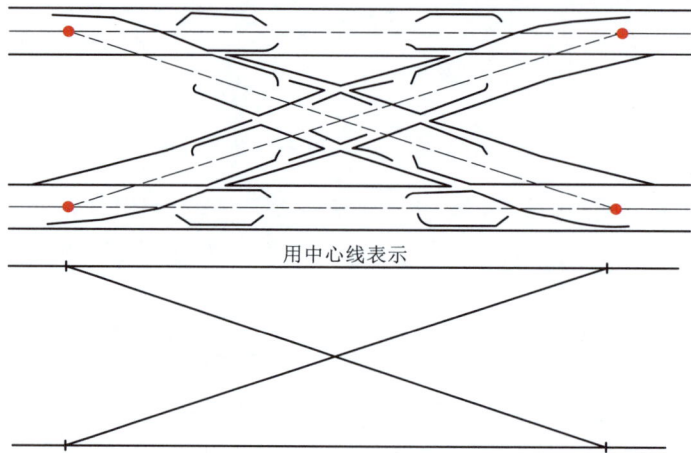

用中心线表示

图 1-25 交叉渡线

二、道岔号数

（一）道岔的辙叉号数

道岔辙叉角的余切，即辙叉的跟端长度和跟端支距离的比值，叫辙叉号码或道岔号数，如图 1-26 所示。辙叉心部分直角三角形两条直角边 FE 和 AE 的比值，即 $N = \cot \alpha = FE/AE$，N 就是道岔号。

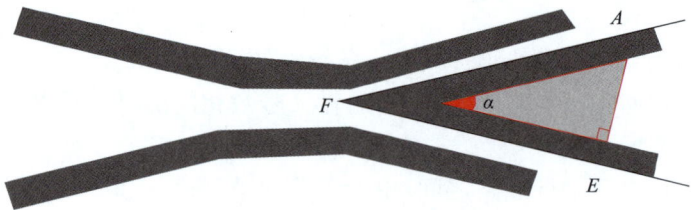

图 1-26 辙叉号计算示意图

辙叉角越小，辙叉号数越大；辙叉角越大，辙叉号数越小。我国常见道岔号数与辙叉角的对应关系，见表 1-5。由此可见，辙叉角 α 越小，N 值就越大，导曲线半径也越大，机车车辆侧线通过道岔时就越平稳，允许的侧线过岔速度也就越高。所以采用大号码道岔对于列车运行是有利的,然而道岔号数越大,道岔全长就越长,铺设时占地就越多。因此,采用几号道岔来连接线路,要根据线路的用途来决定。

表 1-5 道岔号数与辙叉角的对应关系

辙叉号	6(对称)	7(三开)	9	12	18
辙叉角	9°27′44″	8°07′48″	6°20′25″	4°45′49″	3°10′47″
导曲线半径	180 m	180 m	180 m	330 m	800 m

(二)道岔号数选择规定

1. 正线道岔的直向通过速度不应小于路段设计行车速度。

2. 用于侧向通过列车的单开道岔的辙叉号数应根据列车侧向通过的最高速度合理选用。

3. 侧向接发停车旅客列车的单开道岔,不得小于 12 号。

4. 侧向接发停车货物列车并位于正线的单开道岔,在中间站不得小于 12 号,在其他车站不得小于 9 号。

5. 列车轴重大于 25 t 的铁路正线单开道岔不得小于 12 号。

6. 其他线路的单开道岔不得小于 9 号。

7. 狭窄的站场采用交分道岔不得小于 9 号,但尽量不用于正线,必须采用时不得小于 12 号。

8. 峰下线路的对称道岔不得小于 6 号,三开道岔不得小于 7 号。

9. 段管线的对称道岔不得小于 6 号。

既有道岔的类型及辙叉号数不符合上述规定时,应按该道岔的辙叉号数限制行车速度,且应有计划地进行改造。

三、道岔速度限制

列车通过道岔的速度包括直向通过速度和侧向通过速度,道岔的过岔速度是控制线路行车速度的重要因素之一。道岔容许通过速度取决于道岔构件的强度及平面型式两个方面,这些是保证列车安全平稳运行和旅客舒适度所必不可少的条件。

随着我国铁路的提速,道岔结构历经了多次升级换代,制造技术日趋完善,制造、铺设及养护维修标准相应提高。在既有线站场平面不做大的变动、保留正线道岔布置不小于 12 号的前提下,应选择适应不同运行条件的道岔结构型式。

我国目前道岔主要分为固定辙叉道岔和可动心轨辙叉道岔。根据国内的使用经验,12 号固定辙叉单开道岔其直向通过速度最高可达 160 km/h。为在保证列车运行安全的前提下,实现设备投入的经济合理,在线路允许速度 120 km/h 及以下区段的正线道岔,采用固定型辙叉。在速度为 120 km/h 以上至 160 km/h 及以下的线路,可根据运输情况酌情选择可动心轨道岔或固定型辙叉道岔。列车直向通过速度 160 km/h 以上区段,应采用可动心轨道岔。

目前国内重载铁路主要采用固定辙叉道岔,部分站场采用可动心轨道岔。在重载运输条件下,固定辙叉的使用寿命短,但固定辙叉造价较低,维修更换较为方便。因此,货车轴重

25 t 及以上区段的正线道岔，可根据需要选择可动心轨道岔或固定型辙叉道岔。线路允许速度 120 km/h 以上或轴重 25 t 及以上区段的道岔尖轨为分动结构，采用外锁闭装置。

四、道岔编号及定位

（一）道岔编号

道岔编号，从列车到达方向起顺序编号，上行为双号，下行为单号；尽头线上，向线路终点方向顺序编号。车站划分车场时，每个车场的道岔单独编号。一个车站的道岔不得有相同的编号。

道岔编号方法为：

1. 道岔编号按上、下行咽喉统一顺序编号。由上行列车到达方向起，顺序编为双号；由下行列车到达方向起，顺序编为单号，单线车站和双线车站道岔编号如图 1-27 所示。

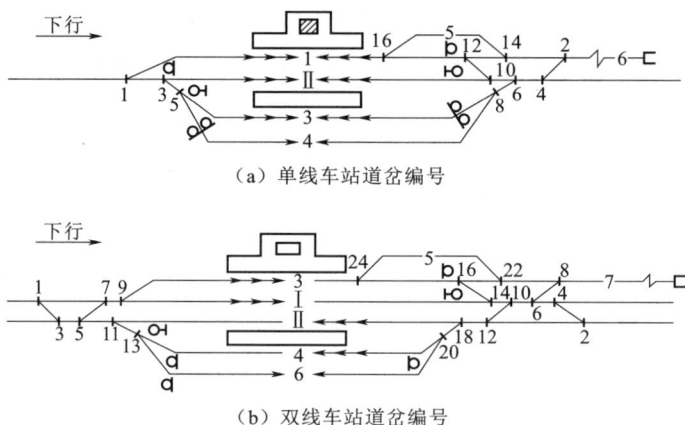

（a）单线车站道岔编号

（b）双线车站道岔编号

图 1-27 单线车站和双线车站道岔编号示意图

2. 上下行方向的划分：车站值班员室（信号楼）位于站中心附近时，以车站值班员室（信号楼）中心线为界；车站值班员室（信号楼）距站中心较远时，以车站（车场）中心线为界。

3. 尽头式车站向线路终点方向顺序编号，如图 1-28 所示。

4. 每一道岔应有单独的号码。渡线道岔，以及同一连接线上的数个道岔均应连续编号。交分道岔每组应根据电动转辙机的安装，将两组尖轨和两组可动心轨分别编四个号码，编号顺序根据动作关系按渡线道岔的办法连续编号，如图 1-29 所示。

5. 一个车站有几个车场时，每一个车场的道岔必须单独编号。为区别车场，道岔号码使用三位及以上数字。第一位数表示车场号码，后面的数字表示道岔编号。遇两个车场共用一个咽喉区时，可根据作业情况划分。联锁区内的道岔号码应连续编排，在联锁道岔编完后，适当地预留一些号码，再编非联锁道岔。

（二）道岔定位

每组道岔都有定位和反位两个位置。道岔应规定经常保持向某一线路开通的位置，这个位置称为定位；向另一线开通的位置称为反位。道岔定位是道岔管理的重要环节，是正确准备进路的辅助措施。所以使用完了后，应及时恢复定位，避免错扳或忘扳而造成事故，以保证行车安全。在双线车站，还可减少扳动道岔次数，提高准备进路效率。

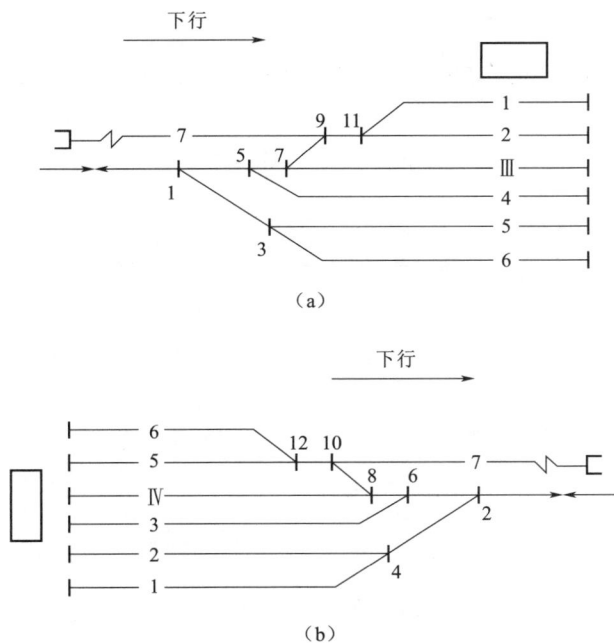

（a）

（b）

图 1-28　尽头式车站道岔编号示意图

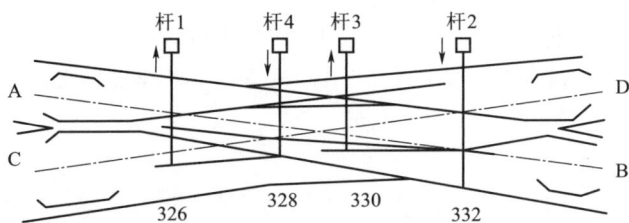

图 1-29　交分道岔编号示意图

道岔除使用、清扫、检查或修理时外，均须保持定位，道岔的定位规定如下：

1. 单线车站正线进站道岔，为由车站两端向不同线路开通的位置，如图 1-30 所示。

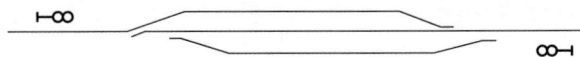

图 1-30　单线车站进站道岔定位示意图

2. 双线车站正线进站道岔，为各该正线开通的位置，如图 1-31 所示。

图 1-31　双线车站进站道岔定位示意图

3. 区间内正线道岔及站内正线上其他道岔（引向安全线、避难线的除外），为正线开通的位置，如图 1-32 所示。

4. 引向安全线、避难线的道岔，为安全线、避难线开通的位置，如图 1-33 和图 1-34 所示。

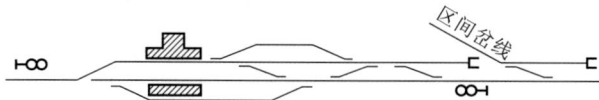

图 1-32　站内、区间内其他道岔定位示意图

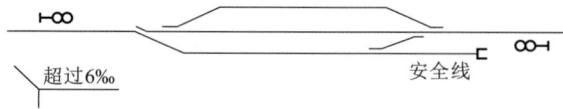

图 1-33　安全线道岔定位示意图

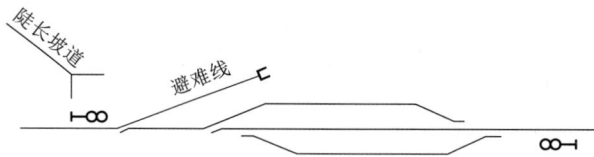

图 1-34　避难线道岔定位示意图

5. 到发线上的中岔，为到发线开通的位置。

6. 其他由车站负责管理的道岔，由车站规定。

车站道岔的定位，应在《站细》①内记明。集中操纵的道岔及不办理接发列车的非集中操纵的道岔可不保持定位（到发线上的中岔和引向安全线、避难线的道岔除外）。

7. 段管线道岔的定位，由各段自行规定。

第四节　车场及站台、天桥、照明等设备

一、车场

（一）各场（区）划分及设置

工作量较大的车站根据站场布局、车流特点和线路配置及其用途等，按线群划分车场。车场一般分为：

1. 到达场：办理到达列车技术作业的车场，一般设有正线、到达线、到发线、机待线、机车整备线、入库线等。

2. 调车场：办理到达列车解体、车辆停留、集结和出发列车编组作业的车场，一般设有调车线、牵出线、迂回线、禁溜线、倒装线、机待线、机车整备线等。

3. 出发场：办理列车始发技术作业的车场。

4. 到发场：既办理到达列车技术作业，又办理始发列车技术作业的车场，一般设有正线、到发线、机待线、机车走行线等。

5. 通过场：办理无调中转列车技术作业的车场。

---

① 《车站行车工作细则》，下同。

6.编发场:列车解体后,车辆按固定分类线分解到调车场,当具备发车条件后,不需编组后转线至发车场或到发场,而直接办理始发列车技术作业的车场,一般设有编发线等。

（二）各场（区）线路用途及分工

1.办理接发列车的线路:到达线、出发线、到发线、编发线。

2.办理调车作业的线路:调车分类线、牵出线、禁溜线、驼峰推送线、迂回线等。

3.办理客货运业务的线路:客车停留线、换装货物线、轨道衡线、加冰盐线、洗刷消毒线等。

4.隔开设备:安全线等。

5.机车转线:机待线等。

二、站台、天桥、照明等设备

办理客运业务的车站应设旅客站台,并应有照明、引导、广播、时钟和视频监控设备。车站应设置围墙或栅栏。办理行李包裹业务的车站应设行包通道,站台长度应满足行包装卸作业需要。

大、中型客运站站前应有广场,站台应有雨棚,跨越线路应采用天桥或地道。

第五节 调 车 设 备

一、驼峰组成与分类

驼峰是利用车辆的本身重力和驼峰的位能(高度),辅以机车推力来解散车列的一种调车设备。利用驼峰来解散车列时,调车机车将车列推上峰顶,摘开车钩后,车组凭借所获的位能和车辆本身的重力向下溜放。

（一）驼峰的主要组成部分

驼峰是一种以车辆本身的重力为主,而以机车的推力为辅的调车设备。设在编组站、区段站的到达场(牵出线)和调车场两者之间,主要由推送部分、溜放部分及峰顶平台三部分组成如图 1-35 所示。

1.推送部分

推送部分是指经驼峰解体的车列第一钩车位于驼峰时,车列全长所在的线路范围。由到达场出口咽喉最外方道岔(或牵出线车挡)至峰顶间的一段线路叫推送线。靠近峰顶设有10‰～15‰坡度,其长度不少于 50 m。设置这个线段的目的是得到必要的驼峰高度,并使车钩压紧,便于摘钩。推送部分包括推送坡和压钩坡两坡段。

2.溜放部分

溜放部分系指由峰顶至调车线计算点的区段。包括加速坡、中间坡和道岔区坡三个坡段。

加速坡,是从峰顶开始至第Ⅰ制动位始端的一段平均坡度,目的是使车辆尽快加速,保证车组之间的间隔。加速坡受机车类型、减速器最大允许入口速度及峰高等因素限制。

中间坡,是由第Ⅰ制动位始端至第Ⅱ制动位末端间的一段平均坡度。这段坡度使难行

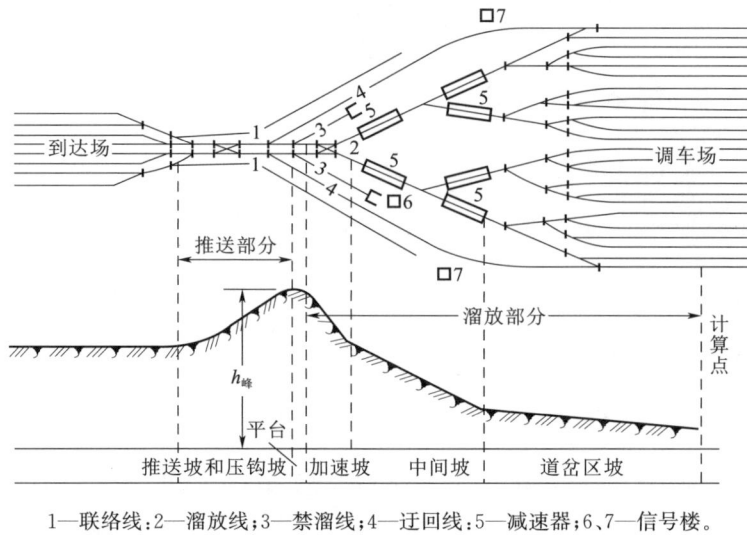

1—联络线；2—溜放线；3—禁溜线；4—迂回线；5—减速器；6、7—信号楼。

图 1-35　驼峰组成部分示意图

车保持高速溜行，平稳进入道岔区段，并要求减速器制动后，如车辆停在减速器上，减速器缓解后能自行溜走。因此，这一段坡度应不少于 8‰。

道岔区坡，是由第 Ⅱ 制动位末端至计算点间的一段平均坡度，它可使车辆克服道岔区的各种阻力，保持原来速度运行，不会造成车组压岔追尾，并以较高的速度通过道岔区段。其坡度一般不大于 2.5‰，边缘线路不大于 3.5‰。

计算停车点的位置：简易驼峰在警冲标内方 50 m 处；半自动化驼峰、自动化驼峰根据作业要求和不同设备情况决定。

从峰顶到计算停车点的距离叫作驼峰计算长度。峰顶与计算停车点间的高差即为驼峰高度（简称峰高）。

3. 峰顶平台

峰顶平台系指推送部分和溜放部分中间的一段平道，净平台的长度为 7.5～10 m，是驼峰的最高地段。

（二）驼峰的分类

1. 驼峰按日解体能力分为大、中、小能力驼峰三类。

（1）大能力驼峰：日解体能力为 4 000 辆以上，或设 30 条及以上调车线。

（2）中能力驼峰：日解体能力为 2 000～4 000 辆，或设 17～29 条调车线。

（3）小能力驼峰：日解体能力为 2 000 辆以下，或设 16 条及以下调车线。

2. 根据设备条件的不同，可以分为简易驼峰、非机械化驼峰、机械化驼峰、半自动化驼峰和自动化驼峰。

（1）简易驼峰：多数是利用原有调车场牵出线头部平地起峰修建而成。道岔控制一般采用非集中操纵或电气集中操纵，制动工具采用铁鞋，一般设在调车线大于 5 股的区段站或小型的编组站上。

（2）非机械化驼峰：道岔控制采用电气集中或自动集中，制动工具采用制动铁鞋，一般设在调车线少于 16 条,每昼夜解体车数小于 2 000 辆的中、小型编组站上。

(3)机械化驼峰:道岔控制采用自动集中,其溜放部分设置车辆减速器,调车线内采用铁鞋制动或减速顶调速,一般设在调车线不少于 16 条,每昼夜解体车数不小于 2 000 辆的大、中型编组站上。

(4)半自动化驼峰:道岔控制采用自动集中,增设测长、测重、测速等设备,驼峰溜放速度实现半自动控制。

(5)自动化驼峰:是在半自动化驼峰的基础上,采用一系列自动化设备,自动控制车辆减速器、雷达测速,自动控制车组间隔、车辆溜放进路、目的制动,实现驼峰解散车辆作业全过程自动化。

二、驼峰设备

(一)驼峰线路设备

推送线、溜放线、停放禁止溜放和不准通过驼峰车辆的禁溜线以及向调车场推送车辆的迂回线,一般均设两条,调车线采用 6 号、6.5 号或 9 号对称道岔,按线速布置。

(二)驼峰信号设备

1. 驼峰主体信号机

为满足驼峰机车车辆作业的需要,提高驼峰的调车效率,驼峰峰顶应装设驼峰色灯信号机也就是驼峰主体信号机。

驼峰主体信号机是用来指挥驼峰调车机车进行作业的信号机,每条推送线设一架,设在峰顶平台与加速坡连接处的峰顶线路最高处,以保证有足够的显示距离。驼峰信号机采用高柱、双机构、四灯七显示。驼峰信号机上还装有电铃,当驼峰信号机由开放转为关闭时,电铃短时鸣响,提醒连结员停止提钩;如在推峰过程中碰到限界检查器,除关闭驼峰信号机外,也由电铃发出音响警报。此外,每架驼峰信号机的前方,在其推送线的左侧适当地点,设有能关闭该信号机的按钮柱。当发现危及作业安全时,连结员能及时关闭驼峰信号。

2. 驼峰辅助信号机

在推送车列进行解体作业时,由于司机瞭望信号不利,所以在峰前到达场,每条到发线靠近驼峰调车场的一端,应装设驼峰辅助信号机。

驼峰辅助信号机的作用除复示驼峰主体信号机的显示外,还兼有驼峰预推(黄色灯光)显示,指挥调车机车进行预先推送作业或允许推送作业,一般又兼作到达列车的停车信号(红色灯光),对到达场的列车起停车信号的作用。

3. 驼峰复示信号机

驼峰调车场内当装设一个驼峰辅助信号机还不能满足调车作业需要时,可在到达场每一线路上再分别装设驼峰复示信号机。

驼峰复示信号机平时无显示。当办理驼峰推送进路后,其显示方式与驼峰信号机或驼峰辅助信号机相同;当办理驼峰预先推送进路后,其显示方式与驼峰辅助信号机相同。

4. 峰上调车信号机

为指挥驼峰机车在峰上进行调车作业,如经迂回线向调车场推送禁溜车等,设有峰上调车信号机,当它们开放时,与峰上进路实现必要的联锁关系,采用进路分段解锁方式。

5. 峰下线束调车信号机

为了指挥驼峰机车在峰下调车线之间转线和指示机车上、下峰,在每个线束头部均设有线束调车信号机。线束调车信号机因作业单纯,且分路道岔均设岔前保护区段,采用较简单的进路一次解锁方式。

（三）驼峰调速设备

1. 驼峰调速系统

驼峰调速系统是指为调整溜放车辆的速度而设置的一套系统。

(1)点式调速系统:在驼峰溜放部分和调车线内,钩车溜放的调速设备全部采用减速器的调速系统。

(2)点连式调速系统:在驼峰的溜放部分和调车线的始端采用减速器,在调车场内采用连续式调速设备的调速系统。

(3)连续式调速系统:在驼峰的溜放部分和调车线内,钩车溜放的调速设备连续布置在线路上实现对车辆的连续调速。

2. 驼峰调速工具

调速工具是用来调控溜放车辆速度的,按其在驼峰调车中的作用可分为间隔制动、目的制动。间隔制动是保证前后溜放钩车间有必要的间隔距离,该距离能确保道岔来得及转换,使减速器能及时转换制动或缓解的状态,以便车辆顺利通过溜放部分进入调车线;目的制动是为调车场内的停车制动创造条件,使车辆能停在调车线内的预定地点或与停留车辆安全连挂,避免超速连挂和过大的天窗。

驼峰调速工具是为了提高驼峰的改编能力,保证作业安全所必需的设备。目前,我国铁路上常用的主要调速工具有减速器、减速顶、加减速顶、制动铁鞋及人力制动机等。

（四）驼峰控制设备

1. 机械化驼峰控制设备

机械化驼峰调车场设置信号楼是为了便于集中操纵信号、道岔及车辆减速器。设有三级制动位和具有四个及其以上线束的驼峰调车场,一般设一个上部信号楼(亦称指挥楼或主信号楼),两个下部信号楼(亦称执行楼)。通过两级信号楼内集中操纵设备,操纵信号、道岔及车辆减速器。

(1)上部信号楼

上部信号楼设在第一制动位附近,靠近峰顶,其作用就是操纵全场的信号,第一分路道岔,第二分路道岔及第一制动位的车辆减速器,能及时控制车辆的溜放速度。主要由驼峰控制台、分线盘(室内外设备联系电缆的转接端子)、组合架(安装驼峰信号、调车信号、道岔自动集中及场间联系等电路所用的安全型继电器)、电源屏(供给驼峰信号设备用的各种电源)等设备组成。驼峰控制台的外形为斜面结构,便于作业人员的瞭望,设有模拟站场、道岔手柄、驼峰信号按钮、车辆减速器按钮、调车信号按钮、道岔集中操纵按钮和表示灯、信号复示器等。

(2)下部信号楼

下部信号楼设于第Ⅱ制动位的末端、最外线束的外侧,它的主要任务是操纵并监督第Ⅱ部位车辆减速器动作,车组溜放情况及各股道车辆停留位置等。在下部信号楼内同样设有驼峰控制台、分线盘、组合架及电源屏。

2. 半自动化驼峰控制设备

对于有三个制动位的调车场,其第Ⅲ制动位采用了半自动调速系统。该系统由车辆减速器、半自动控制机、雷达测速器、音频测长器、半自动控制台和轨道电路等组成。编组线的空闲长度是用音频测长器测的。为保证测试精度,将编组线划分为三个测长区段,每段长度不超过300 m。测长结果,在控制台上给出数字显示,作为驼峰作业员调速的依据。

第Ⅲ部位的调速设备,采用T·JY1型重力式车辆减速器。距其入口端10 m处设有测速雷达,用来测量车组经过车辆减速器时的溜放速度,经第Ⅲ部位调速后的车组,能停在编组线的预定地点或以安全速度与停留车连挂。为此,在调速过程中,始终用雷达监测车组的速度,并对其不断地进行调整,以使车组离开车辆减速器时的速度符合给定的数值。

在半自动调速系统中,半自动控制台是重要的控制和表示设备。作业人员通过它可了解编组线的空闲长度和车组的溜放速度,从而对车辆减速器进行适当的操纵,以达到调速的目的。

3. 自动化驼峰控制设备

驼峰调车自动化主要内容包括驼峰机车推峰作业自动化、驼峰溜放进路控制自动化和车组溜行速度控制自动化。

(1)驼峰机车推峰速度自动控制设备

自动化驼峰调车机车的推峰速度通过无线电遥控装置进行自动控制。推峰速度的大小,由电子计算机根据车组大小、排列顺序、走行性能、溜入股道以及溜行距离等因素,计算出每个车组从驼峰下溜的初速度并通过无线电发射机传输给驼峰调车机车,机车上无线电台接收到信息后,通过速度自动控制系统,控制机车的推峰速度。

驼峰调车长和调车机车司机可通过监督设备,随时确认和监视作业过程和实际完成的情况,遇有特殊情况时可从控制台上直接控制调车机车推峰速度。

(2)车辆溜放进路自动控制设备

驼峰溜放进路自动控制是驼峰解体作业过程的重要环节,也是驼峰自动化的基础设备之一。国内外绝大多数驼峰均采用道岔自动集中来实现溜放进路的自动控制。道岔自动集中设备包括控制信号设备和控制道岔设备两部分。只有驼峰各分路道岔装设有自动选路设备时,才称之为道岔自动集中。

溜放进路自动控制系统从现在车信息及数据管理自动化系统调入解体车列的调车作业计划后,驼峰调车长只要在键盘上输入解体车次或解体股道,该车列的解体调车作业计划自动输入溜放进路控制机存储,从而按顺序自动转换溜放进路上的道岔。通过安装在道岔前的车辆计轴器,核对溜经道岔的车数,发现提钩错误或追尾时,能自动纠正后续车组的溜放进路,报警装置同时报警,并做好记录,便于返钩时查找。

(3)车辆溜放速度自动控制设备

车辆溜放速度的自动控制是由系统控制计算机根据调车作业计划、车组、走行性能、溜放线路条件、停留车距离、车组间隔、车组重量、气象条件等因素计算出各制动位所需要的出口速度,自动输出指令控制系统调速设备,使溜放车组的速度符合系统要求,最终达到安全连挂。溜放速度自动控制是驼峰自动化的核心。

三、平面调车设备

平面调车是最基本的调车作业方式，在全路总的调车工作中占有相当大的比重。

除利用驼峰调车设备进行的调车作业外的调车作业均为平面调车。平面调车作业的主要设备为牵出线以及相关的信号控制设备。在调车作业量较为繁忙的编组站、区段站调车场尾部，实现了"继电联锁"，较大的编组站调车场尾部还实现了"计算机联锁"。平面调车设备的不断改进，对提高平面调车作业效率，保证调车作业安全，降低平面调车劳动强度，发挥了积极作用。

（一）牵出线的分类

牵出线是指设在调车场的一端或两端，与调车场相连接，用于列车解体、编组、转线等调车作业的线路。按作业方式分为平面牵出线和坡度牵出线。

（二）牵出线设置坡度的要求

平面牵出线的调车作业是靠机车的推力进行的，设在不大于 2.5‰ 的面向调车线的下坡道或平道上；坡度牵出线是以机车推力为主，车辆重力为辅而进行调车作业，其坡度根据需要确定。

（三）牵出线设置曲线的要求

牵出线设置应有良好的瞭望条件，一般设在直线上。在困难条件下，办理解编作业的调车牵出线可设在半径不小于 1 000 m 的曲线上；在特别困难的条件下，曲线半径不应小于 600 m。办理摘挂、取送作业的货场或其他厂、段的牵出线，在特别困难的条件下，可设在半径不小于 300 m 的曲线上。牵出线不得设在反向曲线上。

（四）牵出线与邻线间隔的规定

牵出线与其相邻线间的距离应为 6.5 m，牵出线的中心线至路肩边缘的宽度不得小于 3.5 m，以保证调车人员上下作业安全。

（五）利用正线或岔线作牵出线的规定

在行车量不大或车站作业量较小的中间站可利用正线或岔线进行调车作业，但其平纵断面及视线等条件应适应调车作业的要求。曲线半径应不小于 300 m，坡度不大于 6‰。为减少越出站界占用区间调车作业次数，进站信号机位置可适当外移，外移距离不应超过 400 m。

（六）牵出线长度的规定

1. 中间站牵出线的有效长度一般情况下不小于该区段运行的货物列车长度的一半；在困难条件下不小于 200 m。

2. 区段站调车场两端一般各设有一条牵出线，其中主要牵出线的有效长度不小于到发线的有效长度；次要牵出线的有效长度不小于到发线有效长度一半。

3. 编组站的牵出线的数量，应根据调车区的分工作业量和作业方法确定。有效长度不小于旅客列车到发线有效长度。

调车场与出发场纵列配置的编组站，其尾部道岔至出发场进场咽喉最外道岔之间具有半个列车长度（不包括预留增加线路和延长线路的长度）的无岔区段作为牵出线使用，以满足调车作业的需要。

列车解编作业用的牵出线的有效长度为到发线有效长度再加 30 m 安全距离。

4. 客运站与客车整备站横列配置时,设置牵出线。

客运站牵出线的有效长度不小于旅客列车到发线有效长度。

货运站牵出线的有效长度不小于列车长度的一半;货场牵出线的有效长度不小于 200 m。

四、调车区划分及调车机车分工

调车工作繁忙、配线较多的车站,可划分为几个调车区。没有做好联系和防护,不准越区或转场作业。调车机车越区作业的联系和防护办法,应在《站细》内规定。

(一)调车区的划分

在正常情况下,每个调车区在同一时间内,只准一台调车机车按固定范围进行作业(驼峰有预推进路者除外)。

1. 划分调车区的基本原则

保证每台调车机车在作业时互不干扰和抵触,调车机车、驼峰、牵出线及调车线负担的任务相对均衡合理;加速编解作业,减少重复作业,充分挖掘潜力;保证调车作业和接发列车的安全。

2. 划分调车区的方法

配有两台及其以上调车机车同时作业的车站,应按线路配置和工作任务,划分调车区并在《站细》中规定。一般采用两种方法:

(1)对于调车作业互不干扰,设有牵出线和一定数量调车线的独立车场,可单独划区管理。在调车作业量较大的货场、交接场和专用线,在配有专用的取送调车机车时,也可以划为单独的调车区。

(2)对于两端均设有牵出线和驼峰,或一端设有牵出线、一端设有驼峰的车场,可实行横向划区或纵向划区。

横向划区的办法是在调车场中部特设分界标或利用固定建筑物作为调车区的分界线,两端各为一个调车区,两调车区之间应有不少于 30 m 的安全距离并设立安全区。为了保证重点和适应不同作业的需要,通常把分界线划在靠近担负编组或辅助工作的一端,尽量使担负解体或主体调车一端保证有较长的线路。有的车站由于线路短,不宜用固定分界线方法划分调车区,而是规定当线路上有停留车时,就以该线内停留车为分界标,两端调车作业均不准触动该分界车。只有当线路空闲时,才以固定的分界标为界。在横向划区的调车场任何一端调车时,越过分界线或触动分界车均为越区作业。

纵向划区是调车(编发)场的任何一端都有两条及以上的牵出线或驼峰溜放线,且分别配有固定的调车机车,共同担负车场一端的调车工作,或调车(编发)场两端各有一台机车因设备、车流等原因分线束划区作业。一般是按照每条牵出线或驼峰溜放线直接接通的线束来划分,每个调车区分配几条线路,规定一定的工作任务,固定一台调车机车,这样便于各台调车机车平行作业并以线路警冲标或分界道岔为界。遇有交叉作业时,按越区作业进行办理。

在集中联锁的车站,一般以独立的集中操纵楼(信号楼)来划分调车区,固定一台或多台调车机车共同作业。调车(编发)场为共同作业区域,在横列式车站到发场亦为共同作业的区域,在共同区域作业时,应相互做好联系。

（二）调车机车分工

当在调车场的任何一端,具有一条以上的牵出线或驼峰溜放线,配属一台以上的调车机车,共同担负调车场一端的解编工作时,为使各台调车机车平行作业,互不干扰,调车场同端的调车机车的作业也应进行分工,分工方式有两种。

1. 固定作业区域。将每台调车机车固定在一条牵出线或驼峰溜放线上,专门担负一定方向的列车解体或编组工作。这种方式有利于建立良好的作业秩序,作业计划组织比较简单。例如,调车场尾部有两条牵出线,两台机车作业时,可划分为两个调车区。但当各方向解编任务不够均衡或车流波动较大时,难免会产生忙闲不均、作业不够协调、调车机车能力不能充分利用等情况。

2. 不固定作业区域。这种分工方式不固定每台调车机车占用的牵出线或驼峰溜放线。由于不固定作业区域,相应地也就不固定担负一定方向的解编任务,而是由调车领导人根据作业计划的要求,考虑各台调车机车的作业进度,灵活掌握、机动分配每台机车的作业区域和所担负的任务。这种方式只要运用得当,能够克服前一种方式的缺陷,更好地发挥调车机车的生产效能。例如,双推单溜的驼峰,两台调车机车的作业就可不固定作业区域,但是,它也给调车作业增添了复杂性,要求调车工作领导人具备较高的计划组织水平且调车组人员具有比较全面熟练的作业技能。

复习思考题

1. 车站按业务性质分为哪几类?

2. 车站按技术作业分为哪几类?

3. 铁路线路分为哪几类?

4. 什么是站线?

5. 什么是避难线?

6. 什么是线路全长?

7. 安全线、避难线的道岔的定位是如何规定的?

8. 常见的线路标志有哪几种?

9. 什么是机车车辆限界?

10. 什么是建筑限界?

11. 驼峰主要由哪几部分组成?

12. 驼峰根据设备条件的不同分为哪几类?

13. 驼峰调速系统分为哪几种?

14. 牵出线按作业方式分为哪几类?

15. 配有两台及以上调车机车同时作业的车站,应按哪些设备条件划分调车区?

第二章 | 信号、联锁、闭塞设备

第一节 信 号

一、铁路信号的概念

铁路信号是指特定物体(包括信号灯、仪表、音响设备)的颜色、形状、位置和声音等向铁路司机传达有关前方路况、机车车辆运行条件、行车设备状态以及行车命令等信息的装置或设备。

为指示列车运行区调车作业的命令,铁路必须根据需要设置各种信号机和信号表示器,用来形成信号显示,指示运行条件。目前我国铁路信号普遍采用色灯信号机,包括广泛使用的透镜式色灯信号机和新型的组合式色灯信号机及 LED 信号机。

二、铁路信号的分类

(一)按感官分类

铁路信号分为听觉信号和视觉信号两大类。

1. 听觉信号

听觉信号又称音响信号,是用音响表示的信号,如用号角、口笛、机车鸣笛、响墩等发出的信号,它以音响的强度、频率和时间长短来表达信号含义。

2. 视觉信号

视觉信号是以物体的形状、颜色、位置、灯光及其数量来指示铁路行车的条件,如用信号机、信号旗、信号灯、信号牌、信号表示器、信号标志及火炬等显示的信号,均属视觉信号。

视觉信号的基本颜色为红、黄、绿三种。

红色——停车;

黄色——注意或减低速度;

绿色——按规定速度运行。

(二)按设置方式分类

信号还可以分为固定信号、移动信号、手信号、信号表示器及信号标志等。在固定地点安装的铁路信号叫固定信号;在线路上或线路旁临时设置的信号牌和信号灯叫移动信号;手拿信号灯、信号旗或直接用手臂显示的信号叫手信号。固定信号是铁路的主要信号。

1. 固定信号机

(1)信号机按类型分为色灯信号机、臂板信号机、机车信号机。

①色灯信号机

色灯信号机是以灯光颜色和数目的变化显示信号。根据其灯具结构不同,分为透镜式、探照式信号机两种。透镜式信号机是多灯的,探照式信号机是单灯的。

色灯信号机具有昼夜显示一致,无机械震动,受气候条件影响小,易于控制和辨认,安全稳定,便于维修等优点。凡有可靠交流电源的车站,均应采用色灯信号机。

②臂板信号机

臂板信号机是利用导线由人工操纵或由电动操纵的信号机。它昼间用臂板的不同位置、形状、颜色及数目等特征来显示信号,夜间装有照明灯具,以不同颜色和数目的灯光来显示信号。

此类信号机,随着信号设备的发展,已逐渐淘汰。

③机车信号机

机车信号机是装在司机室内的信号,用以反映地面信号机的显示。分为点式、连续式和接近连续式三种。它能自动地复示列车运行前方地面信号机的显示状态,是一项提高运输效率改善乘务员劳动条件、保证行车安全的设备。

(2)信号机按用途分为进站、出站、通过、进路、预告、接近、遮断、驼峰、驼峰辅助、复示、调车信号机。

2. 移动信号

在线路故障或站内,区间施工时,要求临时性禁止列车驶入或要求慢行的地段,应设置可以随时设置或撤除的移动式信号牌,称为移动信号。

移动信号的显示方式如下:

(1)停车信号

昼间—表面有反光材料的红色方牌;夜间—柱上红色灯光。停车信号主要设置在故障或线路施工地点前后,以阻止列车驶入防护地点。

(2)减速信号

表面有反光材料的黄底黑字圆牌,标明列车限制速度。减速信号用于线路故障排除后或施工中以及施工前后,线路状态低于正常运行速度要求的临时性慢行地段。减速信号牌上应标明每小时限速公里数。施工及其限速区段,按不同速度等级列车(最高运行速度大于120 km/h 的旅客列车、行邮列车及最高运行速度为 120 km/h 的货物列车、行包列车)的制动距离在原减速信号牌外方增设特殊减速信号牌,昼间与夜间均为表面有反光材料的黄底黑"T"字圆牌。

(3)减速防护地段终端信号

表面有反光材料的绿色圆牌。在单线区段,司机应看线路右侧减速信号牌背面的绿色圆牌。表示列车已驶出慢行地段,可以恢复正常速度运行。

在站内线路上检查、修理,整备车辆时,应在列车两端来车方向的左侧钢轨上,设置带有脱轨器的固定或移动信号牌(灯)进行防护,前后两端的防护距离均应不少于 20 m;不足 20 m 时,应将道岔锁闭在不能通往该线的位置。

旅客列车在到发线上进行技术检查时,用停车信号防护,可不设脱轨器。

3. 手信号

手信号是铁路运输工作中广泛采用的一种视觉信号。行车有关人员使用信号旗或信号灯,根据行车工作的要求,机动地指挥列车运行和调车作业,也是作为联系和传达行车有关事项的旗(灯)语。

显示手信号时必须严肃认真,应做到横平竖直、灯正圈圆、角度准确、段落清晰。

三、信号机的显示方式及意义

(一)驼峰信号机及其复示信号机

为满足驼峰调车作业的需要,驼峰信号机使用红、绿、黄、月白四种颜色灯光,并利用闪光的特征,组成七种信号显示,便于驼峰调车司机按不同的信号显示进行作业,以提高驼峰调车作业的效率。

1. 一个绿色灯光——准许机车车辆按规定速度向驼峰推进。
2. 一个绿色闪光灯光——指示机车车辆加速向驼峰推进。
3. 一个黄色闪光灯光——指示机车车辆减速向驼峰推进。
4. 一个红色灯光——不准机车车辆越过该信号机或指示机车车辆停止作业。
5. 一个红色闪光灯光——指示机车车辆自驼峰退回。
6. 一个月白色灯光——指示机车到峰下。
7. 一个月白色闪光灯光——指示机车车辆去禁溜线或迂回线。

当到达场驼峰辅助信号机与驼峰信号机之间距离较长,驼峰信号机显示距离不满足要求时,可增设驼峰复示信号机。驼峰信号机的复示信号机平时无显示,当办理驼峰推送进路后,其显示方式与驼峰信号机相同。

(二)驼峰辅助信号机

驼峰辅助信号机不仅复示驼峰信号机的显示,还起阻挡列车的作用。

1. 到达场的驼峰辅助信号机显示一个红色灯光时,可对到达列车起停车信号作用。
2. 驼峰辅助信号机显示一个黄色灯光意义为指示机车车辆向驼峰预先推送;当办理驼峰推送进路后,其灯光显示均与驼峰色灯信号机显示相同。

驼峰辅助信号机的复示信号机平时无显示;当办理驼峰推送进路或驼峰预先推送进路后,其显示方式与驼峰辅助信号机相同。

(三)调车信号机

在较大车站,列车在站内运行时,有时要经过几架调车信号机,为避免调车信号的显示影响列车运行,调车信号灯光与列车信号的灯光颜色应有所区别。因红、黄、绿三种颜色已作为列车信号的灯光使用,所以调车信号机的显示采用月白色和蓝色灯光。

1. 一个月白色灯光——准许越过该信号机调车。
2. 一个月白色闪光灯光——装有平面溜放调车区集中联锁设备时,准许溜放调车。
3. 一个蓝色灯光——不准越过该信号机调车。

不办理闭塞的站内岔线,在岔线入口处设置的调车信号机,可用红色灯光代替蓝色灯光。

起阻挡列车运行作用的调车信号机,应采用矮型三显示机构,增加红色灯光或用红色灯光代替蓝色灯光。当该信号机的红色灯光熄灭、显示不明或显示不正确时,应视为列车的停车信号。

四、信号表示器的显示方式及意义

信号表示器分为道岔、脱轨、进路、发车、发车线路、调车及车挡表示器。

(一)道岔表示器

道岔表示器设于非集中操纵的接发车进路上的道岔以及集中联锁调车区进行连续溜放作业的分歧道岔等地点。道岔表示器用于表示道岔位置(开通直向或侧向)。不论昼间或夜间,均应连续不断地显示,以便有关行车人员能随时确认进路。显示意义如下:

1. 昼间无显示;夜间为紫色灯光表示道岔位置开通直向。

2. 昼间为中央划有一条鱼尾形黑线的黄色鱼尾形牌;夜间为黄色灯光表示道岔位置开通侧向。

3. 在调车区为集中联锁时,进行连续溜放作业的分歧道岔应有道岔表示器,平时无显示,当进行溜放作业时,其显示方式如下:

紫色灯光——表示道岔开通直向。

黄色灯光——表示道岔开通侧向。

(二)脱轨表示器

脱轨表示器设于集中联锁以外的脱轨器、脱轨道岔及引向安全线或避难线的道岔,表示线路开通或遮断的状态。显示意义如下:

1. 带白边的红色长方牌及红色灯光——表示线路在遮断状态。

2. 带白边的绿色圆牌及月白色灯光——表示线路在开通状态。

(三)进路表示器

进路表示器一般设于出站信号机、发车进路信号机、出站兼发车进路信号机、驼峰辅助信号机,用以区分进路方向。进路表示器在其主体信号机开放时点亮,用于区别进路开通方向或双线区段反方向发车,不能独立构成信号显示。显示意义如下:

1. 两个发车方向,当信号机在开放的条件下,分别按左、右两个白色灯光,区别进路开通方向。

2. 三个发车方向,其显示方式如下:

(1)信号机在开放状态及表示器左方显示一个白色灯光——表示进路开通,准许列车向左侧线路发车。

(2)信号机在开放状态及表示器中间显示一个白色灯光——表示进路开通,准许列车向中间线路发车。

(3)信号机在开放状态及表示器右方显示一个白色灯光——表示进路开通,准许列车向右侧线路发车。

(四)发车线路表示器

发车线路表示器设在装有线群出站信号机的每条发车线路上。发车线路表示器在线群出站信号机开放后显示一个白色灯光表示准许该线路上的列车发车。为减少调车线内的调车信号机及相应的设备,发车线路表示器可用于驼峰调车场,作为调车线路表示器,显示一个白色灯光,表示准许调车。

（五）调车表示器

调车表示器是在繁忙的调车场上,因地形、地物影响调车机车司机瞭望调车指挥人的手信号时,用以代替调车指挥人的手信号而设置的。调车表示器向前、后两方均能单独显示:一方向着调车区,一方向着牵出线。当向调车区或牵出线方向显示一个白色灯光时,表示准许机车车辆自调车区向牵出线或自牵出线向调车区运行;当向牵出线方向显示两个白色灯光时,表示准许机车车辆自牵出线向调车区溜放。

五、各种信号机及表示器在正常情况下的显示距离

1. 进站、通过、接近、遮断信号机,不得小于 1 000 m;
2. 高柱出站、高柱进路信号机,不得小于 800 m;
3. 预告、驼峰、驼峰辅助信号机,不得小于 400 m;
4. 调车、矮型出站、矮型进路、复示信号机,容许、引导信号及各种表示器,不得小于 200 m。

在地形、地物影响视线的地方,进站、通过、接近、预告、遮断信号机的显示距离,在最坏的条件下,不得小于 200 m。

六、各种标志的设置及意义

根据行车和线路养护维修的需要,在铁路线路上设置有各种线路标志和信号标志。线路、信号标志应设在其内侧距线路中心不小于 3.1 m 处（警冲标除外）。

线路标志用以表明铁路线路里程及铁路建筑物的设备状态和位置,以及各级管理机构管界等,包括公里标、半公里标,曲线标,圆曲线和缓和曲线的始终点标,坡度标等。

信号标志是对机车车辆操作人员起指示作用的标志,包括警冲标,站界标,预告标,引导员接车地点标,司机鸣笛标,电气化区段的电力机车禁停标,断电标,合电标,接触网终点标,机车停车位置标等。

通过各种线路标志和信号标志,可使铁路工作人员明了线路状态,便于从事线路维修、检查、执行任务和联系工作,并使机车乘务员依据各种标志的要求进行操作,达到安全运行的目的。

七、手信号显示方式及意义

（一）调车手信号

1. 停车信号:要求列车停车。昼间——展开的红色信号旗;夜间——红色灯光,如图 2-1 所示。

昼间无红色信号旗时,两臂高举头上向两侧急剧摇动;夜间无红色灯光时,用白色灯光上下急剧摇动,如图 2-2 所示。

2. 减速信号:要求列车降低到要求的速度。

昼间——展开的黄色信号旗;夜间——黄色灯光,如图 2-3 所示。

昼间无黄色信号旗时，用绿色信号旗下压数次；夜间无黄色灯光时，用白色或绿色灯光下压数次，如图 2-4 所示。

图 2-1　停车信号　　　　　　　　　　图 2-2　停车信号（无红色信号旗）

图 2-3　减速信号　　　　　　　　　　图 2-4　减速信号（无黄色信号旗）

3. 发车信号：要求司机发车。

昼间——展开的绿色信号旗上弧线向列车方面作圆形转动；夜间——绿色灯光上弧线向列车方面作圆形转动，如图 2-5 所示。

4. 通过手信号：准许列车由车站（场）通过。

昼间——展开的绿色信号旗；夜间——绿色灯光，如图 2-6 所示。

图 2-5　发车信号　　　　　　　　　　图 2-6　通过手信号

5. 引导手信号:准许列车进入车场或车站。

昼间——展开的黄色信号旗高举头上左右摇动;夜间——黄色灯光高举头上左右摇动,如图 2-7 所示。

6. 特定引导手信号显示方式:昼间为展开绿色信号旗高举头上左右摇动,夜间为绿色灯光高举头上左右摇动,如图 2-8 所示。

图 2-7 引导手信号　　　　　　　　图 2-8 特定引导手信号

7. 指挥机车向显示人方向来的信号。

昼间——展开的绿色信号旗在下部左右摇动;夜间——绿色灯光在下部左右摇动,如图 2-9 所示。

8. 指挥机车向显示人方向稍行移动的信号。

昼间——拢起的红色信号旗直立平举,再用展开的绿色信号旗左右小动;夜间——绿色灯光下压数次后,再左右小动,如图 2-10 所示。

图 2-9 指挥机车向显示人方向来的信号　　图 2-10 指挥机车向显示人方向稍行移动的信号

9. 指挥机车向显示人反方向去的信号。

昼间——展开的绿色信号旗上下摇动;夜间——绿色灯光上下摇动,如图 2-11 所示。

10. 指挥机车向显示人反方向稍行移动的信号。

昼间——拢起的红色信号旗直立平举,再用展开的绿色信号旗上下小动;夜间——绿色灯光上下小动,如图 2-12 所示。

图 2-11　指挥机车向显示人反方向去的信号　　　图 2-12　指挥机车向显示人反方向稍行移动的信号

（二）联系用的手信号

1. 道岔开通信号：表示进路道岔准备妥当。

昼间——拢起的黄色信号旗高举头上左右摇动；夜间——白色灯光高举头上，如图 2-13 所示。

机车出入段进路道岔准备妥当后，显示如下道岔开通信号：

昼间——展开的黄色信号旗高举头上左右摇动；夜间——黄色灯光高举头上左右摇动，如图 2-14 所示。

图 2-13　道岔开通信号　　　　　　图 2-14　道岔开通信号（机车出入段
　　　　　　　　　　　　　　　　　　　　　　　　进路道岔准备妥当后）

2. 股道号码信号：要道或回示股道开通号码。

一道：昼间——两臂左右平伸；夜间——白色灯光左右摇动。

二道：昼间——右臂向上直伸，左臂下垂；夜间——白色灯光左右摇动后，从左下方向右上方高举。

三道：昼间——两臂向上直伸；夜间——白色灯光上下摇动。

四道：昼间——右臂向右上方，左臂向左下方各斜伸 45°角；夜间——白色灯光高举头上左右小动。

五道：昼间——两臂交叉于头上；夜间——白色灯光作圆形转动。

六道：昼间——左臂向左下方，右臂向右下方各斜伸 45°角；夜间——白色灯光作圆形转动后，再左右摇动。

七道：昼间——右臂向上直伸，左臂向左平伸；夜间——白色灯光作圆形转动后，左右摇动，然后再从左下方向右上方高举。

八道：昼间——右臂向右平伸，左臂下垂；夜间——白色灯光作圆形转动后，再上下摇动。

九道：昼间——右臂向右平伸，左臂向右下斜 45°角；夜间——白色灯光作圆形转动后，再高举头上左右小动。

十道：昼间——左臂向左上方，右臂向右上方各斜伸 45°角；夜间——白色灯光左右摇动后，再上下摇动作成十字形。

十一至十九道，须先显示十道股道号码，再显示所要股道号码的个位数信号。

二十道及其以上股道号码由各站自行车组织规则定，并纳入《站细》。股道号码信号 1～10 道昼间显示方式，如图 2-15 所示；股道号码信号 1～10 道夜间显示方式，如图 2-16 所示。

| （a）一道 | （b）二道 | （c）三道 | （d）四道 | （e）五道 |

| （f）六道 | （g）七道 | （h）八道 | （i）九道 | （j）十道 |

图 2-15　股道号码信号 1～10 道昼间显示方式

| （a）一道 | （b）二道 | （c）三道 | （d）四道 | （e）五道 |

| （f）六道 | （g）七道 | （h）八道 | （i）九道 | （j）十道 |

图 2-16　股道号码信号 1～10 道夜间显示方式

3. 连结信号：表示连挂作业。

昼间——两臂高举头上，使拢起的手信号旗杆成水平末端相接；夜间——红、绿色灯光（无绿色灯光的人员，用白色灯光）交互显示数次，如图 2-17 所示。

4. 溜放信号：表示溜放作业。

昼间——拢起的手信号旗两臂高举头上交叉后，急向左右摇动数次；夜间——红色灯光作圆形转动，如图 2-18 所示。

图 2-17　连结信号　　　　　　　　　图 2-18　溜放信号

5. 停留车位置信号：表示车辆停留地点。

夜间——白色灯光左右小摇动，如图 2-19 所示。

6. 十、五、三车距离信号：表示推进车辆的前端距被连挂车辆的距离。

昼间——展开的绿色信号旗单臂平伸，夜间——绿色灯光，在距离停留车十车（约 110 m）时连续下压三次，五车（约 55 m）时连续下压两次，三车（约 33 m）时下压一次，如图 2-20 所示。

图 2-19　停留车位置信号　　　　　图 2-20　十、五、三车距离信号

7. 取消信号：通知将前发信号取消。

昼间——拢起的手信号旗，两臂于前下方交叉后，急向左右摇动数次；夜间——红色灯光作圆形转动后，上下摇动，如图 2-21 所示。

8. 要求再度显示信号：前发信号不明，要求重新显示。

昼间——拢起的手信号旗右臂向右方上下摇动；夜间——红色灯光上下摇动，如图 2-22 所示。

图 2-21　取消信号　　　　　　　　　　　图 2-22　要求再度显示信号

9. 告知显示错误的信号：告知对方信号显示错误。

昼间——拢起的手信号旗两臂左右平伸同时上下摇动数次；夜间——红色灯光左右摇动，如图 2-23 所示。

图 2-23　告知显示错误的信号

（三）升降弓手信号

发现接触网故障，需要机车临时降弓通过时，发现的人员应在规定地点显示下列手信号：

1. 降弓手信号

昼间——左臂垂直高举，右臂前伸并左右水平重复摇动；夜间——白色灯光上下左右重复摇动，如图 2-24 所示。

2. 升弓手信号

昼间——左臂垂直高举，右臂前伸并上下重复摇动；夜间——白色灯光作圆形转动，如图 2-25 所示。

八、听觉及火炬信号鸣（显）示方式及意义

（一）机车、自轮运转特种设备鸣笛、鸣示

机车、自轮运转特种设备以鸣笛方式显示的听觉信号，是机车乘务员在牵引列车运行和调车作业中，以及在被迫停车后，与其他有关行车人员联系工作，或发出警报提醒内外人员注意，或通知有关事项时使用的一种信号，见表 2-1。

图 2-24　降弓手信号　　　　　　　　　　图 2-25　升弓手信号

表 2-1　机车、自轮运转特种设备鸣笛鸣示方式表

名　称	鸣示方式	使用时机
注意信号	一长声 —	接近鸣笛标、行人时
退行信号	二长声 — —	列车、机车车辆、单机开始退行，遇通信设备联系不通时
召集信号	三长声 — — —	要求防护人员撤回时，遇通信设备联系不通时
牵引信号	一长一短声 — ·	途中本务机车要求补机牵引运行，遇通信设备联系不通时（补机应以同样信号回答）
惰行信号	一长二短声 — · ·	本务机车要求补机惰力推进或要求补机断开主断路器，遇通信设备联系不通时（补机应以同样信号回答）
途中降弓信号	一短一长声 · —	电力机车双机牵引中，本务机车司机要求补机降下受电弓，遇通信设备联系不通时（补机须以同样信号回答）
途中升弓信号	一短二长声 · — —	电力机车双机牵引中，本务机车司机要求补机升起受电弓，遇通信设备联系不通时（补机须以同样信号回答）
呼唤信号	二短一长声 · · —	1. 机车要求出入段，遇通信设备联系不通时 2. 在车站要求显示信号，遇通信设备联系不通时
警报信号	一长三短声 — · · ·	发现线路有危及行车安全的不良处所时
试验自动制动机及复示信号	一短声 ·	1. 试验制动机开始减压，遇联系不通时 2. 接到试验制动结束的手信号，回答试风人员，遇联系不通时 3. 调车作业中，表示已接受调车长所发出的手信号，遇联系不通时
缓解及溜放信号	二短声 · ·	1. 试验制动机缓解，遇联系不通时 2. 要求列车乘务组缓解人力制动机，遇通信设备联系不通时 3. 复示溜放调车信号，遇通信设备联系不通时
拧紧人力制动机信号	三短声 · · ·	1. 要求列车乘务组拧紧人力制动机，遇通信设备联系不通时 2. 要求就地制动，遇通信设备联系不通时
紧急停车信号	连续短声 · · · · · · ·	司机发现（或接到通知）邻线发生障碍，向邻线上运行的列车发出紧急停车信号时。邻线列车司机听到此种信号后，应紧急停车

（二）口笛、号角

口笛、号角所发出的听觉信号，是行车有关人员，包括调车人员，扳道人员、检车人员、扳道人员之间，或其与司机之间在作业中使用的信号，见表2-2。

表 2-2　口笛、号角鸣示方式表

用途及时机	鸣示方式	
发车、指示机车向显示人反方向移动	一长声	—
指示机车向显示人方向移动	一短一长声	·—
试验制动机减压	一短声	·
试验制动机缓解	二短声	··
试验制动机结束及安全信号	一短一长二短声	·—··
一道	一短声	·
二道	二短声	··
三道	三短声	···
四道	四短声	····
五道	五短声	·····
六道	一长一短声	—·
七道	一长二短声	—··
八道	一长三短声	—···
九道	一长四短声	—····
十道	二长声	——
二十道	二短二长声	··——
十、五、三车距离信号：十车	三短声	···
十、五、三车距离信号：五车	二短声	··
十、五、三车距离信号：三车	一短声	·
连结及停留车位置	一长一短一长声	—·—
停车	连续短声	·······
要求司机鸣笛	二长三短声	——···
试拉	一短声	·
减速	连续二短声	·· ··
溜放	三长声	———
取消	二长一短声	——·
再显示	二长二短声	——··
列车接近通报信号：上行	二长声	——
列车接近通报信号：下行	一长声	—

（三）响墩及火炬信号

响墩及火炬信号是一种临时紧急停车信号。它是当线路（包括桥梁、隧道）遇到灾害，发生故障或列车在区间内发生事故，以及其他原因被迫停车时，为防止前方或后方开来的列车，发生列车脱轨或冲突而设置的。

响墩为扁圆形铁盒，内装少量炸药，铁壳上有一条铅带，用以在钢轨上固定响墩。机车轧上响墩，就会发出爆炸声，响墩不能设在钢轨接头、道岔、道口处及无砟桥上和隧道内。火炬是一种特别的信号设备，即使在风雨天气中仍可点燃，点燃后置于道心。

响墩爆炸声及火炬信号的火光，均要求紧急停车。停车后如无防护人员，机车乘务人员应立即检查前方线路，如无异状，列车以在瞭望距离内能随时停车的速度继续运行，但最高不得超过 20 km/h。在自动闭塞区间，运行至前方第一个通过信号机前，如无异状，即可按该信号机显示的要求执行；在非自动闭塞区间，经过 1 km 后，如无异状，可恢复正常速度运行。

九、信号设备加封、加锁的规定

为确保行车安全，根据有关规定和设计要求，需要加锁加封的设备，均须加锁加封。一般规定原则是室外设备加锁，室内设备加封。如：信号机构、室外各种箱类、电锁器、电动（空）转辙机等应加锁，室内操纵台（人工解锁盘、应急盘等）及有关按钮等均应加封。涉及行车安全的按钮，如最终可能导致进路或区段非正常解锁的按钮，必须加封（锁），必要时可装设计数器。当使用人员启封使用设备时，应将启封原因登记于"行车设备检查登记簿"内，启封后及时通知信号部门加封。

考虑到一些信号设备使用上的方便，加封有一定困难（如有的车站无信号工作人员值班），可装设计数器，但使用计数器后，由使用人员在"行车设备检查登记簿"内登记，登记的计数器次数与计数器记录的次数必须相符。当信号检修人员检修设备时，共同认定使用次数。

在车站联锁、调度集中系统、列车调度指挥系统等计算机技术系统界面操作台进行操作时，为办理慎重起见，相对于原铅封按钮点压后，屏幕将提示输入密码，密码输入后操作才被执行，系统自动记录，并且在屏幕提示栏应有记录显示，同时使用人员应在"行车设备检查登记簿"内登记。

第二节　联　　锁

一、联锁的概念

车站内有许多线路，它们用道岔连接着，列车和调车车列在站内运行所经过的经路，称为进路。每条进路必须由相应的信号机来防护。

如进路上的道岔位置不正确，或已有车占用，有关的信号机就不能开放；信号开放后，其所防护的进路不能变动，即此时该进路上的道岔不能再转换。信号、道岔、进路之间的这种相互制约的关系，称为联锁关系，简称联锁。

二、联锁的技术要求

站内正线及到发线上的道岔，均须与有关信号机联锁。区间内正线上的道岔，须与有关信号机或闭塞设备联锁。各种联锁设备（驼峰除外）之间应满足的联锁关系如下：

1. 当进路上的有关道岔开通位置不对或敌对信号机未关闭时，该信号机不能开放；信号机开放后，该进路上的有关道岔不能扳动，其敌对信号机不能开放。

2. 正线上的出站信号机未开放时，进站信号机不能开放通过信号；主体信号机未开放时,预告信号机不能开放。

3. 装有转换锁闭器,电动、电液转辙机的道岔,当第一连接杆处(分动外锁闭道岔为锁闭杆处)的尖轨与基本轨间、心轨与翼轨间有 4 mm 及其以上水平间隙时,不能锁闭或开放信号机。

4. 区间内正线上的道岔,未开通正线时,两端站不能开放有关信号机。设在辅助所的闭塞设备与有关站闭塞设备应联锁。

三、联锁设备分类

联锁设备用来实现进路、道岔、信号机之间的联锁关系。联锁设备分为集中联锁(继电联锁和计算机联锁)和非集中联锁(臂板电锁器联锁和色灯电锁器联锁)两大类。

编组站、区段站和电源可靠的其他车站,采用集中联锁。列车调度指挥系统(TDCS)和调度集中系统(CTC)区段,车站应采用集中联锁。

(一)非集中联锁

它用电锁器来实现联锁关系,由安装电锁器的道岔握柄与转换锁闭器配合,用人工在现场就地分散操纵道岔,信号机可采用色灯信号机和臂板信号机,采用色灯信号机的电锁器联称为色灯电锁器联锁。采用臂板信号机的电锁器联锁称为臂板电锁器联锁。

臂板电锁器联锁的信号机由车站值班员控制,扳道员在现场操纵。色灯电锁器联锁的信号机由车站值班员通过控制台操纵。

电锁器联锁作业效率低,安全程度差。随着我国铁路信号现代化的进程,正逐渐被淘汰。

非集中联锁设备,应保证车站值班员能控制接、发车进路和信号机的开放与关闭。非集中联锁设备,在控制台上应有接、发列车的进路开通表示;采用色灯电锁器联锁时,还应有进站信号机的开放、关闭和出站信号机、引导信号的开放表示;到发线设有轨道电路时,应有到发线的占用表示。

(二)集中联锁

集中联锁包括继电联锁和计算机联锁。

1. 用电气的方法集中控制和监督全站的道岔、进路和信号机,并实现它们之间联锁的设备称为电气集中联锁设备,简称电气集中。若是用继电器组成的电路来进行控制并实现联锁的设备,称为继电式电气集中联锁,简称继电联锁。

2. 计算机联锁是利用计算机的逻辑功能取代大量的继电器电路来实现联锁关系的现代化联锁设备。这种联锁设备将现场的色灯信号机、电动转辙机和轨道电路作为监控对象,利用联锁计算机实现联锁关系,通过显示器显示现场设备状态实现监督,通过控制台进行人机对话对现场设备实现控制。

计算机联锁以集成电路取代了继电器电路,减少了对继电器的维护工作,从而进一步提高了安全性和可靠性;在功能方面,除了能完成既有继电集中联锁的功能外。还容易实现自动控制功能,安全地实现自动选路和储存进路以及显示、记录、提示功能;运行图变更时,可以自动选择最佳方案;可以扩大控制范围,适用于任何规模的车站。

集中联锁设备应保证:当进路建立后,该进路上的道岔不能转换;当道岔区段有车占用时,该区段的道岔不能转换;列车进路向占用线路上开通时,有关信号机不能开放(引导信号除外);能监督是否挤岔,并于挤岔的同时,使防护该进路的信号机自动关闭,被挤道岔未恢复前,有关信号机不能开放。

集中联锁设备,在控制台(或操纵、表示分列式的表示盘及监视器)上应能监督线路与道岔区段是否占用、进路开通及锁闭,复示有关信号机的显示。

第三节 闭 塞 设 备

一、闭塞设备的概念及分类

闭塞设备是用来保证列车在区间内运行安全,并提高区间通过能力的区间信号设备,车站均须装设基本闭塞设备。基本闭塞设备是控制一个区间(或闭塞分区)同一时间内,只准许一列列车运行的设备。通过调度所、相邻车站、线路所、闭塞分区的设备或人为控制,使列车与列车相互间保持一定间隔,以保证列车安全运行的行车方法,称为行车闭塞法。

我国铁路采用的行车基本闭塞法有自动闭塞、自动站间闭塞、半自动闭塞三种。其中:自动闭塞以闭塞分区作为列车间隔;自动站间闭塞、半自动闭塞都是以站间(所间)区间作为列车间隔;其列车运行间隔均属于空间间隔法。电话闭塞法是当基本闭塞法不能使用时所采用的代用闭塞法。

电话闭塞是在基本闭塞法不能使用的条件下,主要靠人工检查确认和联系制度来保证实现列车运行空间间隔的代用闭塞方法。使用电话闭塞法行车须有列车调度员的命令,并按有关电话闭塞接发列车规定的程序、制度办理行车作业;原则上不使用隔时续行方法。

二、闭塞设备设置及操作方法

在单线区段,应采用半自动闭塞或自动站间闭塞,繁忙区段可根据情况采用自动闭塞;在双线区段,应采用自动闭塞;在一个区段内,原则上应采用同一类型的闭塞方式。

(一)半自动闭塞

1. 半自动闭塞的定义

半自动闭塞需人工办理闭塞手续,列车凭出站信号机的显示进行发车,列车出发后,出站信号机能自动关闭,所以叫半自动闭塞。

2. 半自动闭塞的工作原理

(1)甲站要向乙站发车,必须确认区间空闲并得到乙站同意后,甲站值班员按下闭塞按钮,发车表示灯亮黄灯,乙站接车表示灯也亮黄灯。然后乙站值班员按下闭塞按钮,接车表示灯由黄灯变为绿灯,甲站发车表示灯也由黄灯变为绿灯。甲站值班员即可办理发车进路,开放出站信号机,列车从甲站出发。

(2)列车从甲站出发驶入轨道电路区段后,出站信号机自动关闭,区间闭塞,两站都不能向该区间发车,保证了该区间只准许有一列列车运行。

(3)列车驶入乙站轨道电路区段时,乙站接发车表示灯亮红灯,表示列车到达,车站值班员确认列车全部到达停妥后,办理到达复原手续。

3. 半自动闭塞的主要优缺点

采用半自动闭塞时,由于出站信号机受到对方站闭塞机的控制,因而在保证行车安全方面有一定的优越性,但当运量增大要求提高区间通过能力时,又有它的局限性;特别是当区间线路发生故障时,半自动闭塞设备不能作出反应并由故障导向安全。

(二)自动站间闭塞

1. 自动站间闭塞的定义

此种闭塞需与集中联锁设备结合使用,采用轨道检查装置自动检查区间空闲,发车站办理发车进路后即自动构成站间闭塞。列车到达接车站并出清区间后,闭塞自动解除。

2. 自动站间闭塞的区间检查设备

自动站间闭塞的区间检查设备有两类:计轴设备(计轴器)和长轨道电路。

采用计轴技术能对长区间进行检查,具有较高的可靠性、安全性及适用性,在铁路上应用较为普遍。

采用计轴器作为区间空闲与占用状态的检查设备,每个区间安装两套,分别设在两端车站进站信号机内方 2～3 m 处。计轴器通过设置在区间两端的计轴点,对驶入区间和驶离区间的列车轴数进行记录,并经过传输线路将各自的轴数传递到对方站进行校核。当两端所记录的轴数一致时,就认为列车完整到达、区间空闲,否则表示占用。未办理闭塞时如有车溜入区间,就自动断开闭塞电路,并发出声光报警。

区间长轨道电路由三部分组成,包括上、下行接近区段轨道电路(双线时为接近和发车区段轨道电路)和中间部分轨道电路,通过轨道电路对区间是否占用、线路是否良好进行检查。在这三部分轨道电路都空闲时,排列发车进路,开放出站信号,自动完成闭塞;在列车到达前方站(返回发车站)三部分轨道电路都空闲后,自动开通区间。当区间任何一部分轨道电路处于占用状态时,不能开放出站信号机;列车虽已到达前方站(返回发车站),但不能解除闭塞开通区间。出站信号机开放后,如果区间轨道电路因故障等原因处于占用状态时,便自动关闭。

(三)自动闭塞

1. 自动闭塞的定义

自动闭塞是由运行中的列车自动完成闭塞任务的一种设备。将两个相邻车站之间的区间正线划分成若干个小段,即闭塞分区(其长度一般为 1 200～1 300 m),每个分区的起点设置一架通过色灯信号机进行防护。由于闭塞分区内钢轨上装设轨道电路,因而能够正确反映列车的运行情况和钢轨是否完整,并及时传给通过信号机显示出来,向接近它的列车指示运行条件。因为通过色灯信号机的显示是随着列车的运行自动控制的,不需要人工操纵,所以叫自动闭塞。我国铁路上采用的自动闭塞主要有单线双向自动闭塞(在线路两侧均设有通过色灯信号机)和复线单向自动闭塞(每条线仅一侧设信号机)两种。

2. 自动闭塞的工作原理

(1)三显示自动闭塞

三显示自动闭塞,它用红、黄、绿三种颜色的灯光来指示列车运行的不同条件。当采用三显示自动闭塞时,通过信号机显示绿灯表示前方至少间隔两个闭塞分区空闲;显示黄灯表示前方间隔一个闭塞分区空闲;显示红灯表示前方闭塞分区有车占用。当线路上的钢轨折断时,轨道电路断电,使信号机显示红灯,保证行车安全。

（2）四显示自动闭塞

四显示在三显示闭塞（红、黄、绿）的基础上,增加了黄绿色灯光。四显示自动闭塞能预告列车前方三个闭塞分区的状态,通过信号机显示绿色灯光表示运行前方至少有三个闭塞分区空闲;显示一个绿色灯光和一个黄色灯光表示运行前方有两个闭塞分区空闲;显示一个黄色灯光表示运行前方有一个闭塞分区空闲;显示红灯表示前方闭塞分区有车占用。

3. 自动闭塞的主要优点

采用自动闭塞时,在站间区间可以同时有两个以上的同向列车占用,提高了区间通过能力。由于轨道上全部装设了轨道电路,当区间有列车占用或钢轨折断时,都可以自动地使信号机显示停车信号,能够更好地保证列车在区间内运行的安全。

复习思考题

1. 铁路信号分为哪两大类？

2. 视觉信号的基本颜色是什么？

3. 信号机按类型分为哪几种？

4. 信号机按用途分为哪几种？

5. 驼峰信号机显示哪些信号？

6. 驼峰辅助信号机显示一个黄色灯光的意义是什么？

7. 调车信号机显示哪些信号？

8. 信号表示器分为哪几类？

9. 各种信号机及表示器,在正常情况下的显示距离如何规定？

10. 指挥机车向显示人方向来的信号,昼间如何显示？

11. 股道号码信号九道夜间如何显示？

12. 联锁设备如何分类？

13. 各种联锁设备（驼峰除外）应满足哪些条件？

14. 行车基本闭塞法有几种？

第三章　机　车　车　辆

第一节　机　　车

机车是牵引旅客列车、货物列车和调车作业的动力。机车按牵引动力方式分为内燃机车和电力机车。

一、机车的分类

（一）内燃机车

内燃机车是以内燃机作为原动力的一种机车。目前国产内燃机车的主要型号为东风系列和新型和谐号大功率内燃机车等。

铁路上采用的内燃机绝大多数是柴油机。燃油（柴油）在气缸内燃烧，将热能转换为由柴油机曲轴输出的机械能，但并不用来直接驱动动轮，而是通过传动装置转换为适合于机车牵引特性要求的机械能，再通过走行部驱动机车动轮在轨道上转动。

内燃机车虽然有各种不同的类型，但它们的基本组成及工作原理是相同或相似的，都是由柴油机、传动装置、走行部、车体车架、车钩缓冲装置、制动系统及辅助装置组成的。

内燃机车的辅助装置包括燃油系统、冷却水系统、机油系统、辅助电气设备、检查和计量仪表以及操纵设备。

1. 内燃机车的分类

内燃机车按传动方式可分为机械传动、电力传动和液力传动机车；按用途可分为货运机车、客运机车和调车机车。

货运机车有较大的车引力，用以牵引吨位较大的货物列车，单节机车最大运行速度为 $80\sim100$ km/h，HXN$_3$ 和 HXN$_5$ 型和谐号内燃机车最大运行速度可以达到 120 km/h；客运机车具有较高的运行速度和起动加速度，用以牵引速度较高的旅客列车，单节机车最大运行速度 $120\sim170$ km/h；调车机车用于站内调车和编组站解编调车作业并兼作短途运输，站内调车最大运行速度 $50\sim70$ km/h，编组站调车机车最大运行速度 $70\sim90$ km/h。

2. 内燃机车的型号和轴列式

"DFH""BJ"是液力传动内燃机车，"DF"是电力传动内燃机车。进口内燃机车中，"NY"液力传动内燃机车，"ND"是电力传动内燃机车。在字母（或汉字）右下角的数字，表示该型机车投入运用的序号。

内燃机车的轴列式，用以表示转向架台数、每台转向架动轴数及动轴的驱动方式。如

2—2,表示该机车有两台二轴转向架,动轴的驱动方式是成组驱动,而 3_0—3_0 则表示该机车有两台三轴转向架,动轴的驱动方式是每一动轴为单独驱动。内燃机车的轴列式也可用英文字母表示,A 即 1,B 即 2,C 即 3,D 即 4。如 B—B,C_0—C_0,也可写成 BB,C_0C_0,或 $B'B'$,$C_0'C_0'$。

（二）电力机车

电力机车直接从接触网获得电能,通过机车上的牵引电动机将电能转换为机械能。由于电力机车运行时,需由外界提供电源,因此需要有一套牵引供电系统。

1. 电力机车的特点

与其他类型的机车相比,电力机车的特点有:

(1)牵引功率大,过载能力强。

(2)牵引力大,速度快,爬坡能力强。

(3)故障少,整备作业时间短,维修量小,检修周期长,运营费用低。

(4)热效率高,能源利用率高,节约能源。

(5)无煤烟、废气、环境污染少。

(6)乘务员工作条件好。

但是,电气化铁路基本建设投资大,运用灵活性差。

2. 电力机车类型

自 1958 年以来,我国已先后研制生产了 SS_1～SS_9 型电力机车、和谐号（HXD_1、HXD_2、HXD_3）等电力机车。在研制生产电力机车的同时,我国还从国外引进了 6K、6G、8K、8G 等多种型号的电力机车,6、8 表示机车轴数,K 表示采用晶闸管二极管整流装置,G 表示采用硅二极管整流装置。

电力机车轴列式与内燃机车轴列式的表示方法基本相同。每根轮轴上均装有一台牵引电动机单独驱动。

3. 电力机车总体结构

我国在研制新型电力机车的同时,对 SS_1 型电力机车进行了数次重大改进,使之性能有了很大提高。下面以 SS_1 型电力机车为例,简单说明一下电力机车的总体结构。

SS_1 型电力机车总体布局,如图 3-1 所示,由机械部分、电气部分和空气管路系统组成。

(1)机械部分

机械部分主要包括转向架和车体。

SS_1 型电力机车有两台完全相同并各自独立的转向架,每台转向架有三根车轴,每根车轴由一台牵引电动机驱动。

SS_1 型电力机车的车体采用两端司机室结构,客车车厢式外形。车内设备由中央往两端成对称布局,中央为变压器室,依次为高压室、辅助室、司机室,各室由双侧走廊相通。

(2)电气部分

电气部分主要包括机车上的各种电气设备及其连接导线。

SS_1 型电力机车车顶上装有两台单臂受电弓,用来从接触网受取电能。电力机车运行时,受电弓升起,同接触网的接触导线接触。接触网的工频单相 25 kV 高压交流电经受电弓引入,通过主断路器进入主变压器。利用主变压器将接触网的高压交流电变换为低压交流

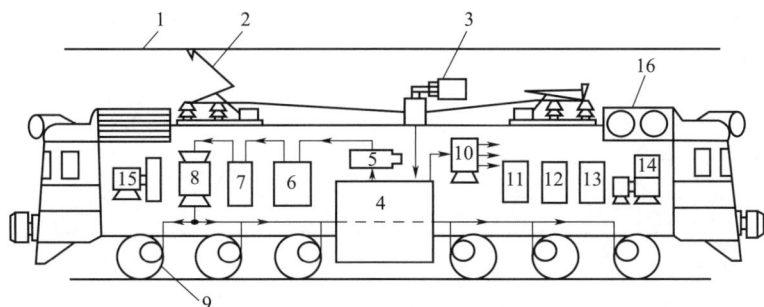

1—接触网;2—受电弓;3—主断路器;4—主变压器;5—调压开关;6—硅整流柜;
7—主电路电器;8—平波电抗器;9—牵引电动机;10—劈相机;11—控制电路电器柜;
12—辅助电路电器柜;13—控制电源柜;14—电动压缩机组;15—电动通风机组;
16—制动电阻柜。

图 3-1　SS1 型电力机车总体布局

电,经调压开关与硅整流装置将交流电变换为电压可调的脉流电,再经两台平波电抗器滤波后,向六台并联的牵引电动机集中供电。机车上的电气设备除牵引电动机布置在转向架上,受电弓、主断路器等布置在车顶上外,绝大部分设备都布置在车内。

（3）空气管路系统

机车的空气管路系统按其功能可分为风源、控制气路、辅助气路和制动机四部分。

空气压缩机产生的压缩空气储存在主风缸中,作为列车制动和机车上各种气动器械的风源;控制气路系统供给机车气动电器所需要的压缩空气;辅助气路系统供给机车撒砂装置、风喇叭及刮雨器等辅助装置所需要的压缩空气;制动机用以实现机车的制动和缓解,保证行车安全。目前 SS1 型电力机车采用 DK-1 型电空制动机。

二、机车车辆限界

（一）客货共线铁路机车车辆上部限界

客货共线铁路机车车辆上部限界的规定及限界图见第一章第二节。

对于车体长度和转向架中心距不超过计算车辆(车体长度为 26 m、转向架中心距为 18 m)的机车车辆,其最大容许制造宽度不需缩减;对于车体长度和转向架中心距超过计算车辆的机车车辆,其最大容许制造宽度应按规定缩减。将轨面以上 350 mm 至 1 250 mm 间的半宽统一为电力机车限界轮廓的尺寸 1 675 mm。

（二）客货共线铁路机车车辆下部限界

新造机车车辆下部制造垂直尺寸在计入静载(或整备状态下)的弹簧下沉量以及最大磨耗量后,不得小于机车车辆下部限界图所规定的垂直尺寸。在钢轨水平面上 1 250 mm 高度以下,机车车辆宽度逐渐缩减,因为在这个范围内,建筑物和设备较多[如站台、道岔转辙机、电气装置、驼峰车辆减速器(顶)等],为防止与这些设备接触,规定了不同情况的下部限界要求。机车车辆下部限界,如图 3-2 所示。

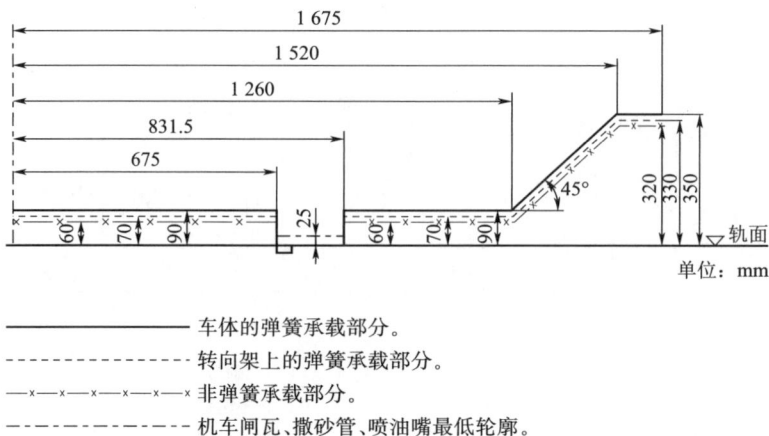

图 3-2 客货共线铁路机车车辆下部限界图

第二节 车 辆

铁路车辆是运送旅客和货物的工具,一般没有动力装置,必须车辆连挂成列,由机车牵引才能在线路上运行。

一、铁路车辆的分类

1. 铁路车辆按用途分为客车、货车及特种用途车。

常见的客车有:硬座车、软座车、硬卧车、软卧车、餐车、行李车、邮政车等数种。

为了运送各种不同的货物,货车有:平车、敞车、棚车、集装箱平车、平集两用车、冷藏车、罐车、水泥车、粮食车、毒品车、家畜车、矿石车、长大货物车等数种。

特种用途车是指具有特殊用途的专用车辆,如试验车、发电车、救援车、检测车、检衡车、轨道检查车、接触网检查车、电务检查车、除雪车、文教车及各类作业车等。

2. 铁路车辆按轴数分为四轴车、六轴车和多轴车。

四轴车的每两根车轴分别组成相同的两个转向架,能相对于车底架做自由转动,我国铁路上的大部分车辆均采用这种形式。对于载重量较大的车辆,为使每一车轴加在线路上的重量不超过线路强度所规定的吨数(称为"轴重"),可以做成六轴车或多轴车。

3. 根据不同载重量,铁路货车分为 50 t、60 t、75 t 和 90 t 等多种。

二、铁路车辆的基本构造

铁路车辆种类繁多,但其结构大致相似。一般由车体、走行部、车钩缓冲装置、制动装置和车辆内部设备等五个基本部分组成,如图 3-3 所示。

（一）车体

车体是旅客乘坐或装载货物的部分。车体一般和车底架构成一个整体,其结构与车辆的用途有关。车底架是车体的基础,它承受车体和所装货物的重量,并通过上下心盘将重量

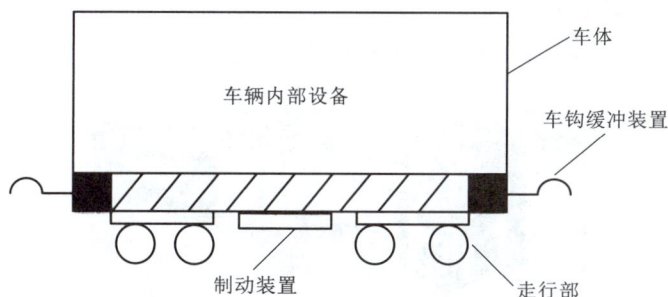

图 3-3　车辆基本组成示意图

传给走行部。在列车运行时,它还承受机车牵引力和列车运行中所引起的各种冲击力,所以必须具有足够的强度和刚度。

(二)走行部

走行部的作用是引导车辆沿轨道运行,并把车辆的重量传给钢轨。它应保证车辆以最小的阻力在轨道上高速、平稳地运行,并顺利地通过曲线。走行部能否保持良好的状态,对车辆的安全、平稳、高速运行有很大影响。四轴货车的走行部由两台相同的独立的二轴转向架组成。

在四轴货车上,四组轮对分成相同的两个部分,组成转向架,如图 3-4 所示。转向架是由两组轮对和轴箱油润装置、侧架、摇枕、弹簧减震装置等组成的一个整体。通过调整摇枕上的下心盘,中心销和车底架枕梁上的上心盘对接。车辆采用转向架后,能相对于车底架自由转动,缩短了车辆的固定轴距,便于车辆顺利通过曲线。

图 3-4　转向架示意图

(三)车钩缓冲装置

车钩缓冲装置的作用是使机车和车辆或车辆之间连挂一起,并且传递牵引力和制动力,缓和列车运行或调车作业时所产生的冲击力。

1. 车钩缓冲装置组成

车钩缓冲装置包括车钩、缓冲器两部分,安装在车底架中梁的两端,如图 3-5 所示。

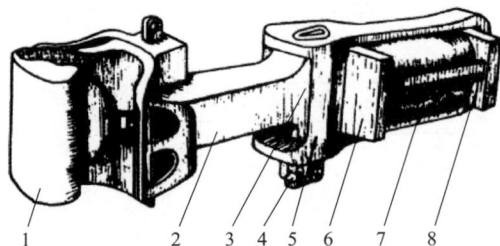

1—钩舌;2—钩身;3—钩尾;4—钩尾销;5—钩尾框;6、8—从板;7—缓冲器。

图 3-5　车钩缓冲装置

2. 车钩

车钩由钩头、钩身和钩尾 3 个部分组成。钩头里装有钩舌、钩舌销、钩提销、钩舌推铁和钩锁铁等零部件。

为了实现挂钩或摘钩,使车辆连接或分离,车钩具有以下 3 种位置,如图 3-6 所示。

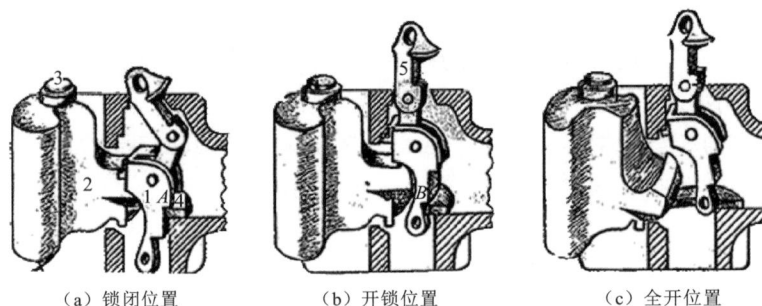

（a）锁闭位置　　　　（b）开锁位置　　　　（c）全开位置

图 3-6　车钩三态作用位置图

（1）锁闭位置:车钩的钩舌被钩锁铁挡住不能向外转开的位置,称之为锁闭位置。两个车辆连挂在一起时车钩就处在这种位置。

（2）开锁位置:钩锁铁被提起,钩舌只要受到拉力就可以向外转开的位置。

（3）全开位置:钩舌已经完全向外转开的位置。

摘钩时,只要其中一个车钩处在开锁位置,就可以把两辆车分开;挂钩时,只要其中一个车钩处在全开位置,与另一个车钩碰撞后就可连挂。我国铁路在开行的单元重载列车中装设的是旋转式车钩;在高速动车组上采用的是密接式车钩。

（四）制动装置

制动装置是用外力迫使运行中的机车车辆减速或停车的一种设备。它不仅是列车安全、正点运行的重要保证,而且也是提高列车重量和运行速度的前提条件。因此,制动装置的性能好坏,对铁路的运输能力和行车安全都有重要影响。

车辆上的制动装置由制动机、基础制动装置两部分组成。我国机车车辆上安装的制动机主要有:空气制动机(自动制动机)和人力制动机。

1. 空气制动机

空气制动机是利用压缩空气产生制动力的，一般用于列车制动，车辆制动所需压缩空气是由机车总风缸供给的。空气制动机的部件，一部分装在机车上，另一部分装在车辆上。装在机车上的部件有空气压缩机、总风缸、制动阀等。由空气压缩机产生的压缩空气储存在总风缸内，是制动所用的动力来源。列车中车辆的制动、缓解作用，都是由机车司机操纵制动阀来实现。

装在车辆上的部件有制动软管、折角塞门、三通阀（或分配阀）、副风缸、截断塞门、制动缸等。

2. 人力制动机

在每节车辆的一端，都装有一套人力制动机，可以使单节车辆或车组减速或停车。我国铁路货车上，多使用链式人力制动机。它结构简单、操纵灵活、制动力强。

当进行人力制动时，可将制动手轮按顺时针方向转动，使制动链绕在轴上，拉动制动杠杆，就如同空气制动机中制动缸活塞杆向外推动一样，使闸瓦紧压车轮而产生制动作用。

3. 基础制动装置

基础制动装置设在转向架上，是利用杠杆原理，将空气制动机或人力制动机产生的力量扩大适当倍数，再均衡地向各个闸瓦传力的装置。客车多为双闸瓦式，货车多为单闸瓦式。随着车辆向大吨位方向发展、列车速度的不断提高，动能加大仅靠传统的闸瓦制动方式和自动空气制动机操纵控制是无法达到要求的。因此，高速列车的制动必须采用综合方式，即多种制动协调使用，使列车制动平稳，操纵方便，确保行车安全。目前中国在动车组、双层客车及地铁车辆上使用盘形制动。盘形制动是利用制动夹钳使闸片夹紧固定装置在车轴上的制动圆盘而产生制动力。

（五）车辆内部设备

车辆内部设备是一些能良好地为运输对象服务而设于车体内的固定附属装置。如客车上的电气、给水、取暖、通风、空调、座席、卧铺、行李架等装置均属于车辆内部设备。货车由于类型不同，内部设备也千差万别，一般来说比客车简单。

三、车辆的标记及意义

车辆应有识别的标记：路徽、车型、车号、制造厂名及日期、定期修理的日期及处所、自重、载重、容积、换长等；车辆应有车号自动识别标签；客车及固定配属的货车上应有所属局段的简称；客车还应有车种、定员、最高运行速度标记；罐车还应有容量计表标记；电气化区段运行的客车、机械冷藏车等应有"电化区段严禁攀登"的标识。

（一）车辆编码

为了对车辆识别与管理，适应全国铁路用计算机联网管理的需要，对运用中的每一辆车都进行编码，且每一辆车的编码是唯一的，编码的主要内容为车种、车型、车号。车辆编码一般由基本型号、辅助型号及车号三部分组成。如：C62A1647312，C 是基本型号，表示车辆是货车中的敞车；62 是辅助型号，表示载重系列；A 也是辅助型号，表示车辆的材质区别；1647312 是车号。

1. 基本型号原则上用该车汉语拼音名称中选取一个或两个大写字母构成，代表车辆种类。客车用两个字母表示；货车一般用一个字母表示，我国主要车辆车种型号见表3-1。

表3-1　主要车辆车种型号表

序号	货车车种	基本型号	序号	客车车种	基本型号
1	棚车	P	1	软座车	RZ
2	敞车	C	2	硬座车	YZ
3	平车	N	3	软卧车	RW
4	罐车	G	4	硬卧车	YW
5	保温车	B	5	行李车	XL
6	特种车	T	6	邮政车	UZ
7	长大货物车	D	7	餐车	CA
8	集装箱车	X	8	公务车	GW
9	家畜车	J	9	试验车	SY
10	水泥车	U	10	代用座车	ZP
—	—	—	11	硬座双层客车	YZS

2. 辅助型号必须与车种代码连用，它是为区分同一车种中结构、装载量等不同的车辆而设，一般用1～2个阿拉伯数字构成，必要时其后还可以再加大写拼音字母，代表车辆构造型式，车型代码作为车种代码的后缀，原则上两个代码合在一起不得超过5个字符。

3. 车号代码均为阿拉伯数字，表示某种车型的顺序号码，因车种、车型不同区分了使用数字的范围，如：

客车软座车起讫号码为10000～19999；

客车硬座车起讫号码为20000～49999；

客车软卧车起讫号码为50000～59999；

客车硬座车起讫号码为60000～89999；

货车棚车起讫号码为3000000～3599999；

货车敞车起讫号码为4000000～4899999；

货车平车起讫号码为5000000～5099999。

（二）车辆标记

为了表示车辆的类型和特征，满足运用、检修和统计上的需要，每一铁路车辆上均应具有规定的各种标记，如运用标记、产权标记、检修标记等。

1. 运用标记

（1）自重、载重及容积

自重为空车时车辆本身的重量，以吨为单位；载重即车辆允许的最大装载重量，以吨为单位；容积是货车内部可容纳货物的体积，以立方米为单位，并在括号内注明"内长×内宽×内高"的尺寸。

（2）车辆全长及换长

车辆全长为该车辆两端钩舌内侧间的距离，以米为单位。

换长是为了编组列车时统计工作的方便，将车辆全长换算成辆数来表示的长度，换算时

以长度 14.3 m(早期以 11 m)为计算标准。即

$$换长 = \frac{车辆全长（m）}{14.3（或 11）（m）}$$

计算中保留一位小数,尾数四舍五入。

2. 产权标记

(1)国徽:凡参加国际联运的客车须在侧墙外中部悬挂国徽。

(2)路徽:凡产权归国铁集团的车辆均应在侧墙或端墙适当的部位涂刷路徽,对于货车还应在侧梁适当部位安装产权牌。

(3)路外厂矿企业自备车辆的产权标记:此类车辆一般在侧墙上或其他相应部位用汉字涂打上"××企业自备车"。

(4)配属标记:所有客车以及个别有固定配属的货车,必须涂刷上所属铁路局集团公司、段的简称。

3. 定期检修标记

厂修、段修标记:分段修、厂修两栏。第一栏为段修标记,第二栏为厂修标记;左侧为下次检修年月,右侧为本次检修年月及检修单位的简称。

（三）车辆定位

将车辆的两端分别称为一位端和二位端,以制动缸活塞推出的方向为一位端,另一端则为二位端,并在车上规定部位涂刷方位标志。人力制动机装设在一位端,车辆配件位置编号:轮对从一位端向二位端顺序编号。

第三节　动车组分类及型号

一、动车组的概念

传统的列车是由机车牵引车辆,机车带有动力,编挂好不带有动力的车辆后,形成列车在轨道上运行。

动车组是由若干动力车和拖车或全部由动力车长期固定连挂在一起组成的列车。带动力的车辆叫动车,不带动力的车辆叫拖车。它是列车的牵引动力装置(机车)和载客装置(车辆)固定为一体的特殊车底。列车两端都带有司机室,可在线路上往复运行。

高速动车组的牵引动力的配置基本上有两种型式,即集中配置型和分散配置型。动力集中型是指将动力车挂在两端,中间是拖车所编组的列车。动力分散型动车组的动力配置也有两种模式,一种是完全分散模式,即动车组中的车辆全部为动力车,如日本的 500 系高速列车,16 辆编组均为动力车。另一种是相对分散模式,即编组中有部分车辆是动力车,部分是拖车。如 CRH5A 型动车组为 5 动 3 拖的动力配置。我国现使用较为广泛的车型为动力分散型动车组。

二、动车组的组成

1. 车体—动车组车体分为带司机室车体和不带司机室车体两种。

2. 转向架—动车组转向架分动力转向架和非动力转向架。

3. 连接、缓冲装置—连接缓冲装置可以实现机械连接、高压电器连接、辅助系统和列车供电连接以及控制系统连接，包括：车钩、缓冲装置电气和室气装置。

4. 制动装置—动车组常采用电气制动与空气制动的复合制动。动车组制动系统包括动力制动系统（再生制动）、空气制动系统（包括风源）、电子防滑器及基础制动装置等。

5. 车辆内部设备—车辆内部设备是指服务于乘客的车内固定附属装置。如车内电气、供水、通风、取暖、空调、座席、车窗、车门、行李架、旅客信息服务系统等。

6. 牵引传动系统—为动车组提供牵引动力，包括：主电路、高压设备、受电弓、主断路器、其他高压设备、主变压器、牵引变流器、牵引电机及电传动系统的保护等。

7. 辅助供电系统—指除为牵引动力系统之外的所有需要用电力的负载设备提供电能的系统，包括辅助供电系统和蓄电池系统。

三、动车组的特点

相对于传统的机车车辆模式，动车组在旅客运输方面有着很多突出的优点。由于列车在运行中固定编组，车站折返或换向时无须摘挂机车，节约停车时间，提高列车使用效率，减少车站咽喉压力。在保证安全的前提下，可明显提高行车密度，提高整个铁路网的运输能力。

1. 头型流线化

随着列车运行速度的提高，周围空气的动力作用对列车和列车运行性能产生影响；同时列车高速运行引起的气动现象对周围环境也产生影响。

对于高速动车组来说，列车头型设计非常重要，好的头型设计可以有效地减少运行空气阻力，列车交会压力波和解决好运行稳定性等问题。

2. 车体结构轻量化

为了节省牵引功率，降低列车高速所引起的动力作用对线路结构、机车车辆结构产生的损伤，以及提高旅客乘坐舒适度，需要最大限度地降低高速动车组的轴重。因此，国外各国高速列车车体的主要材料是铝合金和不锈钢，从发展趋势看，铝合金将成为动车组车体的主导材料。

3. 高性能转向架技术

提高列车运行速度首先遇到的问题就是转向架运行平稳性和安全性，所以，要想提高列车运行速度就应具有高性能的转向架。对于高速转向架要求具有高速运行的稳定性，良好的曲线通过性能，满足乘客乘坐舒适度的要求。

4. 复合制动技术

高速列车的制动能量与速度的平方成正比，因此，传统的纯空气制动能力已不能满足需要。高速列车必须采用能提供强大制动力并更好利用黏着的复合制动系统。该复合制动系统通常由制动控制系统、动力制动、空气制动（包括盘形制动和踏面制动）系统、计算机控制的防滑器和非黏着制动装置等组成。

5. 密接式车钩缓冲装置

目前世界各国高速列车普遍采用密接式车钩连接装置，该装置两车钩连接面的纵向间隙一般都小于 2 mm,上下、左右偏移都很小,为提高列车的运行平稳性和电气线路、风管的自动对接提供了保证。

6. 交流传动技术

早期的电力牵引传动系统均采用交—直传动,用直流电动机驱动。由于直流电动机的单位功率重量较大,使高速列车既要大功率驱动又要求减轻轴重,形成难以克服的矛盾。在交流传动系统中,交流牵引电动机较传统的直流车引电动机具有结构简单、运行可靠、体积小、重量轻和造价低等一系列的优点。交流牵引电动机没有整流子结构对电动机功率的限制,牵引功率可以得到进一步提高。

7. 列车自动控制及故障诊断技术

列车自动控制系统对高速列车安全运行,具有重要作用,世界各国在发展高速铁路时都十分重视列车自动控制系统的研究和开发,许多国家作为先进列车控制系统(Advanced Train Control Systems)研制了多种基础技术设备,例如列车超速防护系统、卫星定位系统、车载智能控制系统、车载计算机自动监测和诊断系统等。

目前在世界高速铁路上的自动控制方式主要分为两类。一类是以设备为主,人控为辅的控制方式,以日本新干线采用的 ATC(列车自动控制)方式为代表。另一类是人机共用、人控为主的方式,以法国 TCV 高速列车为代表,主要采用有 TVM300 型安全防护系统及改进的 TVM430 型安全防护系统,还有德国 ICE 高速列车采用的 FRS 速差式机车信号和 LZB 型双轨条交叉电缆传输式列车控制设备等。

8. 倾摆式车体技术

列车通过曲线时,未被平衡的离心加速度超过允许限度时会对乘客产生不舒适感。这种未被平衡的离心加速度与列车速度的平方成正比,由此限制了列车通过曲线时的速度。采用摆式列车可以在既有线路条件下使列车通过曲线时的速度提高约 30%。

四、CRH 系列型号和编号

我国生产的 CRH 动车组有 4 种。分别为青岛四方—庞巴迪—鲍尔铁路运输设备有限公司生产的 CRH1 型、青岛四方机车车辆股份有限公司生产的 CRH2 型、唐山轨道客车有限责任公司生产的 CRH3 型和长春客车轨道股份有限公司生产的 CRH5 型。

CRH 动车组的型号和编号构成:CRH×××××。

CRH 是中国高速铁路动车组的简称。CRH 后第一位为技术序列代码,以一位阿拉伯数字表示。BSP 为"1",四方股份为"2",唐山工厂定为"3",长客股份为"5"。CRH 后第二至四位为制造序列代码,以三位阿拉伯数字表示。CRH 后第五位为型号系列代码,以一位大写拉丁字母表示。A——运营速度为 200 km/h、8 辆编组、座车;B——运营速度为 200～250 km/h、8 辆编组、座车;C——运营速度 300～350 km/h、8 辆编组、座车;E——运营速度 200～250 km/h、16 辆编组、卧铺车;F——运营速度 160 km/h、8 编组、城际动车组;G——运营速度 200～250 km/h、8 辆两编组、耐高寒座车;H——运营速度 200～250 km/h、9 编组、耐高寒、耐风沙座车;J——综合检测动车组;其余字母为预留型号。

五、中国标准动车组

2012 年开始,在中国铁路总公司(现国铁集团)的指导下,中国南车与中国北车(现合并为中国中车)开始集合国内有关企业、高校科研单位等优势力量,产学研用紧密结合、协调创新,开展了中国标准动车组研制工作。2013 年 12 月完成总体技术条件制定,2014 年 9 月完成方案设计,2015 年 6 月下线。

中国标准动车组的设计研制,遵循了安全可靠、简统化、系列化、经济性、节能环保等原则,在方便运用、环保、节能、降低全寿命周期成本、进一步提高安全冗余等方面加大了创新力度,具有创新性、安全性、智能化、人性化、经济性等特点。

2017 年 1 月 3 日,国家铁路局向中车长春轨道客车股份有限公司、中车青岛四方机车车辆股份有限公司颁发了中国标准动车组(简称中国标动)型号合格证和制造许可证,型号分别定为 CR400AF(图 3-7)和 CR400BF(图 3-8)。CR 代表中国铁路,复兴号中国标准动车组和时速 160 km/h 的动力集中式动车组等,都采用 CR 编号格式。图 3-9 为 CR300BF,图 3-10 为 CR200J。400 代表目标速度值,比如 400 代表时速 300~400 km/h,300 和 200 以此类推。A/B 代表技术平台(车型),A 为四方股份研制、B 为长客股份研制。F 代表"电力动力分散",J 代表"电力动力集中",N 代表"内燃动力集中"。

图 3-7　CR400AF 型动车组

图 3-8　CR400BF 型动车组

图 3-9　CR300BF 型动车组

图 3-10　CR200J 型动车组

复习思考题

1. 机车按牵引动力方式可分哪两种?
2. 内燃机车按传动方式分为几种?
3. 哪些车辆属于特种用途车?

4. 铁路车辆的基本构造由哪几部分构成？

5. 车钩缓冲装置的作用是什么？

6. 车钩缓冲装置包括哪两部分？

7. 车钩由哪几部分组成？

8. 什么是车钩三态？

9. 什么是开锁位置？

10. 车辆的制动装置由哪几部分组成？

11. 车辆应有哪些标记？

12. 铁路车辆按轴数分为哪几种？

13. 什么是动车组？

14. 高速动车组的牵引动力分为哪两种？

15. 我国生产的 CRH 动车组有哪 4 种？

第四章 | 电气化铁路相关知识

第一节 电气化铁路设备基础知识

一、电气化铁路的组成

电气化铁路由电力机车和牵引供电装置组成,其中牵引供电装置一般分成牵引变电所和接触网两部分,所以又称电力机车、牵引变电所和接触网为电气化铁路的"三大元件",牵引供电系统的结构如图 4-1 所示。

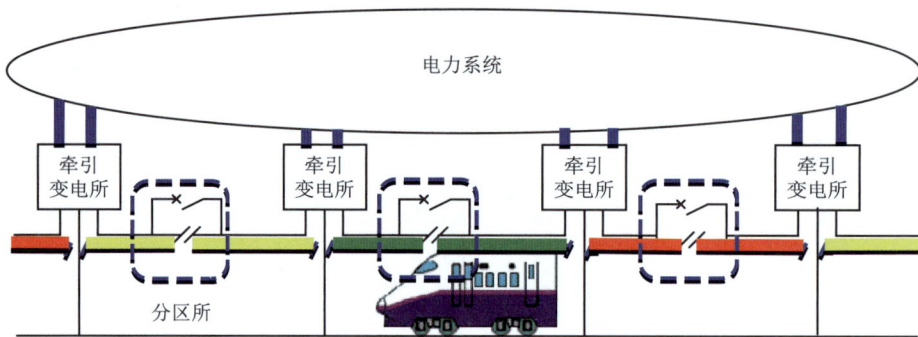

图 4-1　牵引供电系统结构图

(一)电力机车

电力机车靠其顶部升起的受电弓直接接触导线获取电能,每台电力机车前后各有一受电弓,由司机控制其升降。受电弓升起工作时,以 68.6 N±9.8 N 的接触压力紧贴接触线摩擦滑行,将电能引入机车,机车主断路器将电压加至变压器,经变压器降压和硅半导体整流器组整流供直流牵引电动机,通过齿轮传动使列车运行。

(二)牵引变电所

牵引变电所主要任务是将电力系统供应的电能转变为适于电力牵引及其供电方式的电能,其核心元件是牵引变压器,并设有备用。将电力系统提供的 110 kV 或 220 kV 三相工频交流电变为额定 25 kV 单相交流电,牵引变电所进线电源宜优先采用 220 kV,应采用综合自动化系统,纳入运营调度系统,实现远程监控。

(三)接触网

一种悬挂在电气化铁路线路上方,并和铁路轨顶保持一定距离特殊形式的输电网,它由接触悬挂、支撑装置、定位装置、支柱与基础等几部分组成,如图 4-2 所示。

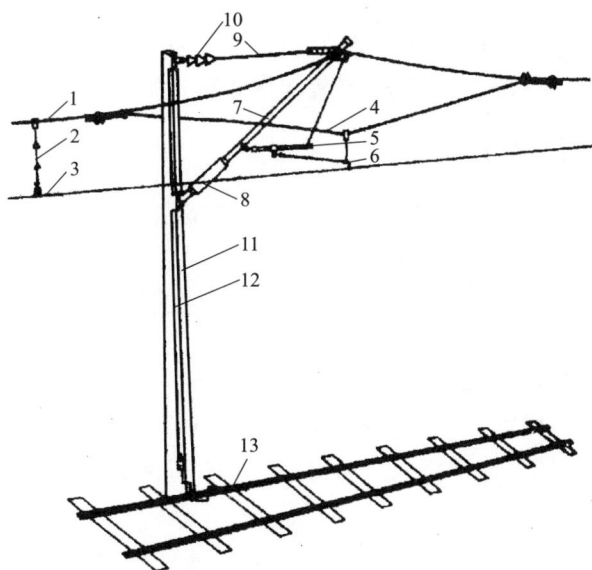

1—承力索;2—吊弦;3—接触线;4—弹性吊弦;5—定位管;6—定位器;7—腕臂;
8—棒式绝缘子;9—水平拉杆;10—悬式绝缘子;11—支柱;12—地线;13—钢轨。

图 4-2 接触网组成

(四)相关概念

1. 馈线:接在牵引变电所牵引母线和接触网之间的导线,即将电能由牵引变电所引向电气化铁路。

2. 轨道:在非电牵引情形下只作为列车的导轨;在电力牵引时,轨道除仍具有导轨功能外,还需要完成导能回流的任务。

3. 回流线:是连接轨道和牵引变电所的导线。通过回流线把轨道中的回路电流导入牵引变电所的主变压器。

4. 供电分区:正常供电时,由牵引变电所馈线到接触网末端的供电线路,也称为供电臂。

5. 分相绝缘器(电分相):串接在接触网中,目的是将两相不同的供电区分开,并使机车光滑过渡,主要用在牵引变电所出口处和分区处。

6. 分段绝缘器(电分段):分为纵向电分段和横向电分段,前者用在线路接触网上,后者用于站场各条接触网之间。通过其上的隔离开关将有关接触网进行电气连通或断开,以保证供电的可靠性、灵活性和缩小停电范围以及便于检修等。

7. 分区所:增加供电的灵活性,在两个牵引变电所的供电分区中间设分区所。分相绝缘装置并联断路器或隔离开关实现牵引网不同运行方式(单边供电、双边供电、越区供电)。

(1)单边供电:分区所内与分相绝缘装置并联断路器或隔离开关打开,机车取流来自一个牵引变电所,我国均采用单边供电。

(2)双边供电:分区所内与分相绝缘装置并联断路器或隔离开关合上,机车取流来自两个牵引变电所。

（3）越区供电：非正常供电方式。当某一牵引变电所因故障不能正常供电时，故障变电所担负的供电臂，经开关设备由相邻牵引变电所进行临时供电。

8.开闭所：只有配电设备而无牵引变压器，仅用于接受和分配电能。其作用是扩大馈线回路数，不进行电压变换；保证枢纽站、场装卸作业和接触网分组检修的灵活性，可靠性。

二、牵引供电系统供电方式

牵引供电系统的牵引变电所是通过牵引网将电能输送给电力机车。所谓牵引供电的供电方式实际是讨论以怎样结构的牵引网将电能输送给电力机车。由于牵引网中的接触网是无法替代的，所以供电方式讨论的主要是牵引回流部分的组成和特点，电气化铁路有以下四种供电方式。

（一）直接供电方式

直接供电方式的供电回路为：变电所牵引变压器→牵引母线→馈电线→接触网→电力机车→区间钢轨→专用线钢轨→牵引变压器接地端子，直供电方式如图4-3所示。

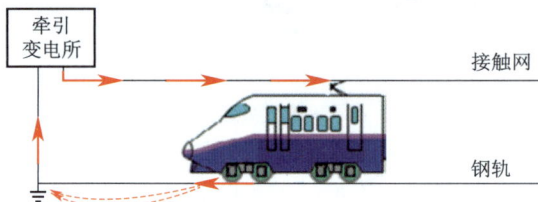

图4-3　直接供电方式

这种方式的特点是结构简单，造价低廉，主要缺点是对沿线通信干扰大。早期的牵引网及边远山区的牵引网多用此类供电方式，牵引变电所与接触网间不设置任何防干扰设备。

（二）带架空回流线的直接供电方式

带架空回流线的直接供电方式在直接供电方式的基础上，增加与轨道并联的架空回流线，即带回流线的直接供电方式，如图4-4所示。

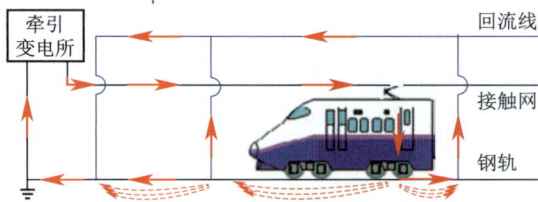

图4-4　带架空回流线的直接供电方式

带架空回流线的直接供电方式的牵引电流电路为：牵引变压器端子→牵引母线♯馈电线→接触网→电力机车→钢轨和回流线→牵引变压器接地端子。

这种供电方式使原来流经大地和钢轨的部分电流经架空回流线送回变电所，架空回流线电流与接触网电流方向相反，距离又近，其两者产生的电磁场明显较直接供电方式要小，故对沿线通信的干扰减小。带架空回流线的直接供电方式经济性好、可靠性高、故障率低、维修工作量小、馈电回路简单、回路阻抗较小、一次投资及运营费均较低，呼和浩特局集团公司普速电气化区段都采用这种供电方式。

（三）BT 供电方式

BT 供电方式又称为吸流变压器供电方式，这种供电方式就是在牵引网中，每相距1.5～4 km 间隔，设置一台变比为 1∶1 的变压器，它的一次绕组串接在接触导线上，二次绕组串接在特设的回流线或钢轨上，吸流变压器供电方式如图 4-5 所示。

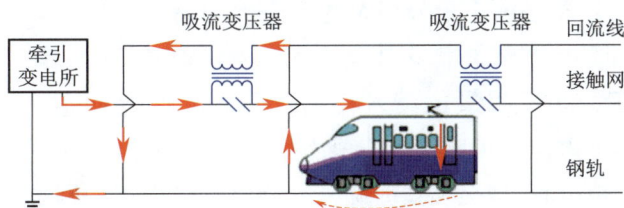

图 4-5　BT 供电方式

当牵引电流流经吸流变压器原边，将强迫流经轨道的大部分电流通过吸上线流到回流线中返回牵引变电所。由于回流线电流抵消了绝大部分因接触网电流产生的电磁感应影响，因而对通信线的影响大为减轻。BT 供电方式造成接触网结构复杂，机车受流条件恶化，也不适合列车的高速运行，呼和浩特局集团公司的普速铁路基本都采用这种供电方式。

（四）AT 供电方式

AT 供电方式又称为自耦变压器供电方式，接触网与正馈线之间并联接入一台自耦变压器，其中心抽头与钢轨联结，钢轨与接触网间的电压正好是自耦变压器两端电压的一半，与正常接触网工作电压相同，AT 供电方式，如图 4-6 所示。

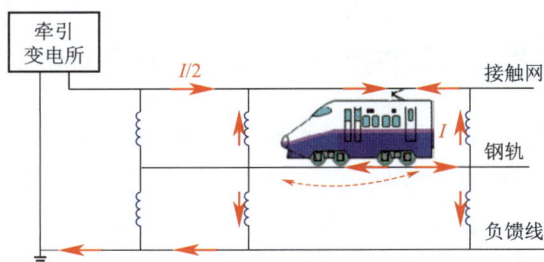

图 4-6　AT 供电方式

AT 供电方式具有最强的供电能力（更小的牵引网电压损失和电能损失），供电距离更长，分相数量最少，适合于高速列车的运行，呼和浩特局集团公司高速铁路都采用这种供电方式。

第二节　电气化区段行车组织

一、电力机车、动车组运行的规定

（一）电力机车重联、附挂台数和多弓运行时升弓间距的限制

1. 禁止单台电力机车升双弓过电分相运行。

2. 禁止三台及其以上电力机车重联升弓（呼和浩特局集团公司新街至局界可采用三台电力机车重联升弓）。

3. 禁止电力机车、动车组不断主断路器升弓过分相。

4. 重联电力机车、重联动车组、长编动车组采用多弓运行通过关节式电分相时，若双弓无高压母线联接，两受电弓距离应小于分相无电区长度或大于分相中性区长度；若双弓有高压母线联接，两受电弓距离必须小于分相无电区长度。（呼和浩特局集团公司新街至局界采用三台电力机车重联时，任意两受电弓距离应小于分相无电区长度。）

（二）电力机车、动车组禁止驶入和禁止停留地点的规定

1. 禁止向接触网停电区和无网区放行电力机车、动车组。

2. 禁止在接触网电分相（救援需要时除外）、分段及作为接触网电分段的绝缘锚段关节范围内停车。

（三）电气化区段列车运行的相关规定

1. 遇接触网临时停电，司机应立即降下受电弓并停车。停车后报告车站值班员（列车调度员），按列车调度员指示办理。

2. 对发往电气化区段的列车，各衔接电气化区段的编组站、区段站或始发站，货运检查员（未设货运检查员的为货运员）应提前检查列车装载情况。对不符合通过电气化铁路规定的人员和物品，应及时处置。

3. 在接触网带电的线路上发现不符合装载要求的车辆需要进行整理时，应送至无接触网线路上或将接触网停电接地并采取安全防护措施后再进行作业。沿途站车人员发现上述情况时，应立即报告车站值班员（列车调度员），按列车调度员指示办理。

二、电力机车、动车组被迫停在接触网分相无电区的规定

（一）车站值班员（列车调度员）接到报告后采取的处置措施

电力机车、动车组被迫停在接触网分相无电区时，司机要立即降弓，并将停车原因、停车位置等报告列车调度员（车站值班员），车站值班员报告列车调度员。列车调度员（车站值班员）立即通知已进入区间的后续列车停车，不再向该区间放行列车。

（二）具备采用换弓、退行闯分相自救条件时的处理办法

具备采用换弓、退行闯分相等方式自救时，司机应准确报告停车位置，由列车调度员、供电调度员、机车调度员共同根据电力机车（动车组）类型、停车位置、牵引供电设备状况等确定自救方案，组织自救。

（三）不具备自救条件时采取的处理办法

1. 具备向中性区送电时，可在该分相后方接触网供电臂办理停电后，由列车调度员向供电调度员办理向中性区送电手续，通知停在该分相的列车升弓，待该列车驶出分相区后，再通知供电调度员恢复原供电方式并向后方接触网供电臂送电，恢复后续列车正常运行。

2. 不具备向中性区送电时，列车调度员确定救援方案，组织救援。

三、接触网故障停电时的行车处置规定

（一）处置流程

1. 列车运行中,司机遇接触网停电网压突然为零时,立即降下受电弓并停车,同时报告车站值班员(列车调度员)停车地点,并按规定组织做好防溜、防护。

2. 车站值班员(列车调度员)应立即通知区间内后续列车停车,不再向该区间放行列车。列车调度员将故障情况转报供电调度员,供电调度员安排供电设备管理单位进行现场检查、处理。

（二）接触网停电时的接发列车限制和安全措施

当区间或站内接触网停电时,不得向该区间、线路放行电力机车或动车组,同时按规定揭挂表示牌。

（三）发现接触网异状时的处理

1. 铁路行车有关人员发现接触网异状要立即报告就近车站值班员(供电调度员、列车调度员)、接触网工区值班人员,说明异常状况,必要时设置防护措施。供电调度员、列车调度员根据车站值班员(有关人员)报告情况组织处理。

2. 当接触网故障时,在故障范围及原因未判明前,不得放行列车及进行调车作业。

3. 如接触网已断导线或其损坏部件侵入建筑限界危及行车安全时,按《技规》规定设置停车信号进行防护。

第三节　电气化区段调车作业规定

一、调车作业相关规定

（一）使用电力机车调车

1. 在设有接触网终端的线路上调车时,调车领导人应在调车作业通知单上注明"接触网终端"字样;遇区间停电且利用正线调车时,调车作业计划中还应注明"区间停电"字样。

2. 旅客列车摘挂作业,须认真核对调度命令、摘挂车车号及位置,编制调车作业通知单时应注明摘挂车车号。

3. 自轮运转特种设备调整编组顺序、摘挂车辆作业时,应使用调车作业通知单。

（二）调车作业计划的传达

转场、越区和专用线取送作业时,对中途经过的扳道房(员)可用口头方式传达计划。超过三钩的计划,对较远的扳道房交接调车作业通知单有困难时,可先用电话(无线通信设备)传达,待第一钩到达扳道房时,再交调车作业通知单。

（三）调车作业计划变更

调车指挥人仅限在专用线、货物线、段管线变更调车作业计划,必须取得调车领导人的同意。不超过三钩时,可用无线通信设备传达,但必须得到有关人员的复诵;变更计划超过三钩时,可自行编制书面计划,但作业完了须及时报告调车领导人。

（四）无线调车灯显设备使用

配有无线调车灯显设备的车站,须按无线调车灯显设备使用办法执行,具体联系办法由车站制定,纳入《站细》。

二、使用人力制动机的规定

（一）使用人力制动机制动的规定

1. 使用人力制动机制动应正确选闸、试用。

2. 使用人力制动机制动时,每人制动辆数为重车不超过 5 辆或空车不超过 10 辆,空重混合时为 2 辆空车折合 1 辆重车。

（二）在接触网带电的线路上使用人力制动机的规定

1. 当作业人员不能保证与接触网保持 2 m 以上安全距离时,禁止使用人力制动机。

2. 严禁踏在高于人力制动机踏板台的车帮、车梯上使用人力制动机。

三、电气化区段防止电力机车、动车组进入停电区、无网区的规定

1. 接触网停电时,车站值班员应亲自或布置内勤助理值班员在岗位醒目位置揭示相应的接触网停电表示牌。

(1)车站行车室、机务段外勤(检修)调度室应揭挂"接触网供电分段示意图"或"接触网电分段示意图综合显示屏"。

遇站(机务段)内或区间接触网停电施工(检修)时,须在"接触网供电分段示意图"或"接触网电分段示意图综合显示屏"上用红笔勾画出(点亮)停电区域。施工(检修)前,登记站(机务段)由供电设备管理单位指派胜任人员勾画(点亮)停电区域,车站(机务段)指派胜任人员负责确认,施工(检修)结束后由供电设备管理单位抹销(熄灭),非登记站(机务段)由车站(机务段)指派胜任人员勾画出(点亮)停电区域,施工(检修)结束后抹销(熄灭)。检修停电的调度命令下达后,车站值班员、机务段外勤(检修)调度员对施工地段、作业内容、封锁线路、影响范围等内容再度确认无误后,方准施工(检修)作业。

(2)接触网停电时,车站(机务段)应在闭塞按钮或在线路两端按钮上揭挂"停电"表示牌。计算机联锁的车站(机务段),控制台上不能揭挂"停电"表示牌时,由车站(机务段)制定具体办法,纳入《站(段)细》。

调度集中控制的车站,遇接触网停电时,列车调度员应及时在 CTC 调度台标注。

2. 防止电力机车、动车组进入停电区、无网区的控制措施。

(1)经接触网停电(故障)、无网区段接发列车或调车作业以及机车救援或请求救援时,车站值班员须提前联系司机核对机车类型。内燃机车挂有检测范围内运行的接触网检测车、升弓的电力机车时,按电力机车办理。

(2)遇接触网停电时,车站值班员(内勤助理值班员)将有电区与停电区衔接的道岔开通至不能进入停电区的位置并单独锁闭(不具备条件的由车站制定安全措施纳入《站细》),并将停电区的列车信号按钮及可由有电区进入停电区的调车进路终端按钮(戴帽、钮封等)封闭。

3. 电力机车出入段提示机车类型的要求。

在有电力(含内燃机车附挂升弓的电力机车)、内燃机车的机务段,有关车站、机务段在机车出入段(库)时,须加强联系,在通知出入段(库)机车号码前,须增加"电力"或"内燃"用语。技术站对出入段机车类别做好标记,具体标记办法在《站细》中规定。

4. 其他规定。

(1)遇特殊情况,需在无电线路调车作业,电力机车在保持 10 m 的安全距离后与无电区的停留车连挂不上时,应附挂适当数量的车辆后再进行连挂。

(2)站外设有接触网分相的车站,越出站界(跟踪出站)调车,应在距接触网分相 30 m 处停车;严禁进入或越过接触网分相进行调车作业。

复习思考题

1. 电气化铁路由哪两部分组成?

2. 电气化铁路有哪几种供电方式?

3. 牵引供电系统的牵引变电所是通过什么将电能输送给电力机车的?

4. 电力机车、动车组被迫停在接触网分相无电区有何规定?

5. 发现接触网异状应如何处理?

6. 接触网停电时的接发列车有何限制和安全措施?

7. 在设有接触网终端的线路上调车时,调车作业通知单应有哪些标记?

8. 在接触网带电的线路上使用人力制动机时有何规定?

9. 防止电力机车、动车组进入停电区、无网区的控制措施有哪些?

10. 遇接触网停电时,车站值班员(内勤助理值班员)应如何处理?

11. 遇特殊情况,电力机车需在无电线路调车作业时有何规定?

12. 站外设有接触网分相的车站,越出站界(跟踪出站)调车时有何规定?

第五章 | 其他设备

第一节　列车尾部安全防护装置及相关作业规定

一、列车尾部安全防护装置

列车尾部安全防护装置(图 5-1)简称列尾装置,是货物列车取消守车后,在尾部无人值守的情况下,为了保证列车安全运行而研制的,是综合应用计算机编码、无线遥控、语音合成、计算机处理等技术的专用安全防护设备,也是重要的铁路行车设备。列尾装置以其体积小巧、功能完备的优点,取代了几十年来守车和运转车长的位置。同时也方便了编组站(包括区段站和中间站)的列尾编组、摘挂作业,减少了调车作业量,提高了列车牵引质量。

图 5-1　列车尾部安全防护装置

二、列尾装置分类

列尾装置按用途可分为货车列尾和客车列尾。

列尾装置按信号的不同可分为模拟列尾(FFSK)、数字列尾(CSBK)、可控列尾(GSM-R)和双模列尾(GSM-R+400M)。

三、列尾装置系统构成

列尾装置主要由以下两部分构成:

列车机车部分:列尾装置司机控制盒(简称司机控制盒)、列尾机车台。

列车尾部部分:列尾装置尾部主机(简称列尾主机)。

列尾主机的附属设备:包括列尾主机检测台、机车号确认仪、列尾主机电池、列尾主机电池充电器、简易场强计、屏蔽室、列尾装置数据处理系统等。

四、列尾装置主要功能

1. 列车尾部风压查询。通过列尾装置,机车乘务员能够及时准确地掌握列车尾部风压的数据。

2. 列车尾部风压异常告警。当列车尾部风管因正常泄漏导致低于规定限值时,该设备会自动报警。

3. 列车尾部排风制动。当车辆折角塞门被意外关闭时,机车乘务员可操作列尾装置进行尾部排风辅助制动,以防止列车"放"事故的发生。

4. 列尾主机电池电量不足告警。

5. 列车尾部标识。该设备还可兼作列车昼夜尾部标志(白天用红白相间斜彩条标识,夜间用红色发光管闪光标识)除了对列车起防护作用之外,有表示列车完整、标示列车尾部位置的功能。

6. 黑匣子记录功能。

五、列尾装置使用的规定

(一)列尾装置使用的限制

列尾装置不是所有列车运行区段、列车都可以使用的,特殊运行区段列车,不可以使用列车尾部安全防护装置,比如:呼和浩特局集团公司管内下列区段、列车不适应列车尾部安全防护装置:

1. 京包线大同至堡子湾间开行的普通货物列车。

2. 唐呼线兴和西(园区中心站、华通卸车场)至唐山西间开行的普通货物列车。

3. 多丰线塔黄旗至塔黄旗东间开行的普通货物列车。

4. 单机挂车、回送客车底列车、有车务胜任人员值乘的军运列车。

5. 白塔至呼和西场、集宁南至土贵乌拉间开行的小运转列车。

(二)特殊列车使用列尾装置的规定

货物快运列车是否使用列尾按方案执行,其他军运列车、路用列车比照货物列车办理。调车列及比照列车办理的调车列是否使用列尾根据线路坡度、牵引质量、运行距离等因素确定。

(三)列尾装置使用具备条件和注意事项

1. 使用货车列尾的列车,编成车列的尾部车辆须具备安装列尾主机的条件,确因编组列车有特殊要求、中转列车不具备倒换条件或车站作业繁忙及机车、车辆等原因不具备安装条件时,列车调度员按规定下达无法安装列尾装置运行调度命令,列车凭调度命令开车。

2. 列尾装置正常时,由机车乘务员负责利用列尾控制设备确认列车完整;列尾装置故障或未挂列尾主机开行的列车,由车站接发列车人员负责确认整列到达并向车站值班员汇报。

3. 未挂列尾主机的货物列车,有列检作业的列车由列检人员负责尾部车辆软管的吊起;无列检作业的列车由车站指派胜任人员负责尾部车辆软管的吊起。作业完毕后,及时向车站值班员汇报尾部车辆软管的吊起情况及尾部车辆的车号,车站值班员进行核对。

4. 凡在站区或区间进行列尾主机的安装、摘解、故障处置等作业时,作业人员须做好安全防护。

(四)列尾装置安装要求

1. 列车调度员或机车调度员应于货物列车开车前 40 min 向车站值班员提供本务机车

类型及号码（外局机车还需提供配属局、段）。

2. 车站值班员在列车开车前 30 min 将出发本务机车类型、号码、配属局（段）、车次、股道及尾部车号通知列尾作业人员；列尾作业人员将相关信息进行记录，将检测（技术指标、结构状况）合格的列尾主机（中继器）正确置入机车号码，并将列尾主机、中继器号码报告车站值班员，车站值班员在"行车日志"内填记。

3. 列尾作业人员将货车列尾主机安装于列车尾部车辆车钩（钩提杆）上，保证钩卡到位，锁闭牢靠，不剐蹭主机及软管。确认安装无误后，将列尾主机号码、型号、制式通知本务机车乘务员，机车乘务员将通知内容记录在司机手账内。

4. 列车编组 70 辆以上时，须挂中继器，中继器应挂于列车运行方向右侧 2/3 处车辆的车梯中部，并安装、锁闭牢靠，中继器有车梯竖杆锁闭装置的，应同时进行锁闭。

5. 货车列尾主机、中继器安装作业时间要求：5 000 t 及以下 15 min、以上 25 min，继乘 8 min。

6. 配有安全链的列尾主机，安装时必须锁牢安全链，发现安全链破损时，及时更换修复。具有其他锁闭功能的列尾主机电池外锁等，安装使用时必须按规定锁闭并确认状态。

7. 列尾主机摘挂作业中严禁使用无线调度通信设备（含机车号确认仪）谈论与行车无关的事情，严禁长时间占用通信信道。

8. 西安局集团公司、乌鲁木齐局集团公司、集通公司配属的钩提杆式货车列尾主机安装使用时，需认真检查尾部车辆钩提杆状态、钩提杆与车辆软管位置、车辆特殊构造等，确保列尾主机安装牢靠。

（五）列车途中作业列尾装置使用的规定

1. 摘挂列车在车站进行甩挂车作业时，由列尾作业人员负责将列尾主机摘取后及时断电、保管，作业完毕后安装，由机车乘务员负责"一对一"关系建立。列车运行途中进行机车、车体换挂作业时，需更换列尾主机，列车调度员根据列车开行计划提前安排机车携带检测良好的列尾主机，摘取的列尾主机随本列回送至就近列尾作业站。

2. 保留、终到列车摘钩前机车乘务员必须使用司机控制设备对列尾主机进行销号，使用的列尾主机、中继器车站应及时派人摘取、断电、检测、保管或回送，配置检测设备的 2 h 内须对主机按运用模式进行检测及电池充电。在未配置列尾检测设备的车站，货物列车停运、保留时，摘取的列尾主机、中继器由列车调度员 12 h 内安排调整或回送至列尾作业站；解保再开时，列车调度员须提前安排本务机车携带检测合格的列尾主机、中继器及电池。

3. 万吨货物列车（百辆空车列车）分解作业时，分解站为非列尾检测作业站时，由列尾作业人员摘取移动中继器及列尾主机，并及时做断电处理，对分解后不更换本务机车继续开行的 5 000 t 小列可安装使用原列尾主机，由机车乘务员负责"一对一"关系建立，移动中继器由列车调度员安排回送至万吨列尾作业站；分解站为列尾检测作业站时，需对列尾主机检测合格后安装使用。

4. 万吨货物列车（百辆空车列车）组合作业时，组合站为非列尾检测作业站时，列尾主机、移动中继器由列车调度员提前安排本务机车回送至组合站，列尾作业人员对到达的 5 000 t 小列摘取列尾主机，并及时做断电处理，列尾主机由列车调度员安排回送至就近列尾作业站;组合站为列尾检测作业站时,需对列尾主机、移动中继器检测合格后安装使用。

(六)列尾装置保有量的掌握

1. 车站值班员每日 6:00、12:00、18:00、00:00 按时向列尾作业人员收集列尾主机、中继器站存数量及型号(故障的应单独说明),并按点向列车调度员、站段安全生产指挥中心(值班室)上报。

2. 列车调度员负责货车列尾装置的日常运用指挥工作,按时收取的各列尾作业站点列尾主机、中继器的站存数量,根据列车运行计划及时提前安排调整(故障回送),确保各区段货车列尾的正常运用。

3. 各列尾分界站要加强与相邻局相关车站的日常联系,严格执行列尾运用协议要求,保证分界口列尾运用畅通。额济纳、张家口南、湖东、惠农、古城湾、包头西、哲里木、乌审旗、曹妃甸西站等列尾作业点每日与列尾管理单位建立列尾通报制度,遇列尾主机保有量不足时及时报告列车调度员、站段主管科室。

4. 每年 2 月 10 日、5 月 10 日、8 月 10 日、11 月 10 日 7:00—8:00 进行列尾集中清查,各车务站段、外经集团安全生产指挥中心(值班室)收集统计管内各列尾作业点(含驻外局及委托作业列尾作业点)列尾主机、中继器、电池的存放数量,调度所统计在途列车运用列尾主机、中继器、电池数量,并于当日 9:00 前报运输部设备科。

(七)列尾装置调整(故障回送)要求

1. 列尾主机、中继器进行调整(故障回送)时,列车调度员按规定下达调整(故障回送)调度命令,跨调度区段调整的还需转抄至相关调度台,调度命令应同时抄送至回送站、接收站、机车乘务员,故障主机、中继器须回送至指定维修站。

2. "列尾主机(中继器)调整(故障回送)单"按接收站每站一式两份,一份交机车乘务员签认后转交接收站、一份回送站留存备查。

3. 车站值班员接到调整(故障回送)命令后,根据列车到达时间,安排人员提前出场到达机车停车位置做好接收、回送工作,并将调度命令转交列尾作业人员、机车乘务员,列尾作业人员与机车乘务员双方根据调度命令、"列尾主机(中继器)调整(故障回送)单"内容认真进行核对,并在司机手账内签认。

4. 携带有列尾主机(或其他列尾附属设备)的机车,到达指定车站或列车终到站后,机车乘务员、车站值班员要相互主动联系,严禁漏接(送)错接(送)。

5. 回送站、接收站列尾作业人员将每班的列尾主机(中继器)调整(故障回送)调度命令、调整(故障回送)单成套装订,车间(车站)按月收回,保管一年。距离行车室较远的列尾作业点,接取调度命令有困难时,按《技规》附件 4 规定配备"调度命令",列尾作业人员做好"调度命令"的抄收、核对、交接。

6. 跨局列尾主机、中继器需进行调整(故障回送)时,由调度所与邻局协调联系,按照调度所局间协议执行。

7. 货车列尾主机、中继器的调整和故障回送时,一台机车一次携带不得超过 5 台(套),列车调度员根据车站值班员报告,及时安排将故障列尾主机、中继器回送至列尾维修点,故障设备积压时间不得超过 24 h。

8. 机车乘务员凭调度命令及调整（故障回送）单，负责妥善保管、运送列尾主机、中继器，并与回送、接收人员进行交接、签认，保管途中发生丢失由机车乘务员负责。

9. 调整的列尾主机、中继器必须检测合格（故障回送除外），外观状态良好，内设电池（电量充足），不接通电源。

10. 设有两个及其以上车场的车站，场间各检测点、作业点间互相交递列尾主机时，必须由回送场与司机、司机与接收场办理交接签认手续，具体办法由各站段明确。

（八）列尾装置应急处置

货车列尾装置发生故障，各部门及单位应积极行动，密切配合，按规定妥善处置，最大限度减少对运输生产安全的影响，尽快恢复运输正常秩序，执行如下规定：

1. 列车运行途中发现货车列尾装置不能正常使用时，机车乘务员或室外接发列车人员应及时报告车站值班员或列车调度员，车站值班员接到报告后立即报告列车调度员，并通知通信工区值班人员（未设通信工区的车站可不通知）、车站值班干部，及时向站段安全生产指挥中心（值班室）汇报，站段安全生产指挥中心接到货车列尾装置故障通知后，要做好记录并通知站段值班干部及设备管理人员。列车调度员接到设备不能正常使用的报告后，应通知相关业务部门。

2. 各业务部门和设备管理单位接到设备故障情况汇报后，根据专业分工指导做好应急处置，必要时指派站段技术人员赶赴现场进行处理，调度所应采取有效措施，降低对运输安全和生产秩序的干扰。

3. 货物列车在运行途中列尾装置出现异常时，机车乘务员根据实际情况掌握速度运行，列车调度员组织在前方满足列车停留或处理故障能力的车站停车，车站提前指派胜任人员到列车尾部等候，并提前携带一台检测良好的列尾主机（含电池），待列车到达停妥后，会同机务、通信人员进行处理。

4. 停车站无法处置或处置无效时，由车站人员报告列车调度员，按规定进行简略试验，根据列车调度员指示或调度命令运行至列尾作业站进行处置或更换主机，运行中或到达列尾作业点机车乘务员按规定查询风压恢复正常时，应及时报告车站值班员（列车调度员）恢复正常运行。

5. 列尾主机故障后遇列尾主机电量充足，反光标志及标志灯状态良好时，可作为尾部标志，遇列尾主机电量不足，反光标志及标志灯状态不良时，需将摘取故障主机进行回送，并吊起尾部车辆软管。

6. 列尾故障后更换列尾主机的车站，具备列尾主机下载条件的，应立即下载列尾主机运行数据，不具备下载条件的，及时报告站段技术科，由技术科指派人员负责下载故障主机运行数据。

7. 列尾主机电池电量不足不影响查询风压、辅助排风功能时，车站作业人员不得关闭折角塞门，列车调度员不下达列尾装置故障调度命令。

8. 万吨货物列车（百辆空车列车）列尾装置故障按照《技规》《行规》[①]等规定执行。

---

① 《中国铁路呼和浩特局集团有限公司普速铁路行车组织规则》，下同。

第二节 减速顶设备相关知识

一、减速顶的概况

减速顶是一种不需要外部能源的自动控制车辆溜放速度的调速工具。目前广泛采用的主要有双向减速顶、单向减速顶、加速顶、可锁闭式加减速顶、可控顶等。

（一）减速顶

我国采用的减速用顶，由壳体和吸能帽两大部分组成。吸能帽安装在壳体内，壳体用螺栓紧固在钢轨的内侧或外侧，吸能帽由一个滑动圆筒和一套活塞组件组成，其内有速度阀和压力阀，在吸能帽的上腔充有油液和氮气。减速顶安装在钢轨内侧或外侧，安装在钢轨内侧的减速顶，叫内侧顶（如 T·DJ 型），安装在钢轨外侧的减速顶，叫外侧顶（如 T·DW 型）。T·DJ 型减速顶吸能帽斜对车轮的轮缘部分，其构造及安装位置如图 5-2 所示。

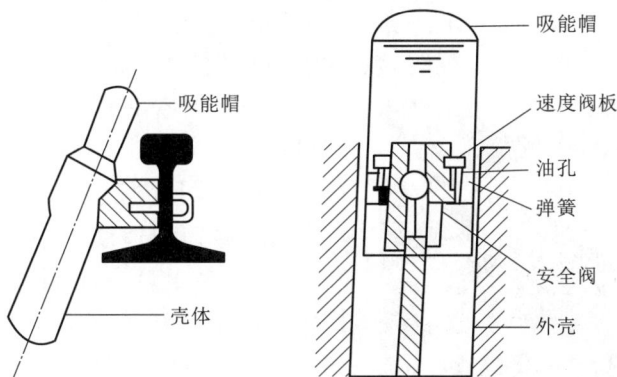

图 5-2 T·DJ 型减速顶构造及安装位置示意图

减速顶滑动油缸内部充以一定数量的液压油和氮气，它不需外部能源和检测控制设备，靠本身液压回路工作。当车速超过临界速度[根据不同的安装地点，设置不同的临界速度；连挂区的临界速度《铁道车辆减速顶》（TB/T 2460—2016）规定为(4±1)km/h]，车轮压减速顶时，减速顶吸收其动能，起到减速作用；否则，减速顶不起作用。单个减速顶制动能力不大，只有大量使用才能实现有效的制动，但有个别失效不会使车组失控。

1. 低于临界速度时：当车辆溜放速度低于减速顶调定的临界速度时，滑动油缸被车轮压下的速度相对低，上腔产生的流量较小，其中通过速度阀环形缝隙流向下腔的流量只能产生较小的压差，速度阀板所受的液压力不足以克服支撑弹簧的顶压力，所以速度阀保持开启状态。同时由于下腔活塞杆占有一定体积，上腔油液不能完全被下腔容纳，多余部分的油液迫使上腔氮气压缩。由于油液流过速度阀产生的阻尼很小，因此减速顶基本不对车辆起减速作用。

2. 高于临界速度时：当车辆溜放速度高于减速顶调定的临界速度时，滑动油缸被车轮压下的速度相对高，上腔产生的流量较大，其中通过速度阀环形缝隙流向下腔的流证能产生较大的压差，速度阀板所受的液压力足以克服支撑弹簧的力，迫使速度阀迅速关闭。滑动油缸继续下滑产生的全部流量迫使上腔氮气急剧压缩，使压力迅速升高，直至将压力阀打开。此时油液以一定压力通过压力阀流到下腔而消耗功，因此，减速顶对车辆起减速作用。

3. 回程时：当车轮通过滑动油缸最高点之后，滑动油缸由于上腔中被压缩的氮气膨胀而向上回升。下腔油液通过活塞杆的过流孔返回上腔，同时带动回程阀板靠向活塞的下端面将孔堵小起阻尼作用，使滑动油缸慢速回升。

（二）加减速顶

为适应我国铁路部分既有驼峰编组站车场坡度较缓的现状，我国研制成功了既能减速又能加速的连续调速工具——可锁闭式加减速顶，有效解决了车场内目的制动。可锁闭式加减速顶是由可锁闭式减速顶、压缩空气控制阀及加速顶三部分共同组成，以空气压缩机作为动力源，减速顶和加速顶成对安装在钢轨轨腰上。

加减速顶工作原理：

1. 当车辆溜放速度低于临界速度时，减速顶活塞杆的压力小（一般为 300～700 N），活塞杆控气阀向下移动直至顶住下阀芯，但活塞杆的压力不足以克服组合弹簧的力。所以控气阀停留在中间位置，使压缩空气进入加速缸起加速作用。

2. 车辆溜放速度高于临界速度时，减速顶起减速作用。活塞杆的压力大（大多在 15.5 kN 上），推动控气阀下移，使组合弹簧压缩，控气阀封死压缩空气进入口，加速顶不起加速作用。

（三）可控减速顶

可控减速顶适用于中、小型驼峰，其特点是结构简单，耗电量小，模块化，自动化程度高。可控减速顶由减速顶和电磁阀两部分组成。在减速顶部分与电磁阀部分之间有通道连接，当电磁阀不通电时，减速顶对溜放车辆起制动作用；当电磁阀通电时，减速顶对溜放车辆不起制动作用。可控减速顶如图 5-3 所示。

图 5-3　可控减速顶

二、减速顶的使用方法

（一）安全作业办法

维修更换减速顶进行室外天窗保养时，维修工长必须与驼峰值班员联系，并登记要点，同意后方可作业。作业时线路两端派人负责安全防护。维修人员严格掌握时间，作业完了后，确认维修工具清理完毕及时销点。

减速顶日常巡视、检查等不影响设备正常使用的作业，均按天窗点外作业进行，并须在现场与驼峰信号楼分别设置防护人员。

（二）减速顶使用办法

1. 应确认各种减速顶在正常良好的状态下，才能投入运用，如有故障，及时排除。

2. 安装减速顶的线路区段严禁使用铁鞋。

3. 调车机车在布顶线路上调动车辆时，严禁快速起动。

三、减速顶的应急处置

减速顶存在"塌顶"或"死顶"的视为失效,线路上故障或失效顶应及时更换。日常巡视检查中发现故障顶危及调车作业安全需更换时,须在驼峰信号楼(行车室)"行车设备检查登记簿"登记申请要点,经驼峰值班员(车站值班员)征得车站调度员同意停止该线的调车作业并签认、做好防护后方准作业。减速顶常见故障及处理方法见表 5-1。

表 5-1　减速顶常见故障及处理方法

序号	故障现象	故障判断	处理方法
1	双头螺栓折断	1. 壳体底部被道砟垫死。 2. 轨距不符合标准。 3. 双头螺栓松动	1. 将壳体底部道砟扒出 15 mm 间隙。 2. 由工务部门按标准调整轨距。 3. 更换新螺栓按规定力矩重新紧固
2	壳体损坏	1. 轨距不符合标准。 2. 壳体底部被道砟垫死。 3. 螺栓松动导致减速顶安装角度不符合标准	1. 由工务部门按照标准调整轨距。 2. 将壳体底部道砟扒出 15 mm 间隙。 3. 紧固螺栓,调整安装角度
3	滑动油缸压下后不能复位到最高点	1. 密封不良造成油、气泄漏。 2. 密封盖损坏。 3. 滑动油缸 Φ3 弹性销窜出。 4. 润滑状态不良。 5. 调整垫放置不正。 6. 壳体与油缸配合间隙过紧。 7. 活塞杆弯曲或表面拉伤。 8. 压力阀座脱落。 9. 滑动油缸表面严重损伤。 10. 回程阀板回油小孔堵住。 11. 双头螺栓紧固力矩过大。 12. 速度阀座脱落,活塞与活塞杆连接松动。 13. 钢轨肥边卡住帽头。 14. 滑动油缸帽头变形。 15. 液压油变质	1. 更换密封件,重新注油、充氮气。 2. 更换密封盖总成。 3. 重新打入弹性销,使销尾低于油缸外表面。 4. 对壳体进行润滑。 5. 将压坏的调整垫取出,重新加垫并按安装要求调整高度。 6. 更换壳体总成,保证滑动油缸在壳体内动作自如。 7. 更换活塞杆。 8. 更换活塞组合件。 9. 更换滑动油缸。 10. 清洗或更换回程阀板。 11. 松开螺母,按规定标准重新紧固。 12. 更换活塞组合件。 13. 由工务部门进行钢轨肥边打磨。 14. 更换滑动油缸。 15. 更换合格的液压油
4	滑动油缸组合体窜出壳体	1. 止冲销折断。 2. 止冲销脱落或漏装。 3. 销轴折断或窜出。 4. 活塞杆断裂。 5. 止冲座脱落	1. 更换新止冲销。 2. 重新安装止冲销及开口销。 3. 更换或重新安装销轴。 4. 更换滑动油缸组合件。 5. 重新组装止冲座,更换销轴
5	临界速度不准	1. 压力阀座松动。 2. 速度阀弹簧损坏或变形	1. 解体检修,按标准拧紧压力阀座。 2. 更换速度阀弹簧

第三节　其他自管设备的使用规定

一、车辆减速器

(一)使用方法

驼峰场Ⅰ、Ⅱ制动位减速器起间隔调速作用,Ⅰ制动位定速范围在 18～25 km/h,Ⅱ制动位定速范围在 13～23 km/h,只有自动和手动两种方式,并且以自动控制为主手动为辅;Ⅲ制动位减速器起目的调速作用,定速范围在 4～18 km/h,目的调速具有自动、手动和半自动三种方式,并且以自动控制为主,半自动控制为辅,手动为备用。

（二）减速器的操作规定及应急处理

1. 自动作业方式

对于间隔调速,系统能综合考虑下级减速器的允许入口速度、前后车组的速度与间隔情况,给出每一车组进入第一组减速器的出口速度及放头拦尾轴数,在车组进入第一组减速器时,系统将按此速度控制减速器。

对于目的调速,系统能根据计划中的车组重量或测重信息、股道断面与布顶参数、调车线停留车空线长度及作业员根据当时风向、风速、温度等条件给定的综合出口速度修正量,自动给出每一车组的减速器出口速度,并用绿色数字显示在图形窗上,在车组进入减速器时,系统将按此速度控制减速器,亦称为自动定速。

2. 半自动作业方式

由作业员根据计划及目测进入股道的车组走行性能、线路空闲长度、气象条件等客观因素,人工确定减速器的出口速度值,并通过调速终端键盘,对该车组给出所定速度,实现对溜放车组的速度控制,亦称为人工定速。

操作方法:当作业员需要定速时,在图形窗对应的减速器上用鼠标右键分层操作选出定速对话框,并用数字键输入速度值,自动控制系统能按该速度值,对通过该股道减速器的车组进行调速。此外还可办理减速器的单锁、单解和取消定速,备作业员在特定情况下使用。

3. 手动作业方式

当车组进入减速器区段后,作业员手动干预是通过鼠标对相应减速器操作"制动""缓解"菜单实现的。

操作方法:当作业员需要手动控制时,操作"制动""缓解"菜单即可。在车组出清减速器区段后,操作"自动"菜单才能返回到自动工作状态。

手动作业优先于半自动作业,半自动作业优先于自动作业。当半自动作业给出定速后,本车组将按半自动定速控制,下一车组则又恢复到自动定速。

4. 未经限界检查器检查确认的特种车辆不得通过减速器

（三）影响车辆减速器作用的因素

1. 夹板开口尺寸超过允许限度;

2. 夹板、车轮有油垢;

3. 风压调整阀未调到规定压力;

4. 风压不足或管道漏风达不到规定压力;

5. 观速误差较大,采用制动等级不当;

6. 制动或缓解的时机不当;

7. 冰雪、严寒等气候变化的影响等。

二、无线调车灯显设备

无线调车灯显设备(以下简称调车灯显)是铁路调车作业人员传递调车信令及相互通信

联系的必要生产工具,有效地解决了手信号旗(灯)常常发生确认信号困难,联系不彻底等原因导致调车作业效率低下,甚至造成行车事故的问题。

调车灯显与 LKJ(列车运行监控装置)配合使用。其信令操作、通话用语、含义及使用人员范围,执行相关规定和设备使用维护手册的要求。

（一）使用方法

1. 调车作业开始前,调车指挥人须登乘机车,组织组内调车作业人员、机车乘务员进行调车灯显全部信令(溜放信令根据需要选择)和通话试验,与机车乘务员共同确认设备试验良好后方可开始作业。

2. 调车作业中,调车指挥人必须正确及时地发出信号指令,严禁语音代替信令,作业人员通话须使用规定用语,不得使用调车灯显谈论与作业无关事项,严禁谈论涉及专特运等保密内容。

3. 调车频率严禁擅自更改,使用人员不得私拆电台、调换调号及编号。

4. 使用调车灯显指挥调车作业时,执行单一指挥原则,指挥机车行动的调车信令和用语,只能由调车指挥人发出。

5. 正常情况需停车时,由调车人员呼叫"停车",调车长及时发出停车信号。调车作业中遇有危及行车及人身安全时,调车长发现时应发出"停车"信令,其他调车人员发现时应及时发出"紧急停车"信令,机车乘务员收到停车(紧急停车)指令后须立即停车。

6. 调车作业中需进入车档或车下进行摘结制动软管、调整钩位、处理钩销、撤做防溜、安装简易制动阀、摘挂列尾主机等作业前,连结员(制动员[①])应报告调车指挥人并征得同意,发出"紧急停车"指令进行防护;遇有多人进入线路内作业,须逐个发出该指令,作业完了须报告调车指挥人并依次解锁。调车指挥人须确认所有人员撤出线路外方后方可继续进行作业。调车指挥人进档作业时需与司机进行安全联控并得到应答、鸣笛回示(禁鸣区域可使用无线通信设备回示)后,或由组内其他人员使用"紧急停车"指令进行防护后,方可进档作业,调车指挥人与组内防护人员要加强联系,撤除线路外方后方可通知组内防护人员解锁。

7. 推进车列前部第一辆车(第一辆车不适合登乘时可适当顺延)必须有人瞭望,前端领车人员负责瞭望前方进路、确认停留车位置和显示(呼叫)"十、五、三车"距离信号等作业。调车指挥人要根据前端领车人员显示的距离信号向司机显示距离信号(调车指挥人负责前端瞭望时,直接向司机显示距离信号),发现前端领车人员显示距离信号有误或未显示距离信号时,应立即采取停车等措施。

带车连挂或尽头端取送车作业,被连挂车辆、尽头端距离不足十车时,推进前,前端领车人员应预告停留车或车挡位置,动车后根据实际情况可直接显示五车距离信号。不足五车时,直接显示三车距离信号;不足三车时,预告实际距离后,显示"连结"信号。

使用具有领车功能的调车灯显进行调车作业时,除溜放外,车列前部领车人员在推进车辆走行距离超过十车距离时均须使用"领车"功能,推进车辆走行距离不足十车时,领车人员应根据现场实际情况确定是否使用领车功能。

（二）应急处置

1. 遇领车人员手持台故障,不能实现"领车"功能时,由组内其他人员进行"领车",如组

---

① 本书中,制动员是指连结员岗位中负责执行《铁路调车作业》(TB/T 30002—2020)制动员技术作业的人员。

内人员均不能使用"领车"功能，须停轮更换手持台或推进运行前方实行双人领车。

2. 机车乘务员遇机控器发出"注意"语音提示后，要立即实施减速；遇机控器发出"故障停车""停车"，以及其他异常的信号显示或语音提示、自动关机等故障情况时，要立即采取停车措施。"故障停车"停车后，司机要向调车人员问明原因，如故障原因消除，可继续正常调车作业。

3. 调车作业所需的手信号旗（灯）在调车作业前放置于司机室备用，调车作业结束后取回。

4. 调车灯显发生故障时，应立即停车检查修复，修复试验良好后正常使用，无法恢复使用应及时启用备用设备，无备用设备或难以中途更换备用灯显设备时，应恢复手信号作业，重新传达调车作业计划、试验设备，手持台通话功能良好时，可相互通话联系。

5. 调车作业中，遇监控装置退出调车控制模式时，机车乘务员要及时采取停车措施，同时通知调车指挥人共同确认处理。

6. 调车指挥人遇无司机回示或推进的车列没有按照信号指令要求作业时，调车指挥人须立即发出"停车"信号指令并通知司机停车，严禁盲目臆测作业。

7. 遇调车人员确认手持台或便携式机控器电池电量不足时，调车指挥人要立即组织司机停车进行更换电池。

8. 遇调车灯显与 LKJ 连线接口故障不能恢复时，应及时通知调车领导人，由调车指挥人将机控器运记线拆下，可利用调车灯显设备继续进行作业。作业结束后根据现场实际情况，安排机车就近入库（电务设置检测工区机务段）维修。

三、电动停车器

电动停车器主要用于车站到发线（调车线）上停留车辆的静（动）态防溜，属于车辆防溜设备的一种，其相关技术要求须符合铁道行业标准，如图 5-4 所示。

图 5-4　电动停车器

（一）使用方法

1. 电动停车器室内正常操作时，执行"一呼选、二操作、三确认"的作业程序，不得简化程序或臆测操作。

2. 电动停车器日常应处于定位状态（到发线电动停车器为缓解位置，峰尾可控停车器为制动位置），电动停车器缓解与制动的操作时机，由使用单位在《站细》中明确。

3. 纳入 SAM 系统或计算机联锁的电动停车器，由车站在《站细》中规定具体使用办法。

4. 电动停车器室内操作系统需采用一主一备，并配有 UPS 电源。鼠标光标在不使用时停放在非操作区域。

5. 室外双路电源箱应加锁良好，钥匙由专人保管。

（二）应急处置

1. 巡视检查中发现电动停车器制动轨及各机械部分变形上翘或其他故障危及行车安全时，须在行车室（驼峰信号楼）"行车设备检查登记簿"登记申请要点，经车站值班员（驼峰值班员)征得列车调度员(车站调度员)同意停止该线的接发列车(调车)作业并签认、做好防护后方准作业。

2. 电动停车器制动状态下计算机操作无法缓解时,车站值班员立即通知车站值班干部,车站组织人员进行室外控制箱手控按钮操作或使用手摇把解锁对电动停车器进行缓解,设备维修人员应及时修复故障设备,并做好室内外安全联控防护工作。

3. 电动停车器严禁"带病"使用,对停电、设备故障等非正常情况下的作业,站段要制定应急作业办法,保证停留车辆防溜及调车作业安全。

(三)电动停车器作业的限制

1. 电动停车器必须保持制动位,只有在调动车辆或接发列车时,方可置于缓解位。

2. 电动停车器的定位为制动位,当机车、车辆牵出全部通过停车器后,应立即将设备恢复制动位,以保证后续溜放车辆进行安全停车防溜制动。

3. 严禁在 T·FD-06(B)型电动停车器上进行调车机车整备作业或装卸作业,并要及时清除可控停车器内的一切杂物,以保证正常使用。

4. 凡是不符合《技规》中的机车、车辆限界的机车、车辆,都不得通过可控停车器。能通过驼峰头部减速器的机车车辆均可通过可控停车器。

5. 停车器安装位置的线路部位禁止使用铁鞋。

6. 牵引列车的本务机车的排障器距轨面 60 mm,不能通过 T·FD-06(B)型电动停车器。为此,峰尾安装停车器的编发线,编组列车时,挂本务机车一端的车列,要越出停车器 2 辆以上,给本务机车在开车前压缩车钩有足够的安全距离,使列车安全正点出发。

7. 因停电或其他原因,停车器处于制动位,列车需要出发或车列需要牵出(推进)作业时,应首先采用手摇方式将停车器转换至缓解位。如手摇不能缓解时,应通知列车(调车)机车乘务员,允许以不超过 20 km/h 的速度匀速通过停车器。

四、铁鞋设备

使用铁鞋作业的限制如下:

1. 曲线外轨严禁使用铁鞋。因车辆轮对在曲线上运行时,由于离心力的作用和车辆改变运行方向的需要,外侧车轮挤压外侧钢轨,着力点不平衡,同时当轮对运行于曲线时,外侧车轮较内侧车轮走行距离长,以保持轮对的平衡移动,如外轨放鞋阻止外轨车轮走行,破坏了平衡,容易造成车辆脱轨。

2. 外闸瓦车禁止使用铁鞋。因外闸瓦车的闸瓦钎子距轨面最低为 25 mm,铁鞋高度为 110~125 mm。因此,铁鞋放在轨面上时,容易被闸瓦钎子撞掉或被推着滑行,起不到制动作用,造成车辆溜逸,发生事故。

3. 车轮直径在 950 mm 及其以上的大轮车严禁使用铁鞋。这是因为铁鞋托座弧面是根据一般轮对直径 840 mm 制作的,而直径 950 mm 及其以上的大轮车使用普通铁鞋时,车轮踏面与托座弧面不密贴,既影响制动效能,又可能撞掉铁鞋。

五、票传设备

铁路货票传递装置,简称票传设备,是铁路站场解编列车作业过程中的重要组成部分,是利用风压推动容器在管道内运行,根据车辆的运行轨迹,适时将货票传输到车辆所在场的一种技术设备。

（一）使用方法

1. 票传设备由与从事票据传输业务相关的岗位作业人员操作使用,须严格按照系统操作使用要求及规定执行,不得臆测使用,其他人员严禁擅自操作。

2. 发送容器时必须保证橡皮头朝上,容器盖必须将丝扣全部拧紧到位,容器内票据较多时需进行捆绑处理,每次发送容器不得超过 2 个。

3. 接收容器时,在收发柜讯响器提示结束 10 s 后,方可打开柜门取出容器,并及时将柜门关闭,并确认"关门指示灯"亮。

4. 收发柜具备工作条件是"电源灯""关门指示灯"亮,红色的"禁止灯"亮时禁止操作。操作发送按钮时按到底后松手即可,不得长时间摁压。

5. 容器在发送过程中突然停止并且"故障灯"亮时,可持续按"发送"按钮 5 s,将设备状态恢复至初始条件。若松开按钮,"故障灯"依然点亮即为硬件故障,应立即停止使用并通知维修人员。

6. 票传设备在运行中,严禁触动收发柜门。

7. 票传设备发生故障时,使用人员须及时通知维修人员,维修人员接到通知后要及时赶赴现场进行处理,对故障设备暂不能修复的,票据传输办法应在《站细》中进行明确。

8. 票传设备在有计划停电、检修时,相关部门要提前沟通协调,安排好人工传递票据。

（二）应急处置

票传设备的应急处置见表 5-2。

表 5-2 票传设备应急处置

序号	故障现象	故障判断	处理方法
1	控制柜故障灯点亮	系统中动力源部分或空气切换部分出现故障,鼓风机热继电器、压力表或分配阀限位、分配阀电机热继电器故障	检查热继电器的接线是否有松动,分配阀及鼓风机是否缺相或堵转,排除后复位热继电器
2	管道内无容器,按发送按钮鼓风机也能启动	收发柜内的光电开关出现故障所致,即投光器或受光器让灰尘遮住或光电放大器出现故障,或从控制柜到收发柜光电开关的连接线存在问题	1. 将手放进投光器和受光器之间,然后再拿出来,来回试几次,看光电放大器上的红色指示灯是否随着手的动作而动作,并发出"吧嗒、吧嗒"声响,如果有这些现象,则说明光电放大器正常,连接线存在问题。 2. 停止系统工作,先擦净光电开关的投光器和受光器,并调整其光轴,使其工作正常;如擦拭后未恢复,则需要更换光电放大器
3	放好容器后,按发送按钮无效	对站收发柜门打开或对站收发柜内有容器	先查看本站的收发柜面板上的"禁止"灯是否发亮,如亮是由于对站的收发柜打开或是对站收发柜内有容器,可让对站将收发柜内容器取出并将柜门关好(如光电放大器有问题,更换光电放大器);如"禁止"灯不亮,则故障范围应是分配阀没有到位

续上表

序号	故障现象	故障判断	处理方法
4	发送时系统正常,但发送后鼓风机没有启动	分配阀不到位	将分配阀调整到位
5	系统中的熔断器烧毁,换上新的只要一送电,马上烧毁	系统中有接地的部分	检查电控柜或收发柜的接地点即可排除故障
6	可编程序控制器有输出,但继电器、接触器不吸合	1. 继电器、接触器线圈的端线接触不良所致。 2. 端子板没有压住信号线的导电端头,而是压住了线的绝缘皮	检查两到三根线接在同一接线柱的地方,并对松动的地方进行紧固
7	容器到达对站后,鼓风机短暂停止后又启动,有时对站打开门却找不到容器	程序没有完全执行	停止系统的工作,重新送电发送
8	PLC 的指示灯 ERO 闪动或直亮,RUN 无显示,发送工作无法进行	多为可编程序控制器检测到故障信息所致	检查是否有模板松动,电源偏高或偏低,若无以上现象,停电重新上电,若 ERO 灯直亮,多为 PC 中程序丢失
9	系统动作正常,发送后鼓风机启动但管道无风压,容器不能发送,管道压力表没有风压或风压太小	1. 没有风压是因为分配阀没有将鼓风机产生的气流切换入管道。 2. 风压太小如果不是分配阀位置引起,则可能是管路中的单向阀或截止阀有漏风现象	1. 根据原理图检查分配阀位置,调整好分配阀位置。 2. 检查单向阀是否关闭良好,或是过滤器中的过滤网因杂物堵塞而不能吸入空气,使鼓风机产生的气流太小,清除杂物即可。 3. 如果以上均正常,可将动力站鼓风机出气口处的球阀关闭,以增加压力
10	风压上升	进气口、出气口、过滤网因杂物堵塞或容器停在管道中	清理进气口、出气口、过滤器中的过滤网,或反向发送空容器将停在管道中的容器顶出。如果以上部件均正常,可将动力站中鼓风机出口处的球阀打开一些,以减少空气压力
11	容器下落时的冲击太大	该收发柜内的单向阀板未安装或动力站鼓风机进、出气口的球阀未关闭	1. 将该收发柜内的单向阀板装上。 2. 将该收发柜内的缓冲调节阀关到 3/4 处,以增加管内缓冲压力。 3. 动力站鼓风机进、出气口的球阀均关闭

复习思考题

1. 什么是列车尾部安全防护装置(列尾装置)?
2. 列尾装置是如何分类的?
3. 列尾装置由哪几部分构成?

4. 列尾装置作业时有何规定？

5. 列尾装置的作用是什么？

6. 列尾装置使用具备条件和注意事项是什么？

7. 列尾装置安装有何要求？

8. 列尾装置应急处置是如何规定的？

9. 列尾装置调整（故障回送）有何要求？

10. 什么是减速顶？主要有几种？

11. 加减速顶的工作原理是什么？

12. 减速顶的应急处置是如何规定？

13. 影响车辆减速器作用的因素有哪些？

14. 什么是无线调车灯显设备？

15. 无线调车灯显设备使用有何规定？

16. 电动停车器应急处置是如何规定的？

17. 票传设备使用有何规定？

第二篇　专业知识

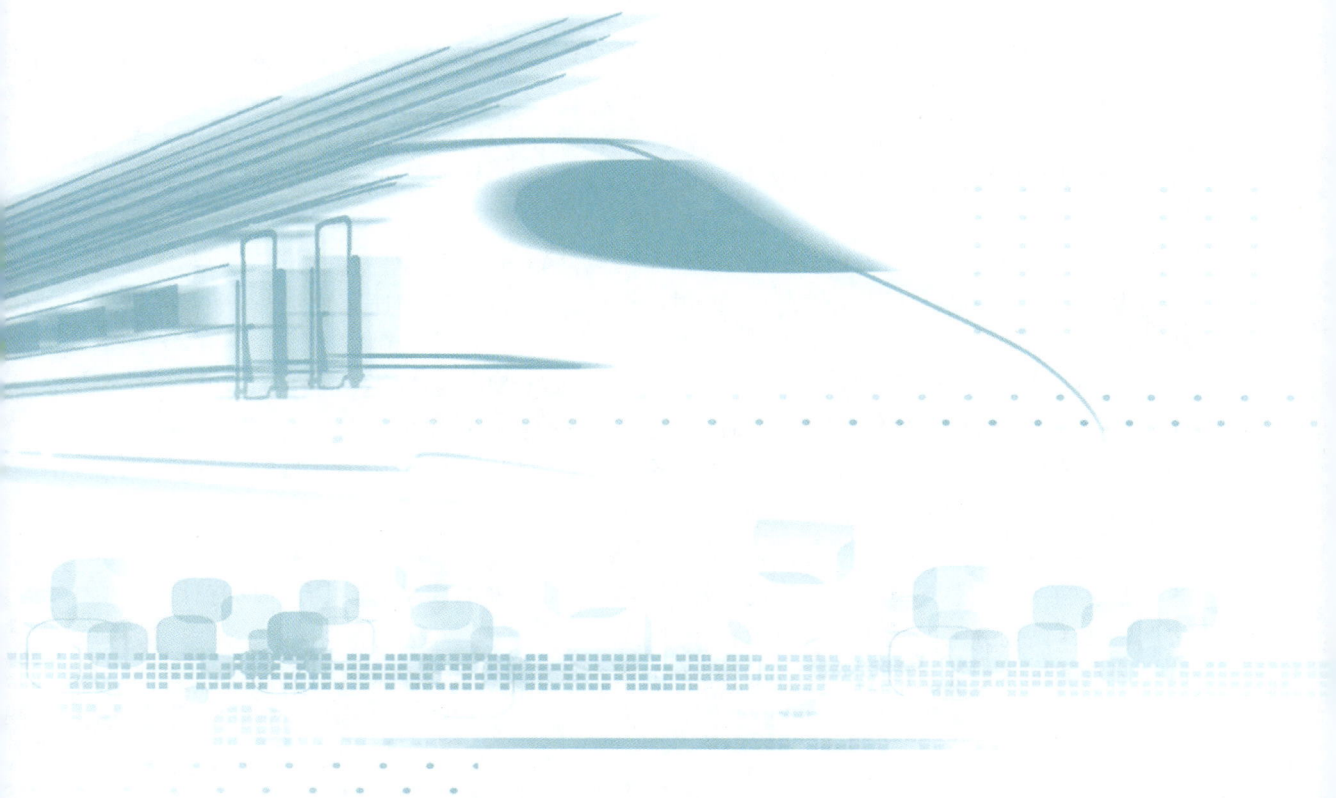

第六章 ┃ 行车技术管理

第一节 列车编组计划

货物列车编组计划是全路的车流组织计划;统一安排全路的车流组织方案,具体规定车站编组货物列车的要求、方法和内容;是编制列车运行图、运输方案、日班计划及改善站场布局的依据;是加强货运营销工作的重要手段。

列车编组计划是根据货流、车流特点和主要站场、线路设备情况以及货物运输市场需求编制的,可以充分发挥既有设备潜力,科学合理组织货流,积极组织直达运输,加速货物运送和机车车辆周转,创造良好的运输秩序,节约运输成本,提高运输效率和效益,因此要求列车中车组的编挂,必须根据列车编组计划进行。

一、列车编组计划的作用

1. 列车编组计划规定了全路重空车流向目的地运送的最合理办法,是全路车流组织计划。它把全路复杂的重、空车流,分别按到站和去向的不同,组织到不同种类的列车之中,有节奏地组织运输生产。

2. 制定列车编组计划,最大限度地组织各种直达列车,减少技术站的改编作业量,加速货车周转和物资输送。

3. 根据车流特点、设备条件和作业能力,规定装车站和技术站编组列车的办法。合理分配各技术站解编作业量,充分发挥其设备潜力,并为各技术站不间断地进行正常作业创造条件。

4. 在具有平行径路的方向,通过编制列车编组计划,按照运输里程、运送时间及区段通过能力和沿途技术站能力使用情况,合理规定车流运行经路,以加速车辆运行,平衡各铁路线的负担。

5. 列车编组计划具体规定了各货运站和技术站编组列车的种类、到站和编组办法。因此,它是这些车站制定设备运用方案和作业组织方案的一项重要依据。

6. 列车编组计划是编制列车运行图的基础。编制列车运行图应按照列车编组计划规定的列车种类、数量和发到站,铺画相应的列车运行线。

7. 列车编组计划不仅是铁路运输组织工作的主要内容,也是铁路与国民经济其他部门紧密联系的一个重要环节。根据国民经济发展对铁路运输的要求,可以有预见有计划地提出调整某些站场分工以及新建、扩建站场的建议。

列车编组计划涉及面很广,不仅对路内工作有着重大影响,而且关系到路外有关部门。

从装车地组织的始发直达列车来看,就表现着路内外的协作。各厂矿企业也需要制定好有关产品的生产和运输计划,才能保证直达运输计划的实现。

由此可见,列车编组计划既是车流组织计划,又是站场设备运用计划;既是铁路车站分工的统一部署,又是调节改编能力的有效办法;既是行车组织工作的基本技术文件,又是铁路与其他部门协作的具体体现。

二、列车编组计划的编制资料

列车编组计划的编制质量在很大程度上取决于编制资料的准备工作,只有充分掌握可靠的编制资料,才能编制出经济有利、切实可行的列车编组计划。

列车编组计划的编制资料主要有:

1. 根据年度、月度运输计划主要物资货源货流资料,并参照规划运量提出编组计划实行期间的运输计划和说明。

2. 根据上述运输计划和说明,结合实际车流规律,编制分品类、分到局、分主要发到站和技术站间的计划车流;根据计划车流编制始发直达、煤炭直达、石油直达列车计划。

3. 根据货流、车流及市场营销需求,提出货运五定班列及其他快运货物列车资料。

4. 各线路、区段的区间通过能力、牵引重量、列车换长。

5. 车站设备、能力、技术标准资料:

(1)主要装卸站的装卸能力,包括主要专用线装卸线长度、容车数,平均每日装卸分批次、车数、时间等。

(2)主要技术站(编组站、主要区段站)技术设备资料,包括车站平面示意图、车场分工、股道(股道数、有效长、容车数、现在用途)、调车机车台数、改编能力及其利用程度。

(3)主要技术站有关作业时间标准和完成实际,按到站和方向别的列车平均编组辆数、集结系数、无改编节省时间。

6. 编组计划执行情况及改进意见。

三、列车编组计划内容

(一)货物列车编组计划的主要内容

货物列车编组计划的主要内容见表6-1。

表6-1 货物列车编组计划

序号	发 站	到 站	编组内容	列车种类	车 次	运行径路	附 注
1	包头西	南仓	南仓及其以远,4 500 t(普超5 000 t),70.0	技术直达	10366/5～10384/3	友谊水库	
2	包头西	惠农	惠农及其以远,70.0	直通	25001～25033	惠农	
3	包头西	张百湾	南大庙至隆化各站及隆化以远的煤和焦炭,5 000 t,70.0	始发直达	86502/1、86512/11	友谊水库	
4	包头西	呼和西场	呼和浩特及其以远	区段	33002、33004、33006		

续上表

序号	发　站	到　站	编组内容	列车种类	车　次	运行径路	附　注
5	包头西	呼和西场	1. 东兴—台阁牧站顺成组； 2. 呼和浩特及其以远	摘挂	41016		
6	包头西	集宁	1. 沙良到站成组车流； 2. 空车按车种成组（仅沙良站配空车）； 3. 沙良站装到集宁及其以北、以南、以东各站，沙良站装到陶卜齐至葫芦间各站、呼和浩特至白塔间各站的零星车流、沙良站排出空车； 4. 注意事项：为避免机车动力资源浪费，本摘挂列车包头西站始发时，优先保证沙良站车流组织需求，遇沙良站车流不足时，可以在列车尾部成组编挂"包头西—集宁及其以远车流"进行补轴	重点摘挂	41052		
7	包头西	西运转	1. 万水泉、包头站顺； 2. 包头东站卸（包括二道沙河、东兴、新贤城卸）； 3. 空车	小运转	46012、46014、46016		

从表 6-1 中可知，列车编组计划主要有以下内容：

1. 发站：指列车编组始发的车站。

2. 到站：指列车的终到站（解体站）。

3. 编组内容：规定哪些到达站的重车及哪些种类的空车可以编入该列车。

4. 列车种类：表示该种列车的分类。

5. 列车车次：若该列车为装（卸）车地组织的直达列车，则表示该列车开行期间的固定车次。

6. 附注：对编组内容栏加以补充说明，常见的说明有列车中车组的编挂方法、基本组的重量、开行列数等。

（二）列车中车组的编挂方法

列车中车组的编挂方法通常有以下几种：

1. 单组混编：即该列车到达站及其以远的车辆，不分到站、不分先后混合编挂。

2. 分组选编：即一个列车中分为两个及以上的车组，属于同一组的车辆必须编挂在一起。对车组的排列，无特殊要求者，可以不按组顺编挂。

3. 按到站成组：即在列车中同一到达站的车辆必须编挂在一起。

4. 按站顺编组：在列车中除同一到达站的车辆必须挂在一起外，还要求按车辆到达站的先后顺序进行编挂。

以上各种列车编组方法,是根据各有关车站的能力分别确定的,以达到加速车辆周转和货物送达的目的。

四、车流去向代号

编组计划车流组号的车流去向范围,应根据国铁集团颁布的车流径路文件,按各组号车流相对均衡、有利于提高车站作业效率的原则确定,具体由相关铁路局集团公司协商明确,意见不一致时由国铁集团协调解决,并在铁路局集团公司编组计划文本中公布,作为编组列车的依据。

车流去向代号是按列车编组计划规定的车流去向或到站分别编号,通过车流代号掌握车流内容,便于计划人员等组织行车工作,有利于计算机进行现车管理。车流去向代号见表 6-2。

表 6-2　车流去向代号

序　号	方　　向	列车编组站	代　号
1	哈密东及其以远	包头西站	3
2	迎水桥及其以远	包头西站	5
3	兰州北及其以远	包头西站	6
4	惠农及其以远	包头西站	7
5	临河及其以远	包头西站	9
6	哈业胡同—四分滩	包头西站	10
7	包头北	包头西站	14
8	昆都仑召—白云鄂博	包头西站	17
9	大同及其以远	包头西站	18
10	万水泉—包头	包头西站	20
11	呼和浩特及其以远	包头西站	21
12	包头东及其以远	包头西站	22
13	丰台西及其以远	包头西站	23
14	南仓及其以远	包头西站	24
15	通辽及其以远	包头西站	25
16	张家口南及其以远	包头西站	26
17	包头南—红石峡间	包头西站	29
18	榆林及其以远	包头西站	30
19	榆次及其以远	包头西站	33
20	新丰镇及其以远	包头西站	36
21	集宁及其以远	包头西站	42
22	作业车	包头西站	0

五、列车的种类

（一）按列车运输性质分类

随着铁路运输事业的发展，为满足旅客和货物运输的不同需要，列车按运输性质主要分为以下五种：

1. 旅客列车：为运送旅客开行的列车。根据旅客列车的车底及运行速度或旅行速度等，可分为动车组、特快、快速、普通旅客列车等。

2. 特快货物班列：是指使用行李车或邮政车等客车车辆，根据需要编组，整列装载行李、包裹和邮件等的列车。

3. 军用列车：为运送军队和军用物资开行的列车。

4. 货物列车：为运送货物和排送空货车开行的列车。分为快速货物班列、快运、重载、直达、直通、冷藏、自备车、区段、摘挂、超限及小运转列车等。

5. 路用列车：不以营业为目的，专为完成铁路本身任务而开行的列车。如试验列车，运送铁路器材、路料的列车，因施工、检修需要开行的轨道车、接触网作业车、大型养路机械车组等。

除上述五种列车以外，还有为执行任务而开行的特殊用途列车，如专运、救援列车等。

（二）列车运行等级顺序

根据我国铁路列车分类和不同种类的列车运行速度，为适应技术设备条件、满足客货服务水平，在编制列车运行图、制定日常列车运行计划及调度调整运行秩序时，列车运行等级顺序原则上按速度等级从高到低的顺序调整，同速度等级的列车原则上按以下等级顺序调整：

1. 动车组列车为固定编组，运行速度和行车要求比其他列车高。

2. 特快旅客列车一般运行于大城市之间，停站少且旅行速度快，最高运行时速达到160 km。

3. 特快货物班列使用最高允许时速达到160 km的机车和行邮车底，按特快旅客列车运行标尺运行。

4. 快速旅客列车一般运行于大中城市之间，停站较少且旅行速度较快，最高运行时速为120～160 km。

5. 普通旅客列车一般运行于城乡之间，停站较多，方便各地群众乘降，最高运行时速不超过120 km。

6. 货物列车运送铁路承运的各类货物。

7. 路用列车。

由于自然灾害、设备故障或铁路交通事故等原因，须开往现场救援、抢修、抢救的列车，包括救援列车和除雪机等，应优先办理，不受列车等级的限制。

由于特殊目的的开行的列车（如专列或其他列车等），以及新增加列车的种类，因其性质及任务不同，缓急程度不同，应根据具体情况在指定开行时确定其等级。

特快货物班列按运输性质分类次于旅客列车，但因其使用最高允许时速160 km的机车和专用车底、按特快旅客列车运行标尺运行，因此其列车运行等级顺序仅低于动车组和特快旅客列车而高于其他列车。

（三）货物列车的分类

1. 按货物列车的编组地点和列车的运行距离分类可分为装车地编组的和技术站编组的货物列车。

（1）装车地编组的列车

装车地编组的列车主要是各种直达列车。直达货物列车是通过一个及以上编组站不进行改编作业的列车。在装车站组成的，叫始发直达列车；在技术站（编组站和区段站的总称）组成的，叫技术直达列车。

根据组织条件、到站、车辆编挂办法及运行条件的不同，装车地组织的直达列车，可有多种形式。

①根据组织条件可分为：

a. 在一个车站或在同一区段（或相邻区段）的几个车站装车后组成的直达列车，通常称为始发直达列车；

b. 由同一区段内（包括衔接支线）或同一枢纽内的几个车站所装车辆组成的直达列车，称为阶梯直达列车；

c. 在基地站（一般为装车区的技术站或干支线联轨站）所组成的直达列车，称为基地直达列车。

②根据列车内货车的到站可分为：

a. 到达同一卸车站的一个或几个卸车地点卸车，或到达国际过轨站过轨的直达列车；

b. 到达同一区段内 2～3 个邻近车站卸车的直达列车，通常称为反阶梯直达列车；

c. 到达同一枢纽内几个车站卸车的直达列车；

d. 到达卸车基地站的直达列车；

e. 到达技术站解体的直达列车。

直达列车内车辆的编挂办法，可以按同一卸车站的不同卸车地点、同一卸车区段或枢纽内的不同卸车站或解体站编组计划规定的组号选分成组并按规定顺序编挂，也可以不分组混编。

按直达列车的运行条件，可以是固定车底的循环直达，或不固定车底的非循环直达；可以是变更重量的直达列车或固定重量的直达列车；可以是每日定期开行的直达列车或不定期开行的直达列车等。

装车地直达列车中还有一种日行 600～800 km 的快运货物列车，其组织形式主要有：

a. 专门运送鲜活易腐货物的快运货物列车；

b. 专门运送集装箱的快运货物列车，一般要求指定挂运车次，优先安排运行线间的接续，称为集装箱快运直达列车；

c. 运送快运货物的"五定班列"，发到站间直通，运行线和车次全程不变，发到日期和时间固定，实行以列、组、车或箱为单位的报价包干办法的列车，即：定点、定线、定车次、定时、定价的列车。货运五定班列分集装箱五定班列和普通货物五定班列。

此外，由同一站装车、不通过编组站、到达同一站卸车、固定车底循环运用或不固定车底的整列短途列车，也是装车地直达列车的一种形式。

（2）技术站编组的列车

在技术站编组的货物列车主要有以下几种：

①技术直达列车：在技术站以中转车及货物作业车等编成的直达列车。

②直通列车：在技术站编组，通过一个及以上区段站不进行改编作业的列车。

③区段列车：在技术站编组，到达相邻技术站，在区段内不进行摘挂作业的列车。

④摘挂列车：在技术站编组，在相邻区段内的中间站进行摘挂作业的列车。只在指定的几个中间站进行摘挂作业的列车为重点摘挂列车。

⑤小运转列车：在技术站和邻接区段规定范围内的几个车站间开行的列车为区段小运转列车。在枢纽内各站间开行的列车为枢纽小运转列车。二者统称为小运转列车。

2. 按货物列车的运输性质和用途分类

（1）特快货物班列：使用最高允许时速达到 160 km 的机车和行邮车底，按特快旅客列车运行标尺运行的特快列车。

（2）快速货物班列：最高运行速度 120 km/h，使用专用货车（如 P65 等）或通用棚车编组，固定发站和到站、固定车次和运行线、明确开行周期、发到时刻和编组内容的货物快运列车。

（3）快运货物列车：采用运行速度 120 km/h 的专用车辆，以高附加值货物为重要运输对象的快速列车。

（4）具有特定用途或特殊意义的货物列车：通常包括石油直达列车、集装箱快运直达列车、循环直达列车、冷藏列车、超限货物列车、重载货物列车、组合列车、自备车列车等。

①按大宗货物品类分为煤炭直达、矿石直达和石油直达。

a. 煤炭直达列车：整列煤炭或以煤炭为基本组的始发直达列车。

b. 矿石直达列车：整列矿石或以矿石为基本组的始发直达列车。

c. 石油直达列车：整列石油或以石油为基本组的始发直达列车。

②重载列车：在装车站或技术站组织，由单机或多机牵引满足重载条件的列车，按组织形式分为整列式重载列车、组合式重载列车和单元式重载列车。

a. 整列式重载列车：在装车站组织的整列重载列车。

b. 组合式重载列车：在技术站由两列及以上同一到站列车连接组合的重载列车。

c. 单元式重载列车：固定车辆，固定发站和到站，固定运行线，运输单一品种货物，在装、卸站间往返循环运行，中途不拆散，不进行改编作业的重载列车。

③自备车列车：全部用企业自备车编组而成的列车。

④超限列车：挂有装载超限货物的车辆并冠以超限列车车次的列车。

⑤冷藏货物列车：利用机械冷藏车专门运送鲜活、易腐等需要保持特定温度的货物的列车。

3. 按列车内车组的数目及其编组方式分类

（1）单组列车：由同一到达站（卸车站或解体站）的车辆所组成的列车。

（2）分组列车：由两个及其以上到达站的车辆组成，且按到达站选编成组，在沿途技术站至少进行一次车组换挂作业的列车。

（3）按组顺或站顺编组的列车：列车内的车辆要求选编成组，且按组顺或站顺编挂的列车。

4. 此外，货物列车按列车内车辆的状态还可分为重车列车、空车列车、空重混编（不分组)或空重合编(分组)列车。从卸车地直接组织的空车列车,比照上述规定,分为直达、直通或区段列车。

六、列车的编组

按列车编组计划和列车运行图规定编组的列车,主要是指列车种类、去向、编组内容、车组和车辆的编挂位置必须符合列车编组计划的规定,其次列车牵引重量、长度必须符合列车运行图的规定。凡跨及两个及以上区段的直通或直达列车,各区段规定的牵引重量、长度不同时,还应符合列车编组计划规定的基本组的重量和长度。

(一)列车重量

1. 列车重量标准是根据机车牵引力、区段内线路限制及设备条件等因素,通过计算、试运行和各种类型机车牵引重量的平衡,最后取整而定的,在运行图技术资料中公布。货物列车牵引机型及牵引重量、换长见表6-3。

表6-3 货物列车牵引机型及牵引重量、换长

线别	机务本段	牵引区段	行别	限制坡度(‰)	距离(km)	机型	定数(t)	换长	备注
京包、包兰、唐呼、包西	包西	包头西(万水泉南)—集宁、王气、丰台西、长辛店(跨局)	上/下	9.1/10.4	686	HXD$_1$/HXD$_2$	5 500/4 200	70.0	下行普超4 500 t
		沙良—包头西	下	6	185	SS$_4$	5 000		尾数不上波
		包头西—新街	上/下	13.0/13.0	157	HXD$_1$/HXD$_2$	4 500	82.0	
						双SS$_4$	4 500	82.0	上行普超5 000 t
	包西、集宁	包头西(万水泉南)—集宁、王气、丰台西、长辛店、大同(西)	上/下	9.1/10.4	686	SS$_4$	4 500/3 500	70.0	上行普超5 000 t
	包西、迎水桥	包头西(北)—惠农	上/下	6.5/6.2	401	HXD$_3$/SS$_4$	4 500/3 500	70.0	上行普超5 000 t,C$_{80}$为54辆;下行普超5 000 t(含尾数)
			上/下	6.5/6.2	401	DF$_8$	4 000/3 500	70.0	上行普超5 000 t;下行普超4 000 t
		打拉亥—包头北	上	6.5	8	DF$_{8B}$	3 500	70.0	
包环	包西	包头西—包头北	上/下	6.0	7.4	HXD$_1$、HXD$_2$、SS$_4$	4 500/3 500	70.0	上下行普超5 000 t
包环	包西	包头北—新贤城	上/下	20/14.5	14	HXD$_1$/HXD$_2$	5 000	70.0	尾数可上波,包北五场须正线通过,遇恶劣天气时,应减轴500 t
		包头东—二道沙河—新贤城	上/下	9.9/20	7	HXD$_1$/HXD$_2$	2 500	36.0	尾数可上波。遇恶劣天气时,应减轴

线别	机务本段	牵引区段	行别	限制坡度（‰）	距离（km）	机型	定数(t)	换长	备　注
包白	包西	包头北—白云鄂博	上/下	9.7/21.2	139	DF$_8$B	2 200/800	35.0	上行尾数波动34 t；下行尾数波动18 t
专用线		包钢新体系	上/下	6.0/9.0		HXD$_1$/HXD$_2$、SS$_4$	5 000	70.0	
						DF$_8$B	3 500	70.0	
		打拉亥—九原物流园区	下			DF$_8$B	3 500		

注：1. 牵引定数、换长尾数波动按《行规》规定执行。备注栏无特殊标注，均含波动尾数。

2. K23/4次国际旅客列车开行期间，在二连站技术作业时间比照K3/4次办理。

3. 机型栏中"/"表示多机型；"+"表示双机。

4. 限制坡度及定数栏中"/"表示"上行/下行"；无"/"表示与行别栏标注的行别一致。

2. 超重列车是指实际牵引重量超过运行图规定的该区段货物列车牵引质量标准（考虑规定的波动尾数）的货物列车。积极提高列车重量，能节省机车运用台数，提高区段通过能力，降低运输成本。但如随意开行超重列车，由于受机车性能、司机操纵技术水平等的限制，可能造成运缓、区间停车或会让不当打乱运行秩序。为此，编组超重列车时，在编组站、区段站应商得机务段调度员的同意；在中间站应得到司机的同意。并均须经列车调度员准许，以便指挥行车时心中有数，保证列车运行有序。

（二）列车长度

列车长度是根据运行区段内各站到发线的有效长，并预留30 m的附加制动距离来确定的。编组列车时，其重量或长度应满足列车运行图规定的各区段牵引定数或换长，见表6-3。

（三）超长列车

1. 超长列车是指实际牵引长度超过运行图规定的该区段货物列车计算长度的货物列车。在具体车站行车作业中，列车的长度超过车站到发线的有效长，不能在车站正常进行会让等作业时，须按超长列车办理。

（1）各铁路局集团公司制定超长列车运行办法时，要考虑区段内的具体条件，如各站到发线的有效长及数目、接近车站的线路纵断面等情况。

（2）在调车线长度不足时，还应确定分部编组与技术检查如何配合及到达甩车的办法等。

（3）开行超长列车时，列车调度员必须事先有计划地向各有关站、段布置，特别要注意列车会让计划。

（4）单线区段应避免对开超长列车，避免给中间站会车带来困难。

（5）超长列车内不宜挂超限及其他限速车辆。

2. 超长列车运行办法各个铁路局集团公司有所不同，各站应根据铁路局集团公司制定超长列车运行办法，按本站和机务、列检等具体条件，制定出相应的接发超长列车办法，并纳入《站细》。呼和浩特铁路局集团公司超长列车办法如下：

（1）超长列车编组的规定。

①列车除按《技规》、列车编组计划和运行图规定的编挂条件编组外，编组超长列车时，须经列车调度员准许。跨及相邻铁路局集团公司时，须取得相邻铁路局集团公司同意，并以调度命令通知有关接车站。

②列车换算长度上下波动尾数在 1.3 以内，列车重量上下波动尾数在 81 t 以内时，不算超欠轴（有特殊要求时除外）。

③超长列车（军用列车除外）禁止编挂装有超限货物的车辆、限速运行的机车车辆，以及在运行中有其他特殊要求的车辆。

（2）超长列车运行的规定。

①超长列车尾部停在警冲标外方，前部需要越过警冲标或出站（进路）信号机时，由接车人员通知司机，司机按调车信号机显示的允许运行的信号（无联锁时为扳道员显示的股道号码和道岔开通信号）和接车人员显示的向前移动信号，使列车向前移动；列车不能向前移动，而列车尾部停在进站信号机外方时，除按《技规》第 358 条执行外，不准与邻站办理区间开通手续。

②当超长列车头部越过出站（进路）信号机时，由发车人员通知司机，按规定交付行车凭证后，就地发车。

③列车虽不超长，但接车线容纳不下所接列车时，按超长列车办理。

（四）超限列车

超限列车是指挂有装载超限货物车辆的列车。

超限车辆一般不准编入直达、直通列车，而只能挂入各区段摘挂列车或指定车次的列车的。当线路、建筑或设备对超限列车特别是超级超限列车运行有影响时，须根据实际情况对列车运行做出特殊限制，例如拆除设备、变更线路、规定速度等。

超限列车组织规定：

1. 超限货物列车的到发（调车作业）应按日班计划及铁路局集团公司发的电报和调度命令办理。对需拆除设备的超限货物的运输，要以业务通知形式事先布置。

2. 接发超限列车时，只能接入到发场固定停留超限列车的股道内，其他任何线路均不得接发停留装有超限货物的车辆。接发超限列车线路规定见表 6-4。

3. 接发超限货物列车时，车站值班员须通知助理值班员［外勤］（助理值班员［内勤］）、列尾作业员、货检组长（货检组长通知内勤货检员及外勤货检员）等有关人员说明注意事项。

4. 接发超限列车时，严禁排列变通进路。

表 6-4　某站接发超限列车线路

车场	固定接车股道			
一场	Ⅰ道			
五场	Ⅰ道	3道	8道	
二场	Ⅰ道	3道	7道	
四场	1道	6道		
六场	Ⅰ道	4道	7道	8道

七、列车编组计划的有关规定

列车编组计划制定后,不得经常变更。如因车流或技术设备发生重大变化,需要修正时,应按变更列车编组计划的权限,有计划、有准备地进行。

正确地编制和执行列车编组计划,可以充分发挥运输能力,提高运输效率,保证良好的运输秩序,加速货物运送和机车车辆周转。任何一个车站如不按规定编组列车或违反列车编组计划的有关规定,必然会打乱站间分工,增加改编作业量,影响运输秩序。因此,必须强调列车编组计划的严肃性,组织有关职工认真执行。

(一)执行列车编组计划的要求

1. 摘挂列车主要是为中间站服务的,其编组方法应按中间站的要求办理。

(1)所挂车辆应以到达中间站的车辆为主,即技术站编开的摘挂列车应首先将到中间站的车辆挂走,不满轴时方可加挂其他车辆。

(2)需要时,摘挂列车应为中间站挂车留出空余吨数(留轴),留轴后仍有"余轴"时,方可加挂编组计划指定的车流(区段车流或直通车流)。

2. 编组一般货物列车时,车组的编挂位置除单独指定者外,不受车组组号顺序的限制。临时排送空车时,应单独选编成组(摘挂、小运转列车除外)。按回送单据向指定到站回送的空车(特殊规定者除外),按该到站的重车办理。

3. 车辆应按规定径路运行。

4. 同一技术站编组数种不同到达站的列车或车组时,每一列车和车组均不包括另一种列车或车组的车流。

5. 在新编组计划实行前,有关人员必须认真学习新编组计划的内容、特点和要求。各技术站根据需要和可能,做好调整车场分工和变更线路固定使用的工作。

6. 作业过程中,严格监督检查列车编组计划的执行情况。

(1)在日常作业中,列车中车组的编挂,须根据国铁集团和铁路局集团公司的列车编组计划进行。列车编组计划有关人员必须认真负责,严格监督检查列车编组计划的执行情况。

(2)车站调度员与调车区长应按列车编组计划的规定,正确编制阶段计划与调车作业计划,并在编组列车的过程中,随时进行检查。

(3)车号员根据调车作业计划编制列车编组顺序表(运统1),应认真检查编组内容,发现问题及时汇报,可以减少调车作业的返钩活,根据列车编组顺序表核对现车时,要逐车详细核对,防止违反列车编组计划的列车发出。

(4)调车人员在进行编组调车时,应考虑所挂车辆是否符合列车编组计划,如发现有违反列车编组计划时,应及时向车站调度员或调车区长汇报,予以纠正。

(5)列车调度人员应组织车站严格按编组计划编组列车,发现违反编组计划时,应及时督促车站进行纠正,不能滥发允许违编的命令,共同维护编组计划的严肃性。

在个别情况下,必须承认违反编组计划时,跨局列车由国铁集团、局管内列车由铁路局集团公司分调度下达书面调度命令。对违反编组计划的列车,应记录车次及违编的原因。

（二）违反列车编组计划的情况

凡遇下列情况之一者（另有规定除外），即视为违反列车编组计划：

1. 直达列车的车流编入直通、区段、摘挂和小运转列车；直通列车的车流编入区段、摘挂和小运转列车；区段列车的车流编入摘挂和小运转列车。

2. 直通、区段、摘挂和小运转列车的车流，编入直达列车；区段、摘挂和小运转列车的车流编入直通列车；摘挂和小运转列车的车流编入区段列车。

但为加速到达中间站（包括中间站挂出）的仔牲畜、鱼苗、薯秧及其他需要快运的易腐货物的运送，可优先用直达、直通、区段列车挂运。如特殊需要，各局可在列车编组计划中指定车次，利用直达、直通、区段列车甩挂中间站车辆。

以上两种违反列车编组计划的情况，在统计违反列车编组计划的列数时，均列入车流不符的项目内。

3. 未按规定选分车组或未执行指定的编挂顺序（由于执行隔离限制，实难兼顾时除外）。包括以下几种情况：

（1）应按站顺编组的摘挂列车，未按站顺编挂；

（2）应按规定选分为几个车组的列车，未选分成组；

（3）应按指定位置编挂的，未按指定位置编挂。

4. 未按补轴、超轴规定编组列车。

列车在变更重量和长度的车站补轴时，应尽量用与该列车编组内容相同的车流补轴，或者按规定补轴，如图 6-1 所示。

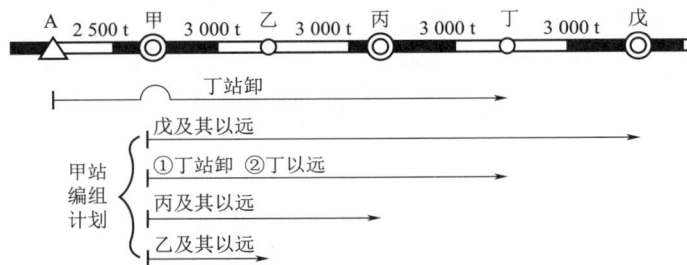

图 6-1　补轴示意图

A 站编组 A—丁的直达列车，编组内容为丁站卸。在甲站补轴时，应尽量用丁站卸的车流补轴，如果无丁站卸的车流，编组计划又规定可以用丁站及其以远的车流补轴时，则可用该车流补轴。如果未用丁站卸或丁以远车流补轴而用其他车流补轴时，则违反了编组计划。如果甲站不编开到达丁站的列车，则应用最远的到达站，但不远于补轴列车解体站的车流补轴，即用丙到达站的车流补轴，用乙或戊到达站车流补轴，也是违反了编组计划。

5. 违反车流径路，将车辆编入异方向列车。

因为在编组计划中，根据各方向区间通过能力、运输距离、列车重量标准和运行速度等因素，规定了各支车流经济合理的径路。如果车站不按规定的径路编组，将加剧通过能力的紧张状况，增加有关技术站的作业负担，降低运输效率。例如，对有平行径路的车流，未按规定的径路编组或错误地将上行车流编入下行列车等，都算违反编组计划。

6. 未达到编组计划规定的基本组重量、辆数或长度。

如图 6-2 所示，甲—乙区段的列车重量标准为 3 200 t，乙—丙区段为 2 500 t，丙—丁区段为 2 000 t，由于重量标准不统一，在列车编组计划中规定甲—丁的直达列车基本组为 2 000 t，甲站用乙站及其以远 700 t、丙站及其以远 500 t 分组补轴。

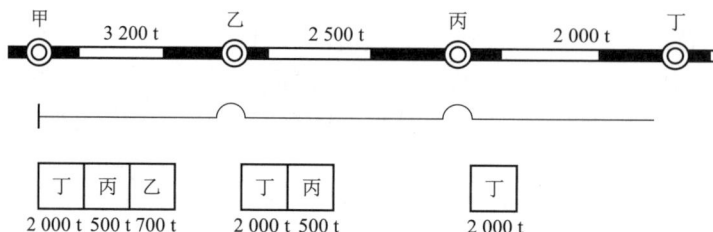

图 6-2　按基本组重量编组列车示意图

如果甲站编组甲—丁的直达列车，基本组只编了 1 500 t，未达到规定的基本组重量，势必造成乙站补轴或改编。若乙站无合适车流补轴时，还有可能拆散这一直达列车，因此算作违反列车编组计划。

在原则上，列车不准超重、超长或欠轴。满轴列车指实际编成的列车重量符合列车运行图规定的区段牵引重量或列车长度符合列车运行图规定的该区段列车长度标准。

7. 其他未按编组计划规定编组的列车，如图 6-3 所示。

A 站到己站及其以远车流应在甲站集结，编入甲—己技术直达列车；到丁站和庚站及其以远的车流应选分成组，编入到丁站解体的直通列车。如果 A—丁的始发直达列车里挂有己站及其以远的车流，则不符合编组计划规定的车流到达站；如果把丁站及其以远和庚站及其以远的车流混编在一起，则不符合列车的分组办法。这两种情况都算作违反编组计划。

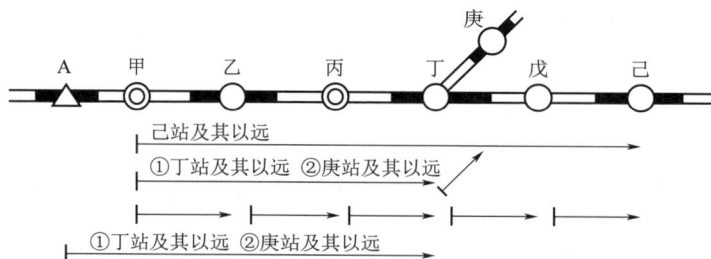

图 6-3　始发直达列车与前方技术站列车编组配合示意图

第二节　列车运行图

列车运行图是列车运行的图解。我国的列车运行图以纵轴表示距离，以横轴表示时间，以斜直线段和规定符号表示各种列车的运行线。列车运行图规定了各区段列车的数量、列车占用区间的顺序、运行速度、列车重量和长度、列车在站到达、出发、通过时刻和停站时分,还规定了机车运用台数、机车整备时间、列车技术作业时间等。因此,列车运行图是铁路行车组织工作的基础,是联系各部门工作的纽带,也是铁路运输工作的综合计划。

一、列车运行方向和车次

为了便于管理和指挥行车,国铁集团对列车运行方向作了统一规定:原则上以开往北京方向为上行,相反方向为下行。全国各线的列车运行方向,以国铁集团的规定为准,但枢纽地区列车运行方向,由各铁路局集团公司规定。为了区别列车运行方向,列车须按有关规定编定车次,上行列车编为双数,下行列车编为单数。在个别区间使用直通车次时,可与规定的方向不符。根据国铁集团的统一规定,各种列车车次见表6-5。

表6-5 各种列车车次

列车种类	车次范围	备 注
一、旅客列车		
1. 直达特快旅客列车(160 km/h)	Z1～Z9998	
直通	Z1～Z4998(Z4001～Z4998为临客预留)	"Z"读"直"
管内	Z5001～Z9998(Z9001～Z9998为临客预留)	
2. 特快旅客列车(140 km/h)	T1～T9998	
直通	T1～T3998(T3001～T3998为临客预留)	"T"读"特"
管内	T4001～T9998(T4001～T4998为临客预留)	
3. 快速旅客列车(120 km/h)	K1～K9998	
直通	K1～K4998(K4001～K4998为临客预留)	"K"读"快"
管内	K5001～K9998(K5001～K6998为临客预留)	
4. 普通旅客列车(120 km/h)	1001～7598	
(1)普通旅客快车	1001～5998	
直通	1001～3998(3001～3998为临客预留)	
管内	4001～5998	
(2)普通旅客慢车	6001～7598	
直通	6001～6198	
管内	6201～7598	
5. 通勤列车	7601～8998	
6. 临时旅客列车(100 km/h)	L1～L9998	
直通	L1～L6998	"L"读"临"
管内	L7001～L9998	
7. 旅游列车(120 km/h)	Y1～Y998	
直通	Y1～Y498	"Y"读"游"
管内	Y501～Y998	

续上表

列车种类	车次范围	备　注
二、特快货物班列		
特快货物班列(160 km/h)	X1～X198	"X"读"行"
三、货物列车		
1. 快运货物列车		
(1)快速货物班列(120 km/h)	X201～X398	
(2)货物快运列车(120 km/h)	X2401～X2998　X401～X998	
直通	(X2401～X2998)： 哈尔滨局:X2401～X2430　沈阳局:X2431～X2480 北京局:X2481～X2510　太原局:X2511～X2540 呼和浩特局:X2541～X2570　郑州局:X2571～X2600 武汉局:X2601～X2630　西安局:X2631～X2660 济南局:X2661～X2690　上海局:X2691～X2740 南昌局:X2741～X2770　广铁集团:X2771～X2810 南宁局:X2811～X2840　成都局:X2841～X2890 昆明局:X2891～X2920　兰州局:X2921～X2950 乌鲁木齐局:X2951～X2970　青藏公司:X2971～X2990	零散货物车辆,可挂入直达、直通、区段货物列车中。挂有装运跨局零散货物快运车辆的列车,在基本车次前加字母"X"。如:X28002次
管内	呼和浩特局:X541～X570	
(3)中欧、中亚集装箱班列,铁水联运班列	X8001～X9998	
中欧、中亚集装箱班列(120 km/h)	X8001～X8998	
中亚集装箱(普通货车标尺)	X9001～X9500	
水铁联运班列(普通货车标尺)	X9501～X9998	
(4)普快货物班列(普通货车标尺)	80001～81998	
2. 煤炭直达列车	82001～84998	
3. 石油直达列车	85001～85998	
4. 始发直达列车	86001～86998	
5. 空车直达列车	87001～87998	
6. 技术直达列车	10001～19998	
7. 直通货物列车	20001～29998	
8. 区段货物列车	30001～39998	
9. 摘挂列车	40001～44998	
10. 小运转列车	45001～49998	
11. 重载货物列车	71001～77998	

续上表

列车种类	车次范围	备 注
12. 自备车列车	60001～69998	
13. 超限货物列车	70001～70998	
14. 保温列车	78001～78998	
四、单机和路用列车		
1. 单机		
客车单机	50001～50998	
货车单机	51001～51998	
小运转单机	52001～52998	
2. 补机	53001～54998	
3. 试运转列车	55001～55998	
普通客、货列车	55001～55300	
300 km/h 以上动车组	55301～G55500	
250 km/h 动车组	55501～D55998	
4. 轻油动车、轨道车	56001～56998	
5. 路用列车	57001～57998	
6. 救援列车	58101～58998	
回送图定客车底	图定车次前冠以数字"0"	
因故折返旅客列车	原车次前冠以"F"读"返"	

为确保列各种列车车次全路统一性及有关行车设备和信息系统正常运行,列车车次编排仅限于使用大写汉语拼音字母和阿拉伯数字,总位数原则不得超过 7 位。列车编用车次,旅客列车在全路范围、货物列车在铁路局集团公司管内不得重复,旅客列车车次由国铁集团确定。各铁路局集团公司不得超出上述车次规定范围擅自编造、自造使用车次。

季节性、特定时间段开行的动车组、全程客运机车牵引的临时旅客列车,可使用相应等级图定车次。

二、列车运行图的格式及分类

(一)列车运行图的格式

列车运行图是运用坐标原理表示列车运行的一种图解形式。在列车运行图上,将横轴按一定比例用竖线划分成等份,每一份表示一定的时间长短,根据每一等份表示的时间不同,运行图可分为二分格运行图、十分格运行图和小时格运行图等不同格式;运行图上的横线为车站的中心线,大站或有技术作业的中间站用粗线表示,小站用细线表示;运行图上的斜直线加上各种符号来表示各种不同的列车的运行轨迹,即列车运行线,上斜线代表上行列车,下斜线代表下行列车。列车运行线与车站中心线的交点,表示列车在车站的到、发或通过时刻。各种列车运行线用不同颜色和符号表示。这样就构成了列车运行图的基本框架。

三种不同格式的运行图各有不同的用途。

1. 二分格运行图

主要在编制新运行图时作草图使用。在这种运行图上，每一格表示 2 min，小时格和十分格都用粗线、二分格用细线表示，各种时分不需填写数字，而是以规定的符号表示，如图 6-4 所示。

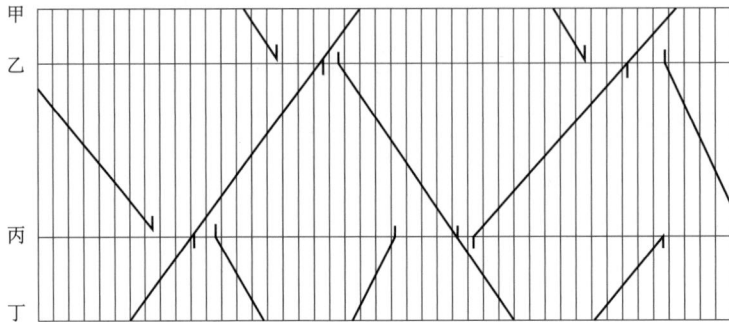

图 6-4　二分格运行图

2. 十分格运行图

主要用于绘制供列车调度员执行用的计划运行图及其在指挥列车运行过程中绘制实际运行图用。在这种运行图上，每一格表示 10 min，小时格用粗线、半小时格用点线、十分格用细线表示。列车到发时刻只填写十分钟以下的数字，如图 6-5 所示。

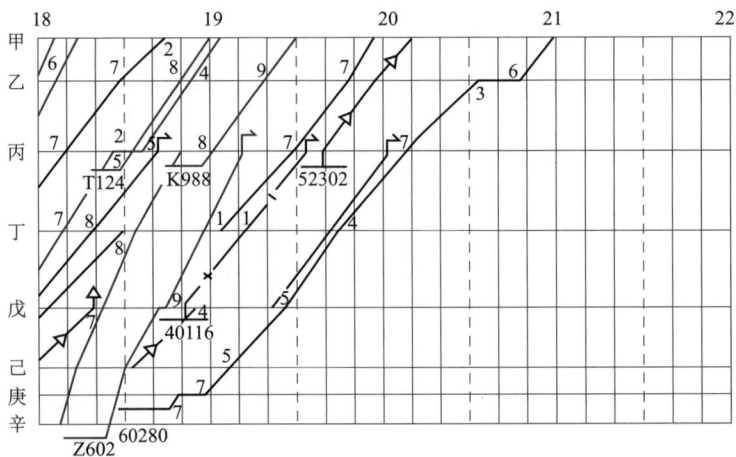

图 6-5　十分格运行图

3. 小时格运行图

主要在编制旅客列车方案图和机车周转图时使用。在小时格运行图上，每一格表示一小时，列车到发时刻填写 60 min 以下的数字，如图 6-6 所示。

（二）站名线的画法

站名线，即运行图中表示车站中心线的横线，其确定方法有两种：

1. 按区间实际里程的比率确定，即按整个区段内各车站间实际里程的比例来画横线。采用这种方法时，运行图上的站间距离完全反映实际情况，由于各区间的线路平面和纵断面

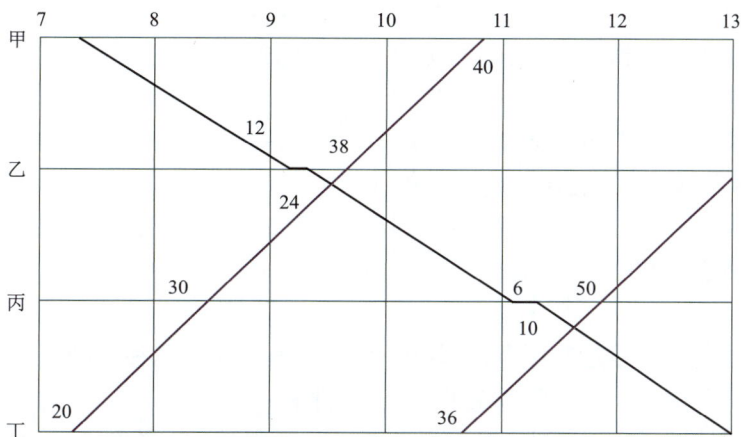

图 6-6　小时格运行图

不完全一样,使列车运行速度有所不同,这样列车在整个区段的运行线往往是一条斜折线,既不整齐,也不易发现区间运行时分上的差错,所以一般不采用这种方法。

2. 按区间运行时分的比率确定,即按整个区段内下行(或上行)列车在各区间运行时分(当上下行运行时分差别较大时,可加以调整)的比例来画横线。采用这种方法时,可以使列车在整个区段的运行线基本上是一条斜直线,既整齐美观,又便于发现运行时分上的问题,所以多采用此法,如图 6-7 所示。

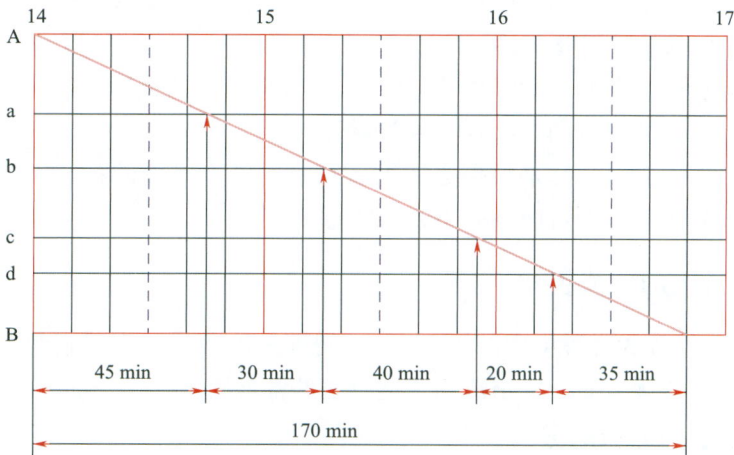

图 6-7　按区间运行时分的比率确定车站位置示意图

（三）列车运行图分类

列车运行图根据区间正线数目、列车运行速度、上下行方向的列车数目、列车运行方式等条件,可以分为各种类型。

1. 按照区间正线数目,列车运行图可分为单线运行图、双线运行图和单双线运行图。

(1)单线运行图。在单线区段采用的运行图,称为单线运行图。在单线区段上,上下行列车在同一正线上运行,因此,列车的交会、越行只能在车站上进行。

（2）双线运行图。在双线区段采用的运行图，称为双线运行图。在双线区段上，上下行列车在各自的正线上运行，因此，列车的交会可在区间或车站上进行，但列车越行必须在车站上进行。

（3）单双线运行图。有单线区间也有双线区间的区段称为单双线区段。为单双线区段绘制的运行图称为单双线运行图。它兼有单线运行图和双线运行图的特征。

2. 按列车运行速度，运行图可分为平行运行图和非平行运行图。

（1）平行运行图。在全区段上，同一区间内同方向列车运行线相互平行的运行图，称为平行运行图。

（2）非平行运行图。在运行图上铺画有各种不同速度和不同种类的列车，同一区间同方向列车运行线不相平行的运行图，称为非平行运行图。

3. 按照上、下行方向列车数目，列车运行图可分为成对运行图和不成对运行图。

（1）成对运行图。同一区段内，上、下行方向的列车运行线数目相等的运行图，称为成对运行图。

（2）不成对运行图。同一区段内，上、下行方向的列车运行线数目不相等的运行图，称为不成对运行图。

大多数区段的上、下行列车数是相等的，因此，多采用成对运行图。只有在上、下行方向行车量差别较大且行车量较大方向的通过能力不足时，才采用不成对运行图。

4. 按照同方向列车运行方式，列车运行图可分为追踪运行图及非追踪运行图。

（1）追踪运行图。在自动闭塞区段上，同方向运行的列车以闭塞分区为间隔，表示这种运行方式的运行图，称为追踪运行图。

（2）非追踪运行图。在非自动闭塞的区段上，同方向列车的运行以站间或所间区间为间隔，表示这种运行方式的运行图，称为非追踪运行图。

以上所列举的分类方法，都是根据运行图所具有的某一方面的特征来加以区分的。实际上，每一区段的列车运行图可能具有多方面的特征。

三、列车运行图的组成因素

列车运行图虽然分为各种不同的类型，但它们都是由一些基本因素组成的。在每次编制列车运行图之前，必须首先确定组成列车运行图的各项因素。

（一）列车区间运行时分

列车区间运行时分，是指列车在两个相邻车站或线路所之间的运行时间标准，列车在区间两端站均通过时的区间运行时分称为区间纯运行时分。由于列车在两端站或停车或起动而使列车在区间的运行时分超过纯运行时分，超出的时分称为起车或停车附加时分。集宁南—包头西间列车区间运转时分见表 6-6。

（二）列车在中间站停车时间

列车在中间站的停车时间是指列车在中间站办理列车技术作业、客货运作业及列车会让等所需的最小停留时间标准。

这一时间标准可根据《站细》确定。

表 6-6 集宁南—包头西间列车区间运转时分

上行				线路(直向道岔)允许速度(km/h)		站名	区间距离(km)	下行			
货车 机型DF8B 定数2 500 t		货车 机型SS4 定数4 500 t						货车 机型SS4 定数4 500 t		货车 机型DF8B 定数2 500 t	
均速	局定	均速	局定	上行	下行			均速	局定	均速	局定
						集宁					
30.5	12	45.8	8	60	60		6.1	45.8	8	30.5	12
						葫芦					
						集宁南					
43.7	11	68.7	7	120	120		8.01	68.7	7	53.4	9
						葫芦					
63.1	37	64.9	36	160	160		38.94	64.9	36	63.1	37
						卓资东					
61.8	37	63.5	36	160	160		38.1	63.5	36	61.8	37
						旗下营东					
57.7	22	66.9	19	160	160		21.17	66.9	19	57.7	22
						陶卜齐					
40.5	24	64.8	15	120	120		16.2	64.8	15	40.5	24
						白塔					
52.9	8	70.5	6	120	120		7.05	70.5	6	52.9	8
						呼和浩特东					
57.9	9	74.5	7	120	120		8.69	74.5	7	57.9	9
						呼和浩特					
44	6	52.8	5	120	120		4.4	52.8	5	44	6
						呼和浩特西					
55.1	16	67.8	13	120	120		14.7	67.8	13	55.1	16
						台阁牧					
62.4	30	72	26	160	160		31.21	72	26	66.9	28
						察素齐					
63.7	29	73.9	25	160	160		30.81	73.9	25	61.6	30
						三卜素					
60.2	23	72.9	19	160	160		23.08	72.9	19	60.2	23
						萨拉齐					
57.8	19	73.2	15	160	160		18.31	73.2	15	57.8	19
						南园村					
54.6	30	68.3	24	160	160		27.3	71.2	23	54.6	30
						包头东					
52.3	19	66.3	15	160	160		16.57	66.3	15	52.3	19
						包头					
63.5	9	63.5	9	120	120		9.52	71.4	8	71.4	8
						包西一场					
						包头					
51.6	9	54.6	8.5	120	120		7.74				
						包西六场					
56.9	329	67.6	277	—	—	合计	314.1	68.5	275	58	325

（三）列车在车站上的间隔时间

列车在车站上的间隔时间（简称车站间隔时间）是指在车站上办理两个列车的到达、出发或通过作业所需要的最小间隔时间。

车站间隔时间的大小，与车站邻接区间的行车闭塞方法、信号和道岔的操纵方法、车站类型、接近车站的线路平面和纵断面情况、机车类型、列车重量和长度等因素有关。常见的车站间隔有列车不同时到达车站间隔、会车间隔、连发间隔等。呼和浩特局集团公司车站列车间隔时间名称及标准见表 6-7。

表 6-7　呼和浩特局集团公司车站列车间隔时间名称及标准

间隔符号	名　　称
$\tau_{不}$	相对方向列车不同时到达间隔时间
$\tau_{会}$	会车间隔时间
$\tau_{连}$	同方向列车连发间隔时间
$\tau_{不通}$	相对方向列车不同时通过间隔时间
$I_{追}$	自动闭塞区段同方向列车追踪间隔时间
$I_{发}$	自动闭塞区段同方向列车通过后发车间隔时间
$I_{到}$	自动闭塞区段同方向列车到达后通过间隔时间
车站间隔时间标准	1. 自动闭塞 （1）京包、包兰、唐呼、包西、呼鄂、集通、锡多线及京包客专（呼和浩特东至包头西段）各站双线自动闭塞区间旅客、货物列车 $I_{追}$ 为 7 min，$I_{到}$ 为 6 min，$I_{发}$ 为 5 min。 （2）万吨列车连续追踪间隔时间：万吨列车连续追踪间隔时间为 10 min；包惠段万吨列车连续追踪间隔时间为 12 min。万吨列车与其他列车，及其他列车间的追踪间隔时间为 7 min。 （3）京包客专怀安至呼和浩特东各站双线自动闭塞区间动车组列车 $I_{追}$ 为 4 min，$I_{到}$ 为 3 min，$I_{发}$ 为 2 min。 2. 半自动闭塞 （1）单线半自动闭塞区间各站 $\tau_{不}$ 为 4 min、$\tau_{会}$ 为 2 min。 （2）半自动闭塞区间各站 $\tau_{连}$ 为 4 min、停开为 2 min

（四）追踪列车间隔时间

在自动闭塞区段的区间里，列车以闭塞分区作为间隔运行，称为追踪运行。追踪列车之间的最小间隔时间，称为追踪列车间隔时间。

两列车间的距离和列车运行速度是列车追踪间隔时间大小的决定因素。列车距离应以后行列车不因前行列车未及时腾空闭塞分区而减低运行速度，同时也不能因为两列车间距离太远而浪费区间通过能力为依据而确定，追踪列车间隔时间标准见表 6-7。

（五）机车在机务本段或折返段所在站的停留时间标准

列车运行图与机车周转图应同时编制，铺画列车运行线应同时考虑机车的运用。机车在机务本段或折返段所在站的停留时间，决定于机车的运用方式。机车运用方式有肩回交路、半循环交路、循环交路、环形交路等。

机车在机务本段或折返段所在站办理必要作业需要的最短时间，称为机车在机务本段或折返段所在站的停留时间标准，包括出段、入段走行时间和段内整备、检修所需要的时间。

包头西站机车在机务本段或折返段所在站的停留时间标准见表 6-8。

表 6-8　机车在机务本段或折返段所在站的停留时间标准

折返地点	方向	机型	机车折返时间(min)								乘务员出发到达工作时间(min)						备注
			本段				折返段(站)				本段		折返段		继乘站		
			段内	所在站		合计	段内	所在站		合计	出发	到达	出发	到达	出发	到达	
				到达至入段	出段至开车			到达至入段	出段至开车								
包头(南)、打拉亥	包头西、集宁、新街	HXD₁/HXD₂ SS₄													60	50	
包头西Ⅳ、Ⅵ场	呼和浩特西场、乌审旗	DF₈B、SS₄、HXD₁/HXD₂	电力110 内燃100	18	37	电力165 内燃155				60	80	70			60	50	
包头西Ⅴ场	临河	HXD、SS₄、DF₈B	电力110 内燃100	12	18	电力140 内燃130				60	80	70			60	50	
包头西Ⅲ、Ⅳ场	包北	DF₈B	100		37	130					80	70					
包头北	包头西、临河	DF₈B					100	13	24	137							循环折返
	白云鄂博	DF₈B					100	17	30	147			80	70			

注:"乘务员出发到达时间"以机车乘务员办理出退勤时间为准。

(六)列车在技术站的作业时间标准

为了保证车站与区段工作的协调和均衡,编制运行图时应使列车运行线与车站技术作业过程相配合。因此,还须查定技术站和客货运站技术作业过程的主要作业时间标准,这些时间标准是:

1. 在到发场办理各种列车作业的时间标准。

2. 在牵出线或驼峰上编组和解体列车的时间标准。

3. 旅客列车车底在配属段、折返段所在站的停留时间标准。

4. 货运站办理整列或分批装卸作业的时间标准等。

上述时间标准,可根据《站细》确定。

四、列车运行线的表示方法

列车运行线的表示方法见表 6-9。

五、列车运行图编制要求

列车运行图应根据客货运量、区段通过能力等因素确定列车对数,并符合下列要求:

表 6-9 列车运行线的表示方法

列车种类	表示方法	备 注
旅客列车、动车组检测列车、动车组确认列车、回送动车组列车、试运转动车组列车	红单线 ———	以车次区分
临时旅客列车、旅游列车	红单线加红双杠 —‖—‖—	以车次区分
回送客车底	红单线加红方框 —□—□—	
特快班列	蓝单线加红圈 —○—○—	
快速班列	蓝单线加蓝圈 —○—○—	
直达列车（普快班列）	蓝单线 ———	以车次区分
直通、自备车、区段列车	黑单线 ———	以车次区分
摘挂列车、小运转列车	黑色线加"＋""｜" —＋—｜—	以车次区分
重载货物列车	蓝断线 — — — —	以车次区分（铁路局集团公司可根据具体情况补充规定）
冷藏列车	黑单线加红圈 —○—○—	
军用列车	（略）	
回送军用列车	（略）	
超限超重货物列车	黑单线加黑方框 —□—□—	
路用列车、试运转列车（不含动车组）	黑单线加蓝圈 —○—○—	以车次区分
单机	黑单线加黑三角 — ▷ — ▷ —	
救援除雪列车	红单线加红"×" —×—×—	以车次区分
重型轨道车	黑单线加黑双杠 —‖—‖—	

1. 列车运行、车站间隔、技术作业等时间标准。如区间运行时分、列车追踪间隔时间标准、车站间隔时间标准、列车技术检查作业时间标准、机车换挂及继乘时间标准等。

2. 迅速、便利地运输旅客和货物。确定旅客列车行车量及列车性质时，必须根据客流，贯彻长短分工、快慢分工的原则。铺画旅客列车运行线时，应合理规定停站次数和时间。安排货物列车运行线时，要突出重点、兼顾一般，加速货物的输送。

3. 充分利用通过能力，经济合理地使用机车车辆和安排施工、维修天窗。合理铺画旅客列车运行线和优化货物列车铺画方案，既要充分利用通过能力，减少空费时间，又要提高列车旅行速度，加速机车车辆周转。为确保施工作业安全，满足设备部门维修、施工作业需要，列车运行图应按规定安排足够的施工、维修天窗。

天窗是指在列车运行图中，不铺画列车运行线或调整、抽减列车运行线，为营业线施工、维修作业预留的时间，按用途分为施工天窗和维修天窗。

4. 做好列车运行线与车流的结合。"流线结合"是列车运行图与列车编组计划结合的重要内容，也是编制货物列车运行图的重要课题之一。因为车流是运行图的基础，铺画运行线时必须符合列车编组计划所规定的列车种类、数量和性质。直达列车的配空和出重运行线要很好结合，为组织好直达列车创造条件。

5. 保证各站、各区段的协调和均衡。区段内均衡地铺画列车运行线，可以有效地利用通过能力，保证畅通无阻。直达和直通列车运行线要做到区段间紧密衔接，干线与支线间紧密衔接。同时充分考虑编组站能力，使有改编作业与无改编作业的列车均衡交错地到达编组站，保证编组站作业均衡。要安排好车流接续，避免车辆在车站长时间停留。

6. 合理安排乘务人员作息时间。乘务人员保持充沛精力进行工作，有利于提高劳动生产率，保证行车安全。为此，在编制列车运行图与机车周转图时，对乘务人员的作息时间应按有关规定办理。

机车周转图不仅确定了机车供应台数，合理地安排了机车交路，使机车运用与列车运行线紧密结合，合理地压缩自、外段停留时间，并且还规定了机车正常保养和整备作业时间。因此，编好机车周转图也是提高机车运用效率、保证机车质量的重要措施，应与列车运行图同时编制。

第三节 技术计划和运输方案

一、概述

列车编组计划和列车运行图都是以年度运输计划所规定的运量为依据的，它不能完全符合每个月的实际运量和具体情况。为了使铁路运输更好地为工农业发展服务，满足国民经济各部门的要求，就要根据发货单位每月的要车计划，编制月度运输计划，并在月度运输计划的基础上编制月度技术计划和运输方案。

铁路运输工作技术计划（以下简称技术计划）是为保证完成月度货物运输计划而制定的铁路运输设备的运用计划。运输方案是保证完成月、旬运输工作的综合部署。

月度货物运输计划确定了铁路每月应完成的运输任务。至于如何根据当月、当旬具体情况去组织运输生产没有作出具体安排。在没有运输方案的情况下，是通过编制和执行日常作业计划即日（班）计划来解决的。但是，由于编制日班计划时间短促，很难细致地考虑和有预见地解决在日常运输工作中出现的各种矛盾，以至影响运输效率，甚至影响运输任务的完成。因此，除了月旬任务性质的计划和日常作业计划之外，还要编制运输方案。

运输方案是根据月度货物运输计划和技术计划所规定的任务，按照列车编组计划及列车运行图的要求，考虑当月（旬）车流和运输能力的实际情况，对货运工作、列车工作、机车工作和施工进行综合安排，即把货流组织、车流挂线、机车交路等结合起来进行统一部署。

二、技术计划的编制

编制技术计划的主要依据和资料是：月度货物运输计划、铁路运输能力、列车编组计划、列车运行图、车站及机务段的技术作业过程、国家和上级领导对计划月度运输工作的有关指示以及本月份技术计划执行情况的分析、技术计划执行前的车辆分布情况、季节运输和施工的需要等。

技术计划分为国铁集团的和铁路局集团公司的两种。

编制技术计划的工作人员，于每月20日开始进行编制，在下月（计划月）开始前两天下达执行。技术计划的主要内容包括：

1. 运输工作的数量指标计划

(1)使用车和卸空车计划；

（2）空车调整计划；

（3）分界站货车出入计划；

（4）分界站及各区段货物列车列数计划等。

2. 货车运用指标计划

（1）货车工作量；

（2）货车周转时间及其构成因素；

（3）货车日车公里等。

3. 机车运用指标计划

（1）技术速度；

（2）机车平均牵引总重；

（3）机车日车公里；

（4）机车日产量。

4. 运用车保有量计划

5. 主要站指标计划等

技术计划是为保证完成月度运输计划而制定的铁路运输设备的综合运用计划。它的基本任务，是正确分配铁路各方向的车流量和行车量，合理使用机车车辆，确定各项运输指标。它不仅规定了运输部门的工作任务，还规定了与运输有关的机务、车辆、工务等部门的任务。与此相关部门也应根据技术计划规定的任务，合理安排本部门的工作。

三、运输方案的编制

运输方案是保证完成月、旬运输工作的综合部署，运输方案是根据月度货运计划、技术计划规定的任务和列车编组计划、运行图的要求，分别按铁路局集团公司、站段进行编制。主要包括货运工作方案、列车工作方案、机车工作方案及施工方案等内容。

（一）运输方案的组织原理

货物运输全过程，是一个涉及物资的生产和销售、仓储、搬运、运输等诸多因素的较大的系统工程，合理地协调各因素之间的关系，是加速货物运输、降低成本和提高经济效益的重要措施。

运输方案，是根据系统工程的原理，从整体效果上计划和安排各有关部门的工作，并通过目标优化，最终实现整体优化的铁路货物运输组织过程。

以铁路运输过程作为一个整体，运输方案从以下几个方面进行优化：

1. 货源和货流组织的优化

均衡运输，是提高铁路运输效率的主要措施。但"均衡"并不是要求所有货物和每一到站都按"日均"数量组织运输，一般是采用"大户均衡、小户集中"的办法，使一个区段每天的列车列对数保持相对稳定，以实现均衡运输——这就是货源和货流组织的优化目标。

2. 铁路运输设备能力利用的优化

铁路运输设备能力不足、不能满足运量的要求，是当前我国铁路的主要问题和突出矛盾。但能力不足并非所有车站和所有区段的能力都不足，而是被称为"卡脖子"区段的部分车站（主要是编组站）和部分区段的能力不足，通过运输方案的组织协调，充分利用现有设备的空间和时间,解决关键部位的"卡脖子"问题,就可以使整体运输能力得到提高。

3. 铁路运输过程的优化

铁路货物运输,是由许多生产环节按顺序完成的。若能减少其中的某些环节或优化某些作业程序,就可以节省时间,提高运输效率。

(1)打破工种界限,前一工序为后一工序创造条件。例如在组织货源、安排货位时,考虑编组列车的需要,便可减少调车作业钩数。

(2)打破站间界限,列车编组站为列车经过的技术站和列车到达站创造条件,就可减少这些车站的作业时间。

(3)打破部门界限,发收货单位实行统一发货和统一收货,路矿、路厂协作,组织列车直出直入等,都因减少了解体、编组、技检等作业环节而节省了时间。

总之,用系统工程的原理,在宏观上处理好各子系统之间相互协调的基础上,在微观上处理好子系统中各作业环节上的配合问题,达到货物运输的整体优化,从而在现有设备的条件下提高运输效率。

(二)运输方案的主要内容

运输方案包括货运工作方案、列车工作方案、机车工作方案和施工方案四个基本组成部分,此外,根据具体情况和需要,还可以编制枢纽工作方案及施工方案等。

1. 货运工作方案

货运工作方案是整个运输方案的基础,其质量的好坏,直接关系到列车工作方案和机车工作方案兑现程度。

(1)货运工作方案的任务

①根据月度货物运输计划,结合货源、货流特点和厂矿、企业的生产规模及其需要,在保证重点物资和主要厂、矿、港口以及季节性物资运输的前提下,集零成组,集组成列,搞好合理运输、均衡运输和直达运输。

根据到达重车的规律和卸车能力,做好主要站的卸车计划。

②为列车工作方案提供编制依据。

(2)货运工作方案的内容

①始发直达列车及重点成组装车日历安排。

②"五定"班列装车的日历安排。

③基地直达列车装车日历安排。

④重点装车站定发货单位、定到站、定车数、定品名的日历装车安排。

⑤主要站的卸车安排。

2. 列车工作方案

列车工作方案是运输方案的核心。货运工作方案中对货物运输的组织,最终要通过列车工作方案来体现。

(1)列车工作方案的任务

列车工作方案的主要任务是在货运工作方案的基础上,根据列车编组计划、列车运行图和技术计划的规定,结合当月(旬)的具体运输情况,搞好车流组织,选定分号运行图,作为编制日常计划的依据。

（2）列车工作方案的主要内容

①车流挂线方案。

②摘挂列车作业方案。

③干支线结合、大小运转结合的枢纽作业方案。

（3）编组站本站作业车与中转车流结合的列车接续方案,高质量技术直达列车编组方案。

（4）分号运行图及核心列车车次的确定。

3. 机车工作方案

机车工作方案是运输方案的重要组成部分,是完成运输任务、实现列车工作方案的保证。其主要内容有:机车和列车紧密衔接的机车周转图;保证实现列车工作方案的供应机车台数;机车运用效率指标;机车检修计划等。

4. 施工方案

施工方案是为了协调施工与运输的关系,给施工创造必要条件和减少施工对运输的干扰,而对影响列车正常运行的施工封锁和路料运输所制定的具体安排。

（三）车站运输方案

车站运输方案是在铁路局集团公司运输方案的指导下,对整个车站月度运输工作做出的综合部署。

1. 编制车站运输方案的主要依据

（1）铁路局列车工作方案规定的列车到发时刻和编组内容。

（2）列车和货车在站技术作业过程。

（3）车站各咽喉道岔的通过能力和取送车作业规律。

（4）调车机车数量和作业分工。

（5）各装卸地点的装卸作业能力和平均一次取、送车数。

2. 车站运输方案的主要内容

（1）车站列车工作方案。包括各方向的到发列车数,无调中转列车的接续和自编列车的编组方案等。

（2）线路运用和调车机车作业方案。包括到发线、调车线、牵出线（驼峰）使用方案,调车机车作业方案及各车场间车流的转场方案等。

（3）车站装卸作业方案。包括到达卸车和自装重车的取送、挂运方案,以及货源、货流组织、装卸机具和劳动力的调配等。

（4）联劳协作方案。结合当月运输生产任务的特点而采取的路内、外各单位互相协作,共同完成运输任务的必要措施。

由于车站的性质、任务不同,各种车站的运输方案的侧重面必然有所区别。但各车站必须在运输组织原则的指导下,遵照铁路局集团公司运输方案的要求,结合本站的实际情况,制定合理的、可行的运输方案,以保证顺利完成运输生产任务。

复习思考题

1. 什么是列车编组计划?

2. 列车编组计划主要内容有哪些?

3. 什么是车流去向代号?

4. 列车按运输性质是如何分类的?

5. 列车按运行等级顺序是如何分类的?

6. 什么是直达列车?

7. 什么是快运货物班列?

8. 什么是重载列车? 如何分类?

9. 列车的重量和长度是如何规定的?

10. 哪些情况属于违反列车编组计划?

11. 什么是列车运行图? 分为哪几类?

12. 列车运行图的编制应符合哪些要求?

13. 如何编制运输方案? 其主要内容是什么?

14. 车站运输方案主要包括哪些内容?

15. 什么是铁路运输工作技术计划?

第七章 | 车站作业计划

车站作业计划是根据铁路局集团公司下达的日(班)计划而编制,是为保证完成铁路局集团公司的日(班)计划,实现列车运行图、列车编组计划、月度货物运输计划和运输生产经营计划的行动计划。铁路局集团公司调度编制的日(班)计划,依靠车站作业计划来实现,而车站作业计划的编制和执行,又必须以调度日(班)计划为依据,并在铁路局集团公司调度的指挥下组织实现。

全路各编组站和作业量大的区段站、货运站、客货运站,均须按照《铁路运输调度规则》(简称《调规》,下同)的规定,正确编制和执行车站作业计划。

车站作业计划包括班计划、阶段计划和调车作业计划三部分。

车站班计划是车站作业的基本计划,由主管运输的副站长(调度室主任或运转主任)编制;阶段计划是班计划分阶段的具体安排,是完成班计划的保证,由车站调度员编制;调车作业计划则是实现阶段计划、指挥调车机车的具体行动计划,由调车领导人负责编制。

铁路局集团公司调度日(班)计划包括:货运工作计划、列车工作计划、机车车辆工作计划和施工日计划。日计划是由当日 18:00 至次日 18:00 一日内的日间运输工作计划。日计划分为两个班计划:当日 18:00 至次日 6:00 为第一班计划,次日 6:00 至 18:00 为第二班计划。铁路局集团公司可根据第一班计划的执行情况和日计划任务,对第二班计划内容进行部分调整。

施工日计划是指由集团公司调度所施工调度室根据月度施工计划(含临时施工批复文件、电报)及主管业务处提报的施工计划申请编制的次日 0:00 至 24:00 施工计划。

铁路局集团公司日计划,经分管副局长(总调度长)批准后,于 17:00 前报国铁集团,17:30 前以调度命令下达站段。18:00 至 21:00、6:00 至 9:00 的列车工作计划,应分别提前在 16:00、4:00 前下达有关站段。对车次的考核,仍以正式下达的日(班)计划为依据。

第二班的调整计划由调度所值班主任负责,各工种调度人员参加,按国铁集团批准的日计划进行调整,集团公司于 6:00 前以调度命令下达有关站段。

第一节　车站班计划

车站班计划是车站作业计划中最基本的计划。它体现了集团公司调度所对车站下达的任务和要求。

编制车站班计划所使用的调度工作图表叫作"车站班计划表",代码为"运站 2"。

不同的车站有着技术设备和作业性质的差异,所以各站班计划图表的格式会有所不同,但其包括的主要内容应符合《调规》的规定。

乙站位置示意图如图 7-1 所示。

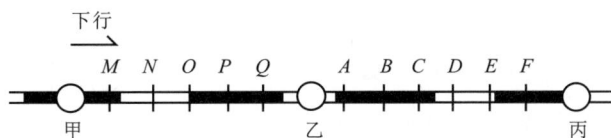

图 7-1 乙站位置示意图

乙站《车站班计划表》见表 7-1。

一、班计划的内容

1. 列车到达计划：各方向到达的列车车次（划分车场的车站要有场别）、时分、机车型号、编组内容（去向别重车数、车种别空车数、到达本站重车数）。

2. 列车出发计划：发往各方向的列车车次（划分车场的车站要有场别）、时分、机车交路及型号、编组内容（去向别重车数、车种别空车数）、车流来源。

3. 卸车计划：全站卸车数，主要卸车点大宗货物卸车数、卸后空车用途。

4. 装车计划：全站装车数，主要装车点大宗货物品类、车种、去向别的装车数，配空来源，挂运车次。核心列车、方案"五定"列车及直达、成组装车各主要装车点品类、车种、去向别的装车数，配空来源，挂运车次。

5. 摘挂列车的装卸、甩挂作业计划。

6. 施工日计划。

7. 重点任务、指示。

二、班计划的编制步骤

编制车站班计划工作通常是在 14:00—17:30（2:00—5:30）阶段内进行的，各站编制车站班计划的具体时间应与铁路局集团公司调度所商定。

（一）编制前的准备工作

1. 收集资料

车站值班站长或有关人员，每天按车站规定时间，将编制车站班计划所需资料，提供给主管副站长（调度室主任或运转主任），内容主要包括：

（1）全站 18:00（6:00）的现在车数；

（2）到达列车占用线别，待解车次、时间、编组内容；

（3）待发列车占用线别，出发作业准备情况；

（4）第一个阶段计划内到达列车预确报；

（5）装卸车（包括直达、成组）待装卸、取送、挂运车数、去向，预计 18:00（6:00）装卸车数、挂运车次、空车用途；

（6）场间待交换车数，预计 18:00（6:00）的交换车数；

（7）货车扣修及修竣计划；

（8）预计各方向机车台数、型号、交路计划；

表 7-1　乙站班计划表

站长：　　　　　　副部长：

2002 年 3 月 18 日 (18:01—6:00)

列车到达计划

方向	车次	到达时间	甲及其以远（甲方）	乙—甲（乙间）	丙及其以远（丙方）	丙—乙	货场	机务段	乙站卸 P	空车 C	合计
	上班结存		21	48	21	25	30	C10 C2	10	9	169(99)
甲方向	30051	18:20				56	21	C10			56
	20109	20:35			56	56					56
	30053	21:05			35	35	10	C10			55
	20111	22:00			56	56					56
	30055	1:15			35	35	10	P10			55
	20113	1:40			56	56					56
	30057	3:30			30	30	25				55
	20115	4:00			56	56					56
乙方向	20110	18:58	56								56
	30138	20:10	45	11							56
	20112	22:10	56	56							55
	30140	0:20	30	15					C10		56
	20114	1:10	56	56							56
	30142	2:10	36	20					C2		56
丙方向	30144	4:30	35								55
	20116	5:05	56	56							56

列车出发计划

车次	出发时间	编组内容	合计辆数
40101	19:15	站存乙—丙/30	30
30131	20:45	站存丙 21,30051 丙/	56
20109	21:25	原列丙 56	56
20111	22:45	原列丙 56	56
30133	0:25	30053 丙/35 卸空/C20	55
41103	1:15	30051 乙—丙/21	31
20113	2:25	30053 乙—丙/10	56
20115	4:45	原列丙/56	56
30135	5:25	站装/35,站装/20	56
40112	18:25	站存乙—甲/43(10)	43
20110	19:48	原列甲/56	56
30052	22:25	30138 甲/45 站存甲/11	56
20112	23:00	原列甲/56	56
20114	2:00	原列甲/56	56
40114	2:30	站存乙—甲/5 站装乙—甲/9 30140 乙—甲/11	40
30354	4:40	站存甲/10,30140 甲/30, 30142 甲/16	56
20116	5:50	原列甲/56	56

推算中停时间 / 计划停时

时间	项目	到达	发出	结存	到达	发出	结存
18:01—19:00		102	33	110	10	10	59
19:01—20:00		86	86	179		10	59
20:01—21:00		112	46	93	10		59
21:01—22:00		101	56	159	10	10	49
22:01—23:00		56	168	204			59
23:01—00:00				92			59
00:01—1:00		45	35	102	10	20	49
1:01—2:00		157	87	172	10		59
2:01—3:00		56	87	141		9	50
3:01—4:00		111	112	252			50
4:01—5:00		35	91	175	20		70
5:01—6:00		56	140	140	20	20	58
合计		831	801	1 801	60	69	672
中停时	中转车数 816　中停时 2.2	作业次数 99	停时 6.8				

班工作总结

到达列数 16	出发列数 17	解体列数 8	编组列数 9	装车数 39
卸车数 60	排空数 20	中停时 2	停时 7	办理车数 1 761

重点指示：
1. 30052 次接续工作。
2. 夜间天气不良，注意组织、加强安全。30138 次强卸、30051 次卸空组织安全。

卸车计划

卸车地点	车种	到达车次	中时	结存	卸后安排	卸后车数
货场	C10	上班待卸			卸后装丙	
	C10	30051	56		卸后装丙	
	C10	30053	56		卸后装	
	C10	30140	56		卸后装	
机务段	C20	上班待卸			卸后排	

装车计划

装车地点	去向	车种	车数	空车来源
货场	丙	P10		上班待卸
		C10		上班待卸卸后装 30051 次卸卸后装
	乙—甲	C10		上班待卸
	甲	C9		

排空计划

排空车次	车种	空车来源
30133	C20	上班机务段待卸

挂运车次
30131
30135
30135
40114

（9）调车机车作业进度、预计整备时间、调车线运用情况；

（10）设备维修、施工要点、其他临时重点任务及调度命令、指示。

2. 收集资料的方法

下列有关人员，必须按车站统一规定的时间向班计划编制人员提供相关资料：

（1）车站调度员负责提供：15:00（3:00）各车场的待解、待编、待发列车车次及编组内容；调车场各股道停留车数（去向别重车数、车种别空车数）；18:00（6:00）前到发线占用及接发列车情况；各台调车机车作业进度；调车机车整备作业情况等；

（2）统计车号员负责提供：15:00（3:00）全站及分方向别的现在车情况；

（3）助理调度员负责提供：下阶段列车运行位置；

（4）车站值班员负责提供：18:00（6:00）前各方向列车到发、线路运用及机车交路和在段机车台数情况；

（5）货运调度员负责提供：15:00（3:00）货场及专用线的现在车分布情况，车辆取送和装卸进度以及18:00（6:00）预计装卸完了的车数，提出次日装车计划的货源组织情况和配空所需的车种、车数；

（6）预报车号员负责提供：18:00（6:00）前所有到达列车的确报资料及18:00（6:00）后陆续到达列车的预确报；18:00（6:00）的修竣车数及车组顺序；

（7）值班站长负责提供：工务、电务和供电等设备维修计划、施工要点的实施情况，重点运输的各项任务，调度命令，上级文电指示等资料以及流线结合、机车交路、天气变化、联劳部门作业配合等有关车站实际作业的各种情况。

3. 了解实际作业情况

计划编制人员还应掌握本班的实际作业情况。例如：车站存车的多少，车流特点，调车机车的运用情况，列车解编作业进度，货物作业车装卸情况，货源情况，货场货位情况等。

（二）预计 18:00（6:00）现在车

车站调度员依据15:00（或3:00）当时车站的现在车数，考虑从15:00（或3:00）至18:00（或6:00）间，因列车到发作业、编解作业、装卸作业以及取送等项作业所产生车站现在车数量的变化，结合不同的作业进度情况，加到减开，按重车去向、空车车种分别进行计算。

例如：乙站15:00结存甲及其以远40车，预计15:00—18:00到达甲及其以远37车，发出56车，预计18:00结存甲及其以远的重车数为：40＋37－56＝21（车）。由于有些大型编组站（例如丰台西站），是按上、下行系统分别设置车站调度员，这时就要由计划编制人员根据收集到的不同系统资料，操算18:00（6:00）各到发场、调车场、货场和专用线等货车停留地点的重车按方向、空车按车种的现在车数，加总为全站18:00（6:00）当时的现在车数。

（三）向铁路局集团公司报告计划资料

根据《调规》规定，为正确编制班计划，车站调度员、工种人员，按铁路集团公司局规定的内容和时间，向铁路局集团公司调度所有关工种调度人员，提供编制日（班）计划资料。

车站值班站长（调度室主任或车站调度员）每天将15:00（3:00）至18:00（6:00）本站出发列车计划和编组内容及预计18:00（6:00）的全站现在车数、去向别重车数（其中到本局和邻局管内摘挂车流分到站）、车种别空车数、本站作业车数，按铁路局集团公司规定时间，报铁路局集团公司调度所（计划调度员），与其核对15:00（3:00）至18:00（6:00）本站到达列车计划,共同确定 18:00(6:00)至 21:00(9:00)车站到、发列车计划,提出编制班计划的建议。

（四）抄收调度所下达的班计划

车站值班站长(调度室主任或车站调度员)每天按规定时间,抄收铁路局集团公司调度所下达的班计划。内容主要包括:

1. 各方向到达的列车车次、时分、编组内容(去向别重车数、车种别空车数、本站作业车车数);

2. 发往各方向的列车车次、时分、机车交路及型号,编组内容(去向别重车数,车种别空车数,直达、成组车数),编组要求、车流来源、特种车辆及货物的编挂限制;

3. 摘挂列车的装卸、甩挂作业计划;

4. 按发货单位、品名、到站别的装车(包括直达和成组装车)计划及空车来源;

5. 卸车数(整列货物品名、收货人)及排空任务;

6. 施工日计划;

7. 重点任务、指示。

三、班计划的编制方法

（一）列车到达计划

列车到达计划是调度所作为任务下达的,车站不再另行编制。车站将到达本站列车的车次、时分以及编组内容(去向别重车数、车种别空车数、到达本站重车数)直接填记在班计划表有关的栏内。

（二）列车出发计划

列车出发计划包括列车出发方向、出发车次、出发时刻、出发列车的编组辆数、出发列车的编组内容及车流来源。

1. 确定列车出发的方向、车次和出发时刻

这几项内容由铁路局集团公司在调度日(班)计划中下达,车站接收时直接填记在表格中即可。

2. 确定出发列车的编组辆数

列车的编组辆数应按照列车运行图的相关规定结合本站现在车具体情况确定。

3. 确定出发列车的编组内容

出发列车的编组内容,应按与本站相关的列车编组计划的规定确定。

例如:乙站编组 30131 次区段列车应编挂丙及其以远的车流;20111 次直通列车在乙站仅办理无调中转列车技术作业,出发内容应为原列内容。

4. 确定出发列车的车流来源

确定每一出发列车主要是编组始发列车的车流来源,是编制列车出发计划的核心。

编组始发列车的车流,主要来源于本班开始时的上班结存车,本班内陆续到达的有调中转车、陆续装卸完了的货物作业车及出厂、站修修竣车。这些车辆,因在站技术作业过程不同,需要停留的时间也不同,所以,接续时间也就各不相同了。

在推算编组始发列车的车流来源时,必须满足各种车辆接续时间的要求。在具备组织

快速作业的条件下,也可将接续时间不足的车辆作为出发列车的车流来源,但必须有相应的措施加以保证。

假设乙站《站细》规定的各项技术作业时间标准为:

无调中转列车技术作业时间 45 min;到达作业 35 min;出发作业 25 min;解体作业 30 min;解溜结合 40～50 min;编组作业 30 min;编组摘挂列车 40 min;货场取送 30 min;机务段取道 20 min;双重作业车的调移时间 15 min,交接班 30 min;装车 2.5 h;卸车 1.5 h;调车机车入段整备 45 min。

按照上述时间标准,根据乙站技术作业过程即可计算出乙站编组始发列车的各种车流的接续时间。

(1)上班结存车

上班结存车里包括不同的情况:

①有些车本班开始时已在调车线上进行集结,随时可参加编组作业,是最可靠的出发车流。以乙站为例,这种车流的最短接续时间为

$$t_编 + t_发$$

②有些车本班开始时不在调车线上,而是在货物作业地点作业完了,或是在车辆作业地点作业完了,如果需要用这种车流进行编组,必须经过取车作业将它们从作业地点取回到调车线上,方可参加编组作业。如:货场装卸作业完了待取的货物作业车,其最短的接续时间为

$$t_解 + t_编 + t_发$$

其他作业地点的待取车,其接续时间同理可确定。

③有些车本班开始时在货物作业地点或车辆作业地点正在进行作业,这种车必须等到其作业完了后,再取回调车线参加编组作业。因此,其最短接续时间应考虑剩余的作业时间再加取车、编组、出发作业所需要的时间。

④有些车本班开始时在到发线上的待解车列中,需要经过解体后进入调车线,才能参加编组作业,因此,这种车流的最短接续时间为

$$t_解 + t_编 + t_发$$

⑤有些车本班开始时在调车线上等待送到货物作业地点进行装卸作业,这种车的最短接续时间为

$$t_送 + t_{装(卸)} + t_取 + t_编 + t_发$$

(2)本班陆续到达有调中转车

按货车技术作业过程,有调中转车在站必须经过到达作业、解体作业后,才能进入调车线参加编组作业,因此有调中转车的最短接续时间为

$$t_到 + t_解 + t_编 + t_发$$

(3)本班陆续到达的货物作业车

其最短的接续时间为

$$t_到 + t_解 + t_送 + t_{装(卸)} + t_取 + t_编 + t_发$$

编制列车出发计划的过程,在很大程度上是以推算车辆的接续时间来确定始发列车的车流来源这样一个计算过程(即"推流")。现以乙站下行列车出发计划为例,说明如下:

a. 40101 次摘挂列车图定 19：15 出发，编入乙站 18：00 结存乙—丙 30 车。其接续时间为 1 h5 min，可以列入列车出发计划。

b. 30131 长区段列车图定 20：45 出发，如用本班内到的有调中转车（接续时间为 2 h）则 18：45 前到的可以编入，如用待取的货物作业车（接续时间为 1h10min，则 19：35 前装好的货物作业车可以编入。据此推算出 30131 次列车的车流来源为：18：00 结存丙及其以远 21 车。预计 18：30 装完的丙方向 10 车，30051 次 18：20 到达丙及其以远 25 车，合计 56 车，这些车流均能满足 30131 次列车的接续时间，可以编入。

c. 30052 次区段列车图定 22：25 发车，根据预报知，30138 次 20：10 到，内有 30052 次的车流 45 辆，而解编结合只需 50 min，其接续时间为 35＋50＋25＝110（min），满足 30052 次接续时间的需要，而 18：00 结存车尚有 21 辆，据此，也可推算出 30052 次列车的车流来源。

综上所述，列车出发计划的编制过程，实际上是推算车流、合理组织车流的过程。车流的组织应根据车站技术作业过程的要求，尽量组织车流紧凑接续，缩短车辆在站停留时间。但由于车流变化，可能出现列车的停运和加开的问题，造成每日的出发列车数不一定相同。

由于在车流的组合和接续上存在着较大的灵活性，所以在编制列车出发计划时，常采取车站与铁路局集团公司调度所双方共同研究确定的方法，用以提高班计划的质量和兑现率。

（三）卸车计划

根据调度所下达的卸车任务，对站存待卸车和有确报的到达卸车货物，要安排卸车地点、结合本班装车计划安排卸后空车的用途或排空车次。对仅有预报到达卸车的整列货物，要安排卸车地点、作业机具和卸车人力等。

编制卸车计划就是确定本班内的计划卸空车数，即本班结束前能卸空的车数，也称有效卸车数。

卸车来源一是本班开始时正在进行卸车作业但未作业完的上班待卸车，这部分车辆一般在本班结束时能够卸空；二是本班内陆续到达的要在本站卸车的重车，这部分车辆需考虑到、解、送、卸作业时间，并结合考虑货物品类、卸车能力及各种等待时间等因素确定。

举例说明如下：

假定乙站货物作业车从到达至卸空需 5 h，则最晚 1：00 前到达车站的重车才能纳入有效卸车数。据此推算有效卸车数为 30 车（30051 次到达 10 车、30053 次到达 10 车、30140 次到达 10 车），加上 18：00 结存待卸车 30 车，则本班的卸车计划（计划卸空车数）为 30＋30＝60（车）。但是对装有易卸、特别是大钩或整列易卸（如煤、砂等）的卸车，虽在有效卸车时限之后到达，通过重点组织，无效可变为有效者，也应尽量纳入卸车计划；而对装有比较难卸的货物、卸车时间有限制（如夜间不能卸）及卸车能力受限制的卸车，即使到达时间在有效卸车的时限之内，而实际不能卸空者，也不应列入卸车计划。

对卸车，除做出数量上的计划安排外，还应做出具体的组织安排。其内容主要包括：货物品名、车种车数、到达车次、到达时间、收货人、卸车地点、计划送车时间、卸车机具、劳力安排以及卸后空车的安排等。

此项工作通常由货运调度员根据班计划编制人员的意图完成安排，须与班计划的编制同步进行。

（四）装车计划

装车计划是指本班内分地点别、到站别、品类别、车种别的装车数。

根据铁路局集团公司批准的装车计划，按品类、到站、车种、车数安排装车地点、配空来源、装完时间和挂运车次等。连同优先配车和装运的抢险、农资、鲜活、易腐、易燃、易爆、剧毒等重点急运物资的装完时间和编挂车次等，一并填记在班计划表的有关栏内。

装车货物的品类、去向，应先保重点，以班装车计划保证全日装车计划的完成。装车后的挂运计划一般应根据运输方案的规定或列车出发计划的车流来源需要安排装车进度和挂运。零星装车，应尽量组织同方向的货物同时装车，积零成组，集中挂运，扩大成组装车比重，并使货物作业车与中转车相配合。

根据铁路局集团公司调度所批准的装车计划，结合车站18:00(6:00)待装情况、货源情况、空车来源情况，在保证完成排空任务的前提下，具体确定本班到站别、品类别的装车数、空车来源及挂运车次。

例如：乙站货场18:00待装丙站棚车10辆，挂30131次；待装乙—甲间敞车9辆，挂40114次；18:00待卸敞车10辆、30051次到达本站卸敞车10辆，卸空后均用于装丙方向，编入30135次，本班共安排装车39辆。

（五）推算中时、停时

中转车平均停留时间（简称中时）和一次货物作业平均停留时间（简称停时）是车站运输生产的两项重要指标。

班计划编完后，应该推算本班可能完成的中时和停时。推算的目的是要进一步查看所编制的班计划能否实现月度技术计划规定的车站运输指标，根据推算出来的计划指标，有重点地进行运输生产组织。

推算步骤和方法如下：

1. 按中转车、货物作业车分别填记18:00(6:00)的结存车。

例如，乙站18:00结存中转车110辆，货物作业车59辆，合计169辆。

2. 根据列车到达与出发计划，统计每小时内到达与出发的中转车数和作业车数，填入推算表有关栏内。

例如，乙站18:01—19:00到达有调中转车102辆、货物作业车10辆，发出中转车33辆、货物作业车10辆，依此类推，统计并填记其他小时内到发车数。

3. 计算每小时末结存车数及其停留车小时。

计算公式如下：

本小时末结存车数＝上小时末结存车数＋本小时内到达车数-本小时内发出车数

为便于推算，假定各小时末结存的所有货车均在本小时内停留了1 h，则

本小时内的停留车小时＝本小时末结存车数×1 h（车小时）

例如：乙站18:00结存中转车110车，18:01—19:00到达中转车102车，发出中转车33车，则19:00结存中转车数为110＋102－33＝179（车），18:01—19:00中转车停留车小时为179×1＝179（车小时）。

按照上述方法，可将本班每小时末的中转车、货物作业车结存数与停留车小时计算出来，分别填入有关栏内。

4. 加总本班到达与出发的中转车、货物作业车数,将结存栏加总(不包括18:00结存车数)即得本班总停留车小时。

例如:乙站18:01—6:00第一班计划到达中转车831车,出发中转车801车,总停留车小时1801车小时;到达作业车共计60车,出发货物作业车共计69车,总停留车小时为672车小时。

另外,本班内共装39车,卸60车,加总后得装卸车作业次数为99。

5. 计算中时、停时:

中时＝中转车总停留车小时/[(到达中转车数＋发出中转车数)÷2]

＝1 801/[(831＋801)÷2]＝1 801/816＝2.2(h)

停时＝货物作业车总停留车小时/装卸作业次数

＝672/99＝6.8(h)

如推算的中时和停时完不成规定的指标时,应采取相应措施,力争完成班工作总任务规定的各项指标。

(六)班工作总任务

班计划编制完毕后,应对整个班内应完成的主要任务进行汇总,以便醒目地表示出本班的工作量。汇总项主要包括到达列数、出发列数、解体列数(本班到达的解体列车数)、编组列数(本班发出的编组始发列车数)、装车数、卸车数、排空车数、中时、停时和办理车数(到达车数＋出发车数)。

(七)重点指示

将完成班计划任务的有关重点指示,填记在班计划表的"重点指示"栏内,以便值班人员重点掌握。重点指示的主要内容包括:

1. 上级领导和局调度所的有关命令、指示、文件和电报。

2. 完成班计划任务的关键问题和安全生产的注意事项,如施工封锁、装卸或挂运超限货物、车流接续等。

3. 重点物资的运输要求。

4. 其他指示和要求。

(八)站长审批

班计划编完后,由站长(或副站长)负责审批,并部署重点任务和关键事项。审批重点包括:

1. 各方向到、发列车数,全站和各场货车出入总数,编解任务及主要装卸点装卸任务与能力是否适应。

2. 推定的中、停时指标能否完成月计划;发现不能完成时,要向铁路局集团公司汇报,采取措施完成任务,连续三天完不成,需进行专题分析,查找原因,制定措施。

3. 各方向、各阶段的流线结合和车流接续情况,是否有压流、欠重等问题。

4. 军运、特种车辆及列车的到发、装卸、编解、零星甩挂的安排是否符合规章制度和命令指示。

5. 保证安全正点的注意事项。

6. 施工计划与措施是否落实。

四、车站班计划的布置与下达

为保证更好地完成班计划任务,班计划编完并批准后,除报集团公司调度所外,在班计划执行前,必须做好班计划的布置和下达工作。

1. 班计划编完后,要求值班站长组织车站调度员、车站值班员按班计划落实第一阶段(18:00—21:00 或 6:00—9:00)的接发、解编和取送各项任务,按规定打好交班基础,为接班人员在工作上创造好条件。

2. 接班的调度人员应提前到班,(一般要求 19:00 或 7:00)了解和接收本班班计划的有关内容。接班的值班站长召集班计划会议,听取班计划编制人传达事项,集中研究和分析班计划的任务和特点,便于各调度人员统一行动。实行分场管理的车站,应用车流管理系统传达,将班计划事先下达到各车场,以供各调度人员了解和接收。

3. 接班的值班站长和车站调度员在职工点名会上,向全体接班人员分别传达、布置班计划任务和第一阶段计划,并提出组织落实计划的具体措施,也可在点名室内设置班计划揭示牌,指定专人负责将班计划重点内容摘录揭示,提前公布。各生产组的班组长应根据计划任务,组织本组人员开好班前预想会,具体制定完成计划任务的有关措施。

4. 接班调度人员上岗后,应分别与铁路局集团公司调度所各工种调度员,以及机务、列检、车务等有关部门核对班计划的内容,互通情况,了解进度,以便更好地保证班计划的完成。

第二节 阶 段 计 划

阶段计划是车站班计划的分阶段具体安排,是保证实现日(班)计划的行动计划,分为铁路局集团公司计划调度员编制的阶段计划和编组(区段)站车站调度员编制的阶段计划。阶段计划根据日(班)计划内容,按照货物列车编组计划、列车运行图以及《技规》《行规》《站细》等相关规定编制,3 h 为一阶段下达。

由于编制班计划的有些资料是 18:00(6:00)以前预计的,而本班内陆续到达的列车,其编组内容、到达时刻、货物作业车的装卸进度和调车作业进度等都可能发生变化。因此,车站应在执行班计划的过程中,根据当时的实际情况,具体安排各阶段工作,并依据变化情况及时采取调整措施,才能保证完成班计划的任务。

一、阶段计划时间的划分

目前,全路各主要车站多采用 3 h 为一个阶段,每班 12 h,分为四个阶段,但具体划分也有所不同。

（一）以 20:00(8:00)开始划分的方法

1. 夜班

从当日 20:00 至 23:00 为第一阶段;当日 23:00 至次日 2:00 为第二阶段;次日 2:00 至 5:00 为第三阶段;次日 5:00 至 8:00 为第四阶段。

2. 白班

从次日 8:00 至 11:90 为第一阶段;次日 11:00 至次日 14:00 为第二阶段;次日 14:00

至 17:00 为第三阶段；次日 17:00 至 20:00 为第四阶段。

这样可便于上级检查其当日调度日班计划的实施效果，也便于车站提前了解掌握变化情况，及时采取调整措施，保证车站作业计划的顺利完成。

（二）以 18:00（6:00）开始划分的方法

1. 夜班

从当日 18:00 至 21:00 为第一阶段；当日 21:00 至 0:00 为第二阶段；0.00 至次日 3:00 为第三阶段；次日 3:00 至 6:00 为第四阶段。

2. 白班

从次日 6:00 至 9:00 为第一阶段；次日 9:00 至 12:00 为第二阶段；次日 12:00 至 15:00 为第三阶段；次日 15:00 至 18:00 为第四阶段。

这样划分既可以与铁路局集团公司调度所调度日（班）计划的第一班计划和第二班计划同步，还可以将各阶段运输生产任务的完成情况与铁路货车 18 点统计工作的各种报表同步。

二、阶段计划的主要内容

阶段计划是保证实现班计划的行动计划，内容主要包括：

1. 各方向到达列车车次、时分、机车型号、机车号、进入场别、占用线别、编组内容、解体顺序和起止时分；

2. 发往各方向的列车车次、时分、机车交路及型号、机车号、编组内容、车流来源、占用发车场别、线别、编组作业起止时分；

3. 各货场及专用线别的卸车数、品名、收货人、送车时间、卸空时间、空车用途；

4. 各货场及专用线别的装车数、车种、品名、到站、空车来源、送入时间、装完时间、挂运车次；

5. 装载重点军用、超限超重、剧毒品等特种货物的车辆加挂车次、辆数、编挂限制；

6. 中转列车成组甩挂车次、时间、辆数、去向；

7. 各场（区）及货场、专用线间的车辆（包括检修、洗刷、倒装等车辆）的交换次数、取送地点、时间、辆数；

8. 客车底取送及摘挂的车次、时间、地点、车种、辆数；

9. 调车机车运用和整备计划，驼峰解体、牵出线编组及取送作业的安排；

10. 各列检作业场的扣车计划；

11. 施工和维修计划。

从以上内容可以看出，阶段计划是车站调度员根据最近 3 h 列车到发、车列解编和车辆取送等情况，全面安排调车机车和到发线的运用，充分发挥驼峰、牵出线等技术设备的效能，组织实现班计划的具体安排。

三、车站技术作业表的作用和基本作业项目栏

编制车站阶段计划使用的调度工作图表名称为"车站技术作业表"。图表代码为"运站 1"。

车站技术作业表是车站调度员用以编制阶段计划和进行调度指挥的工具。由于它能全面记录车站技术设备运用和实际作业的情况,因此,它又是车站工作分析的原始资料。车站调度员应按规定正确、及时、认真地进行填记。

车站技术作业表包括了阶段计划一般应有的内容,见表 7-2。

表 7-2　乙站技术作业表　站调运站 1

由于各个车站的主要设备和作业情况有差异，所以，每个车站的车站技术作业表的图表格式也会不同，但其主要组成部分一般应有以下几项：

1. 列车到发栏：填记列车到发车次、时刻；

2. 列车编组内容栏：填记到达列车的编组内容；

3. 到发场栏：填记列车占用到发线的顺序和起止时分；

4. 调车场栏：填记去向别重车、车种别空车集结情况，以及到达本站卸车的待送车情况；

5. 驼峰或牵出线栏：填记调车作业占用驼峰或牵出线的顺序和起止时分；

6. 装卸地点栏：填记取送作业时间及装卸地点的车流变化情况；

7. 调车机车动态栏：填记每台调车机车作业、整备等情况。

四、车站技术作业表的填记方法

1. 填记调车场及装卸地点结存车数。

根据"过表"的站存车及车站调度员或调车区长掌握的现在车数填记。

例如，乙站技术作业图表中 18:00 调车场 8 道结存甲及其以远 21 车，9 道结存乙—甲间 5 车，10 道结存丙及其以远 21 车，13 道本站卸车 10 车，18:00 货场结存 19 车，机务段结存 20 车。

2. 填记到达解体列车车次、到达时刻、编组内容、占用到发线和解体起止时分。

根据各次列车到达时分，按照先后顺序，在列车到发栏内画上到达运行线，注明车次，并从列车到达时起，用垂直线引入计划占用的到发线内；然后，根据列车确报，在编组内容栏内垂直线右侧填记列车编组内容：重车填"去向/车数"，空车填"车种/车数"，无调中转车外加方框（注：某些大型编组站由于衔接方向多，图表尺寸限制，不设编组内容栏，可不填）；最后，在列车占用的到发线栏内，记载列车车次、占用到发线起止时分。

到达本站解体的列车，由计划解体时起，用垂直线引入驼峰或牵出线栏，并记明解体的起止时分。解体完了，再用垂直线引入调车场栏，按其编组内容，在调车场栏引线右侧分别记载解体后的累计车数，每小时（或每阶段）结算一次。

3. 填记编组始发列车。根据班计划制定的列车出发计划及运行图规定的发车时刻，当某一去向的车流集结够一个车列的编组辆数时，将该去向的车数用圆圈圈上，圆圈右下角注明剩余车数（多余车辆亦可另外占用其他编组线）；然后，用垂直线引入牵出线栏，标明编组作业起止时分。编组完成后，引入出发线栏，并按图定出发时刻引入列车出发栏，画上出发运行线，注明车次及出发时分。

4. 填记无调中转列车。根据列车到达运行线，在到达时分处用垂线引入计划占用的到发线，记明车次、占用到发线起止时分，再根据图定发车时分，用垂直线引入列车到发栏内，画上出发运行线，注明车次及出发时分。

5. 填记取送车。送车时，由送车开始时起，将待送车数用圆圈圈上（圆圈右下角注明剩余车数），从调车场转入装卸地点栏；取车时，由取车完了时起，将待取车数用圆圈圈上（圆圈右下角注明剩余车数），从卸车地点引入调车场相应股道内，并在引线右侧填记变化后的车数。

6. 调车机车动态填记。填写每台调车机作业时间和非生产时间。

五、车站技术作业图表记载符号及线条颜色的规定

填画图表应该字迹工整,线条清晰,正确规范地使用各种符号和标注,及时完整地反映各项作业动态。

(一)填画技术作业图表时使用的线段和颜色规定

计划:黑线。

实际:到、发旅客列车、出发货物列车为红线。

其他货物列车为蓝线。

列车正点到达、出发为红圈。

列车晚点到达、出发为蓝圈。

调车机车作业计划:为黑直线。

实际:为蓝直线。

调车机车交接班、上煤、上水、上油计划:为黑曲线。

实际:为蓝曲线。

调车机车非生产时间:吃饭:为红曲线。

其他:为红直线。

(二)调车机车作业动态代号

交接班(J),上水(S),上煤(M),上油(Y),机车故障(JG),信号故障(XG),吃饭(C),整备(ZB),解体(一),编组(十),甩挂(一十),取车(QC),送车(SC),待命(D),等信号(DX),等检(DJ),等装卸(ZX),等解体(等)。

(三)车站技术作业图表的表示方法

车站技术作业图表的表示方法图例如图 7-2～图 7-7 所示。

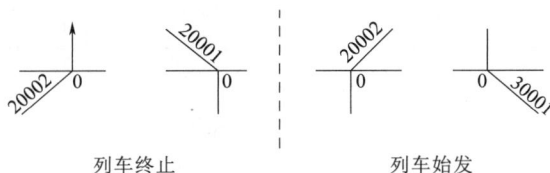

列车终止　　　　　　列车始发

图 7-2　列车到发

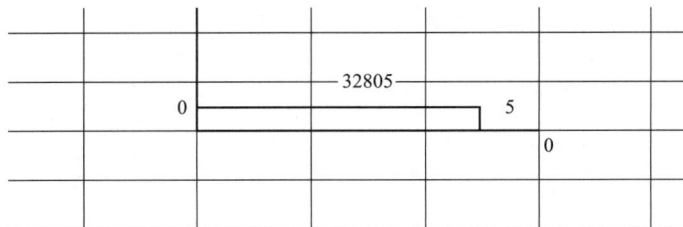

图 7-3　列车技术检查和占用到发线时间

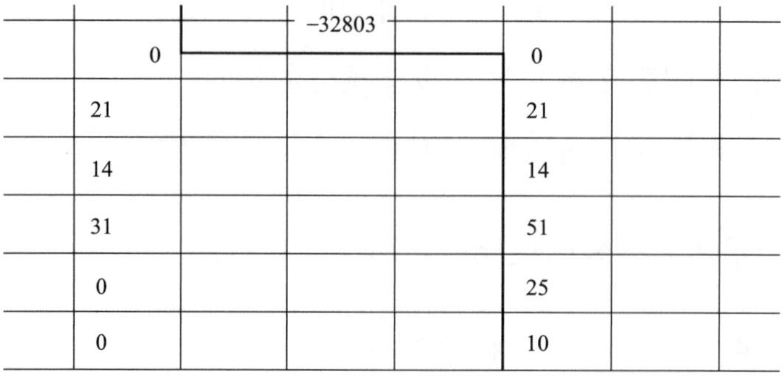
-32803
0
0
21
21
14
14
31
51
0
25
0
10

图 7-4　列车解体

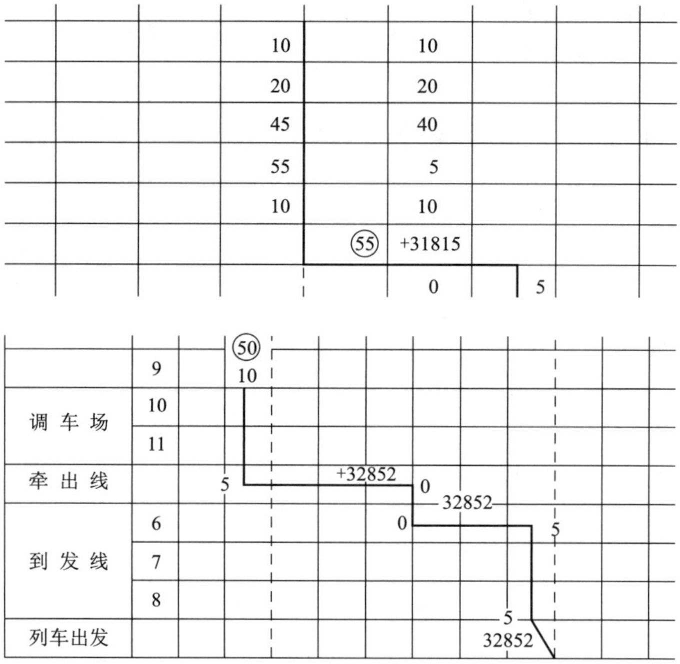
10
10
20
20
45
40
55
5
10
10
(55)
+31815
0
5
(50)
10
9
调 车 场
10
11
牵 出 线
5
+32852
0
32852
到 发 线
6
0
5
7
8
5
列车出发
32852

图 7-5　列车编组

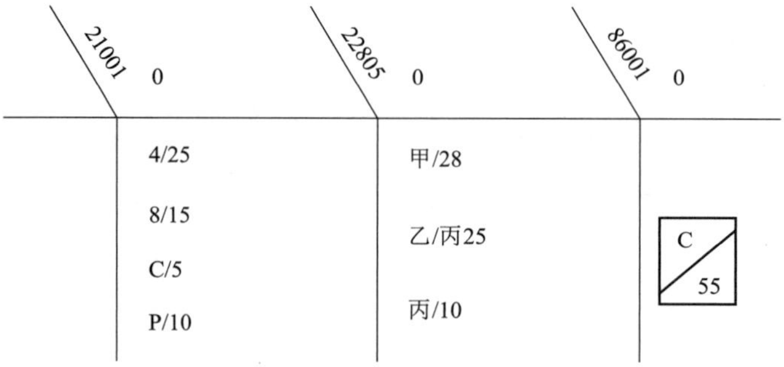
21001
0
22805
0
86001
0
4/25
8/15
C/5
P/10
甲/28
乙/丙25
丙/10
C
55

图 7-6　列车编组内容

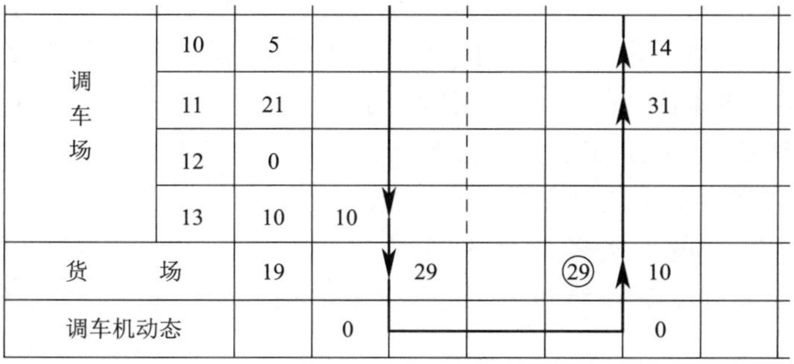

调 车 场	10	5				14
	11	21				31
	12	0				
	13	10	10			
货　　场	19	29	㉙		10
调车机动态		0			0

图 7-7　取送作业

六、编制阶段计划

铁路局集团公司调度于阶段计划开始前一小时,将下阶段的列车运行调整计划(包括到发列车车次、预到时分、编组内容、机车交路及型号)等有关情况通知车站值班站长(或车站调度员)。

(一)编制资料

阶段计划的编制,须掌握下列资料:

1. 列车到发和占线情况;

2. 现车分布状况;

3. 班计划规定该阶段内到发列车时分、编组内容;

4. 编组、解体、装车、卸车、取送和场间交换作业情况;

5. 到达列车预确报;

6. 调车线使用情况;

7. 调车机车运用和整备状况;

8. 机车交路情况;

9. 施工和维修计划。

(二)编制步骤

1. 填记阶段开始时到发场、调车场、货场、专用线等股道存车情况。

2. 填记列车到发情况。根据班计划中列车到达、出发计划,按先后顺序,用黑笔在列车到发栏填画运行线、列车车次、到发时分;在列车编组栏内填记编组内容;在到发场栏内填画列车占用到发线顺序及起止时分。

3. 根据编组车列的需要,合理组织车流,安排调车机车解编、取送作业顺序及起止时分。

4. 按填画技术作业图表的规定,随时推算并填记调车场、装卸地点等处车流变化情况。

(三)编制方法

编制阶段计划时虽然需要考虑很多项工作,但重点应考虑确定出发列车的车流来源、保证车流与运行线紧密结合、安排调车机车使用以及安排到发线运用四个主要的问题。

1. 确定出发列车的车流来源

(1)正常情况下,阶段计划应根据班计划的安排来确定各次出发列车的车流来源。但是,由于班计划的车流资料是预先推算的,列车实际到达的时间和编组内容、车辆实际装卸完了的时间和车数都有可能发生变化。因此,编制阶段计划与编制班计划不同,不能只按车流接续时间简单地推算车流,不能只按车流集结过程粗略确定,而应精打细算,全面考虑列车到发、解编和车辆装卸、取送作业的实际情况,从车列编组开始时实际进入调车场参加集结过程的车流中,逐列落实出发列车的车流来源。

（2）由于编组站衔接的方向多,出发列车的数量大,在选择每一列出发列车的车流来源同时,应兼顾其他出发列车的集结过程,以确保本阶段和本班所有出发列车都有车流来源保证。

（3）对于有条件组织"坐编"作业的车站,应首先选择到达解体列车中符合"坐编"的车流,作为出发列车的车流来源,不足部分再用调车场内结存车流补充。

如表 7-1 中所示,20:10 到达的 30138 次列车中,有甲及其以远的车流 45 辆且均编挂在一起,可用以"坐编"30052 次,从而减少解编调车作业时间。

2. 保证车流与运行线紧密结合

编制阶段计划的中心问题是车流与运行线紧密结合（即"组流上线"）,组织车流首先遇到的问题就是车流与运行线的矛盾。如车流不足,出发运行线没有保证;车流过大,运行线不够用,则将造成车流积压。为此,应采取各种调整措施,使车流与运行线紧密结合。

（1）当车流不足时,可考虑选用以下调整措施:

①调整解体顺序。提前解体那些挂有编组急需车流的车列,以满足编开列车的需要。

②组织接续车流快速作业。当车流接续时间少于车站技术作业过程的时间标准时,一方面对站存车流进行预编、预检;另一方面对到达的接续车流组织快检、快解作业,实现车流紧接续。

③组织本站货物作业车补轴。根据编组列车的需要,有计划地组织本站货物作业车的取送、装卸作业,优先装卸、取送编组需要的车辆,以保证编组列车满轴、正点出发。

④请求调度所调整列车到达顺序,或利用小运转列车将本站编组急需的车流提前送到,以满足编开列车的需要。如该站位于列车运行的前方站时,亦可建议集团公司调度所准许列车欠重或早点开出,去该站进行补轴。

（2）当车流过大造成积压时,可建议调度所采取组织超重列车、利用单机挂车、利用区段列车附挂中间站车流,或将积压车流编挂到邻近车站进行暂时保留等一些有效的调度措施。

3. 编制调车机车运用计划

合理运用调车机车,全面完成解编和取送任务,是阶段计划的关键内容,是衡量车站作业计划质量与指挥水平的重要标志。调车机车运用计划虽是按照每台调车机车分别编制,但应尽可能使各台调车机车的作业互相配合。

（1）合理分配调车机车的工作任务,均衡作业负担。具有数台调车机车的车站,每台调车机车的工作任务应有明确规定。例如驼峰编组站,一般安排驼峰机车负责解体,峰尾牵出线调车机车负责编组,货场、专用线调车机负责取送作业。

（2）合理安排调车机车作业顺序,保证编组列车需要。例如,安排驼峰机车解体作业顺序时,应优先解体到达场需要迅速腾空到发线的解体车列,或优先解体具有急需集结车流的车列;安排牵出线调车机车编组顺序时,应根据列车出发时刻和车流集结情况,优先编组最近出发的车列。

（3）组织调车机车协同动作，减少非生产等待时间。例如，编组一个列车所需车流，既有待解车列中的中转车，又有装卸完了的本站货物作业车时，应安排一台调车机车负责解体，另一台调车机车负责取车，两台调车机车互相配合，协同动作，减少待解、待取等非生产等待时间，保证编组列车正点出发。

在纵列式编组站，应妥善安排驼峰机车和峰尾牵出线机车配合作业。例如，某一去向车流集结够一个车列时，而且出发场又有空闲线路，应及时安排峰尾机车进行编组作业，以便及时腾空调车线，使驼峰机车能正常溜放该去向的车流，无须机车下峰整场或临时活用其他线路。

按站顺编组或到站成组进行编组摘挂列车的作业时间长，可利用调车机车空闲时间安排预编车组。

（4）合理安排取送作业。对于作业量大而稳定的装卸车地点，应实行定时、定量取送制度；对于货流稳定的成组车流，应组织成组装车，固定车次挂运；其他零星车流则应根据调车机车能力、待送（取）车数及其用途，确定取送顺序、地点、车数和起止时分。一般做法是：先取编组急需的车流，先送能够进行装卸作业且装卸以后能用的车流，并尽量做到送车与取车结合，减少取送次数和单机走行时间。

4. 合理确定到发场（线）运用计划

制定列车到发场（线）运用计划时，车站调度员应根据到发场分工、到发线固定使用办法，与车站值班员共同商定，并由车站值班员负责掌握。

车站调度员或车站值班员必须变更到发线运用计划时，均须征得对方同意并在技术作业图表中作鲜明标记。

车站调度员和车站值班员在确定和变更列车到发线运用计划互相矛盾时，应由车站值班站长最终决定。

确定本阶段列车占用到发场（线）股道、顺序和起止时分，应重点考虑：

（1）紧凑使用到发线。当列车密集到发，到发线使用紧张时，应组织有关人员加速列车技术作业，大力压缩技术作业时间；需分部解体车列的车站，应组织两端调车机车同时解体一个车列，尽快腾空到发线；必要时对于编组辆数较少的而且出发时刻相近的两列小运转列车、单机或单机挂车，可合用一条到发线；无旅客列车到发或通过时，暂用旅客列车到发线接发货物列车。

（2）尽量照顾作业方便。根据到发场咽喉布置的情况，分析列车到发时间以及有关的编组或解体作业时间，合理安排各次列车使用到发线，以减少或避免列车的到发与调车作业进路交叉干扰。如乙站线路平面布置图 7-8 所示。

旅客列车应安排在靠近站台、站舍的 Ⅰ、Ⅱ 道到发，便于旅客上下车、进出站；无调中转列车安排在 3、4 道，改编列车安排在 6、7 道，可使无调中转列车到发与车列转线、机车出入段平行作业，互不干扰。

必须指出，到发线运用计划与调车机车运用计划的关系十分密切，两者之间的能力应当互相调剂使用。例如，当到发线能力不紧张而调车场内存车较多时，可组织车列提前编组或推迟解体时间，以减少调车场内停留车数，有利于解体作业顺利进行。反之，当到发线能力

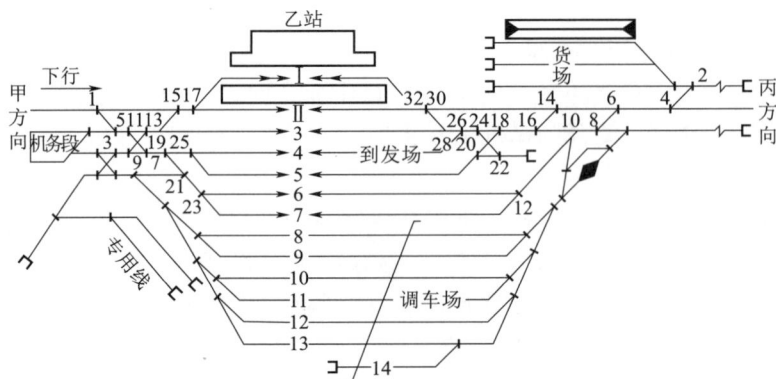

图 7-8　乙站线路平面布置

紧张时,应加速车列解体或适当延迟出发车列编组转线时间(但要保证列车正点出发),保证有空闲到发线不间断地接发列车。

(四)阶段工作重点

1. 第一阶段(18:00—21:00 或 6:00—9:00)

这一阶段计划跨及两班。在这一阶段内下班的车站调度员要按规定的交班制度清理站场,因作业需要而活用的线路,在下班前要按规定的使用办法恢复固定使用;按规定完成应解、应编、应取、应送的作业任务;所有调车机车应于交接班前回到固定作业区域。同时要准备好有关的交班资料,以便使接班人员很快掌握情况,为下班工作打好基础。

在这一阶段内接班的车站调度员一般以上一班安排的跨班计划为基础进行作业组织。由于这一阶段各工种人员需要换班,特别是调车机车也需要停止作业,这就产生了调车作业暂停的情况。这种情况会造成到达列车待解时间延长,影响到发线使用效率;如果延迟列车解编及货物作业车取送,还可能造成出发列车待编、晚点或停运。因此,这一阶段的工作重点是安排好调车机车的使用计划,消灭和减少因交接班作业中断所造成的影响。

2. 第二阶段(21:00—0:00 或 9:00—12:00)

用通俗的话讲,这个阶段是各工种人员精力最旺盛的阶段,是最出活的阶段。要尽量将各项作业计划向前安排,尽可能地考虑压缩各项技术作业过程时间,努力使计划趋于饱和,为后面可能出现的作业困难,留出可以调整的余地。

安排调车机车整备,调整调车组吃饭也是这个阶段的工作组织重点。在有数台调车机车作业的车站上,整备时间最好交错进行。在各车场主体机车进行整备时,最好安排其他机车顶替作业,以减少影响。各场间的任务分配应注意同机车的整备工作相配合,在工作安排上消除不安全因素。

3. 第三阶段(0:00—3:00 或 12:00—15:00)

这个阶段的特点与第二阶段在整备和吃饭问题上有相同之处,都需要通盘考虑。由于饭后人员易疲倦,吃饭前后的作业计划应妥善进行安排,避免饭后出现计划执行拖滞的情况。再有,上阶段产生的零散车辆,需要在班前挂走的,也要纳入本阶段计划。另外,提前进行管内车流的集结,做好点前送到车的准备,也是需要本阶段考虑的问题。

4. 第四阶段(3:00—6:00 或 15:00—18:00)

第四阶段是计划执行的结算阶段，6:00 是夜班工作的结算时间，18:00 是全日工作的结算时间，在这一阶段要详细检查本班或全日工作任务的完成情况，采取措施保证各项任务的全面完成。

5. 各阶段共性要求

虽然各阶段有其不同的工作侧重点，但以下一些问题是每个阶段都需要注意的：

(1)严格依照列车编组计划和运输方案的规定编组列车是车站调度员的职责。车站调度员在编制阶段计划时，应严肃调度纪律，保证技术站编组的出发列车不出现违编问题。

(2)组织按照运行图行车是技术站运输生产各项组织工作的中心工作。车站调度员在编制阶段计划时，应围绕这一中心全面考虑流线结合、机列衔接的问题，积极组织车流上线，努力实现运行图要求。

(3)车站应保证不间断地接发列车。编组站畅通的重要因素是充分、合理地使用车站技术设备。车站调度员在编制阶段计划时，应重点对调车机车的使用和到发线的运用进行安排，提高车站通过能力。

(4)车站调度员在编制阶段计划时应根据本站作业的特点，结合本阶段的工作重点进行全面细致的安排。积极采用各种有效的工作方法，"均衡、平行、协调、衔接"地组织生产，提高改编效率，压缩货车停留时间，从而保证班计划任务的完成。

(5)车站调度员应严格遵守各项规章制度，杜绝计划违章现象的发生。编制阶段计划应符合车站技术作业过程对时间的要求，保证车站生产作业的绝对安全。

(6)车站调度员在编制阶段计划前详细了解施工维修对车流组织的影响，根据影响范围优化施工维修阶段内车流组织措施，合理分配调车机车作业任务，组织施工维修前后快速、紧凑作业，做到多接多解多编多发，确保施工运输"两不误"，提高运输生产效率。

七、阶段计划的布置与下达

阶段计划编制完后，由车站调度员和车站值班员于阶段计划开始半小时前，将阶段计划和上级有关命令、指示、重点要求分别向有关工种人员布置和下达。布置具体专项内容由各铁路局集团公司自定。

(一)向调车区长或驼峰调车区长下达

1. 到发列车车次、时分、占用股道的先后顺序及起止时分。
2. 解体列车顺序、起止时分。
3. 编组列车顺序、起止时分、编组内容及车流来源。
4. 装卸、扣修、修竣、消毒、倒装、客车底等车辆的取送时间、地点、辆数。
5. 调车机车整备计划、驼峰及牵出线作业安排。

(二)向货运调度员下达

1. 编挂本站作业车的车次、时分、货物品名、去向、车种、车数。
2. 到达本站卸车的重车数、卸车地点、货物品名、收货人。
3. 各货场、专用线作业车取送时间、辆数、装卸要求、挂运车次。

在一些装卸工作量较大、由货运调度员直接负责指挥调车机车组织取送作业的车站，上述内容应由货运调度员向有关作业地点的货运值班员（货运员）下达。

（三）向其他人员下达

1. 车站值班员向列检所值班员、机务段调度员、列车段派班员传达和核对计划，向车场助理值班员、场（区）信号长（信号员）、扳道长等有关人员下达到发列车车次、时分、占线顺序和重点要求。

2. 车站值班员向客运值班主任（或客运值班员）和客运站列检值班员传达旅客列车晚点、变更进路和客车摘挂计划。

3. 车站调度员和车站值班员在向有关人员下达阶段计划的同时，应将上级有关命令、指示和重点要求一并传达。

（四）作业区接收阶段计划

各作业区接收阶段计划通常采用以下几种形式。

1. 通过现在车管理系统中阶段计划传输模块向有关作业点下达，有关作业点及时接收阶段计划并认真审核，制定可行的作业组织措施，兑现阶段计划任务。

2. 如采用"车场技术作业表"的车站，各作业区应按规定将上述阶段计划的内容在本区技术作业表上用线段填画。

3. 如作业区未采用车场技术作业表，则应设立"阶段计划登记簿"。

第三节　调车作业计划

班计划规定了一个班的总任务，阶段计划又规定了解编、取送等各项作业顺序和起止时间，每一台调车机车的工作任务则用调车作业计划进行安排。调车作业计划是保证实现阶段计划的调车作业具体行动计划。

调车作业计划是调车组的行动依据，由调车领导人（车站调度员、调车区长或车站值班员）编制，并以调车作业通知单的形式下达给调车指挥人及有关人员组织执行。

调车作业计划的编制，应根据阶段计划和现车分布状况、到达列车编组确报、驼峰（牵出线）利用情况及调车场线路固定用途和存车情况、各装卸点作业进度及调车机车工作动态等实际情况，按照《站细》及有关规定进行编制。

一、调车作业计划的编制要求

调车作业计划编制质量的高低，通常是以能否达到最大限度地确保解体照顾编组；达到节省调车钩数、缩短调车行程；达到减少调动次数、压缩调车时间；达到保证调车安全的目标以及符合铁路调车作业的国家标准来进行衡量和评价的。

1. 要符合列车编组计划、列车运行图和《技规》的规定，执行作业标准，保证行车安全和调车人员的人身安全。

2. 要合理运用技术设备和采取先进工作方法，最大限度地实现解体照顾编组，解体照顾送车，使解、编、取、送作业密切配合，力争做到调车钩数少、调动辆数（带车数）少、占用股道少、行程短、作业方便，调车效率高，即平均钩分小。调车钩是指调车机车完成一次摘车或挂车等作业的行程，是衡量调车工作量的一种基本单位，是分析考核调车效率的一项标准。

平均钩分是指一项作业所消耗的作业时分除以该项作业的总钩数。

3. 要做到及时、准确、完整。"及时"就是及时编制和下达计划;"准确"就是保证计划本身无漏洞、无差错,尽量不变或少变计划;"完整"就是要求调车作业通知单字迹清楚(手工编织调车作业计划),项目齐全。

二、调车作业计划的编制依据

1. 阶段计划规定的各项调车作业的顺序和起止时分。
2. 到达列车确报,包括车种、车号、品名、载重、到站、收货人和特殊标记。
3. 调车场、货场线路固定用途、容车数和停留车情况。
4. 调车区现在车及其分布情况。

三、调车作业计划通知单的格式、内容及有关标记符号

调车作业通知单的格式及有关标记符号由铁路局集团公司规定,在填写时应严格按照《行规》和《站细》的相关规定及格式逐项填记齐全。调车作业计划通知单格式见表7-3。

表7-3 调车作业计划通知单

调车作业通知单(甲)第 号						
年 月 日						
第 调 (次)作业项目						
计划						
自 时 分 至 时 分						
实际						
顺序钩	股道及摘(一)挂(＋)车数	记事	顺序钩	股道及摘(一)挂(＋)车数	记事
1			1		
2			2		
3			3		
⋮			⋮		
21			21		
22			22		
23			23		
24			24		
25			25		
调车领导人: 调车指挥人:						

调车作业计划通知单内容应包括:

1. 月日:按实际日期填写。
2. 顺号:作业计划钩序。
3. 调车组别:按实际作业的班、调填写。
4. 作业内容(解体或编组车次)及起止时分。
5. 运用股道:按实际作业股道先后顺序填写。

6. 摘挂车数：填向×道应挂出辆数或应摘下、溜放、解散的辆数。

7. 注意事项及特殊限制：有关标记符号铁路局集团公司须做出统一规定，车站可进行补充。

8. 计划编制人姓名。

四、现在车的掌握

我国铁路车站现在车的掌握，因各站设备和作业量不同而有所区别。有些车站利用毛玻璃和货票排顺的方法，有些站采用计算机掌握现车。这里仅介绍利用毛玻璃板和货票排顺掌握现车的方法。计算机是以预先编好的程序，模拟人工掌握现车的方法。

（一）利用毛玻璃板掌握现车

在毛玻璃板上画成与车场股道相同的格数，根据担当解体任务的机车所在方向，统一规定上下端代表的方向。

每次交接班时，调车区长和车号员应根据调车区各股道实际存车的车种、车号及其排列顺序与毛玻璃板上记载的现车进行核对无误后，再按调车作业通知单随时修改毛玻璃板，确保毛玻璃板上记载的现车与调车区各股道实际现车完全一致。

解体车列时，每批作业完了后，根据核对过的列车编组顺序表和调车作业通知单，按车组进入股道的方向和先后顺序，将车种、车号、品名、到站（或去向号）、特殊标记等逐一登记在毛玻璃板上。为简化记录工作，对相同到站（去向）、辆数较多的车组，可填记首尾两辆车的车号，并标明该车组的车数。

编组列车或送车时，根据调车作业通知单，将各股道实际已挂走或送出的车辆，在毛玻璃板上抹销，将取回的车辆及时登记在毛玻璃板上。

（二）货票排顺

货票存放架分为若干格，分别存放调车区各股道现车的票据。为便于货票的取放，其上下端代表方向，一般与毛玻璃规定的方向相反。根据调车作业通知单和各股道现车的增减、排列顺序的调整，及时调整存放架各格内的票据。确保架内各格存放的票据与毛玻璃板、调车区各股道内实际现车车数及其排列顺序完全一致。由于空车无货票，可在纸条上写明车种，再放于货票存放架相应格内，以免遗漏。

五、解体调车作业计划的编制方法

调车领导人是通过编制调车作业计划和监督调车作业计划执行的方式，对调车工作进行领导的。由于各站调车设备不一样、作业分工不同，所以，不同车站编制调车作业计划的方法和步骤也会有差异的。但不管使用何种调车设备进行作业，编制调车作业计划都要统筹考虑如何采用最有效的调车方法，为后面的调车作业创造有利条件。

（一）整列解体

在到发场与调车场纵列式配置的车站，一般是通过利用驼峰调车设备，采取整列推峰的方法解体列车。

将到达场的列车，按规定的车辆去向，分解到调车场的固定使用调车线里集结，为重新编组列车和取送作业创造有利条件。当该线路内集结车的数量，满足了列车运行图所规定的出发列车重量或长度要求时,应选择活用线路进行新的车辆集结。这是编制解体调车作业计划最基本的方法。

按调车场线路固定使用,整列解体 30051 次的调车作业计划,见表 7-4。

表 7-4　30051 次的调车作业计划

解体 3051 次						
3 月 18 日		第 2 号		调 1 机车		
计划起止时分　　自 19:00 至 19:30						
实际起止时分　　　自　　至						
顺序	股道	挂车数	摘车数	作业方法	记事	残存
1	7	56			4103418	56
2	13		3			53
3	10		10		4418967	43
4	11		5		3041849	38
5	10		5		4129062	33
6	11		5		3109573	28
7	10		3			25
8	13		7		4032372	18
9	10		7		4207410	11
10	11		11	推送	禁溜	0
11						
调车区长:张三						

(二)分部解体

在到发场与调车场横列配置的车站,一般是通过利用牵出线调车设备,使用平面调车作业的方法解体列车。列车解体作业一般按调车线的固定使用方法进行,但为了实现解体照顾编组,或为了临时解决线路不足的问题,在编制调车作业计划时,还须考虑活用线路的办法以减少重复作业,提高调车效率。由于可以在两端牵出线上共同解体车列,或者为了减轻调动重量,或者是受牵出线长度或调车机车牵引力限制,通常采取分部解体的作业形式。

在分部解体时,如无特殊情况应在不拆散车组的前提下,将待解车列大致平均分成两三个部分,分别牵出进行解体作业。

在分部解体时,还应充分考虑车组隔离量要求,利用分解车列时考虑编组列车和本站货物作业车的需要以及分解车列作业方便等情况,结合实际,灵活运用各种方法,编制质量好、效率高的调车计划。

分部解体时,应正确选择分部开口的位置,一般采用以下的方法:

1. 车列内有禁溜车时,应在禁溜车之后开口(远离调车机车端为前,接近调车机车端为后,以下同),有隔离限制的车辆,应隔离车之后开口。待解车列编组顺序见表 7-5。

表 7-5　待解车列编组顺序

| A$_7$ | B$_3$ | D$_9$ | B$_4$ | F$_1$ ⚠ | E$_7$ | A$_4$ | B$_2$ ⚠ | D$_7$ | B$_6$ | 调机 | |

应在 B$_2$ 及 F$_1$ 之后第 4 车之后开口（如不需隔离，在该车之后开口），使其成为分部后最后一个车组，以便调车机车溜完其他车组后，再将禁溜车推送到固定线路内，避免带着长大车组推送禁溜车。

车列内遇有非工作机车、轨道起重机等不宜带着进行调车作业的车辆时，应选择在它们之前开口，以便第一钩将其摘下，使以后的溜放作业顺利进行。

2. 车列内有长大车组时，应在大车组之前开口。待解车列编组顺序见表 7-6。应在长大车组 E$_{15}$ 之前开口，使该车组成为分部后第一车组，以便第一钩将其溜出，减少带车数和减轻车列重量，利于溜放以后的各车组。

表 7-6　待解车列编组顺序

| A$_1$ | B$_5$ | D$_2$ | B$_4$ | D$_6$ | B$_7$ | F$_4$ | A$_4$ | D$_2$ | B$_1$ | E$_{15}$ | C$_2$ | B$_2$ | 调机 |

3. 当待解车列内有"坐编"车组时，应在"坐编"车组之后开口。例如，乙站 3 月 18 日第一班计划安排 30138 次坐编 30052 次，根据列车确报 30138 次编组顺序见表 7-7。

表 7-7　30138 次列车确报编组顺序

| 甲$_{45}$ | W$_4$ | N$_2$ | P$_5$ | 调机 |

应在"坐编"车组甲 45 之后开口，以便该车组留在到发线上坐底，其余车组一次牵出分解。

4. 当调车场某股道已"满线"或有"堵门车"时，应避免开口后的第一组车为进入该线的车组，以免调车机车带着其他车组到该线顶送车辆。如不可避免时，应暂时溜入其他活用线路内。

（三）解体照顾编组

横列式车站广泛采用解体照顾编组，解编结合的方法。例如，乙站阶段计划规定 20:50—21:40 解体 30138 次，编组 30052 次，采用解编结合的方法。根据 30138 次列车确报的编组顺序（见开口位置）和调车场 8 道结存车情况，编制解编结合的调车作业计划，见表 7-8。

（四）解体照顾送车

解体照顾送车，即在解体车列时，为送车创造便利条件。例如，乙站阶段计划规定 21:40—22:40 解体 30053 次列车后去货场送作业车（见表 7-2）。

已知，乙站 13 道停留待送货场 2 道 10 车（30051 次到达），货场停留待取丙方向 10 车（站满同货调联系后，得知货场待装丙方向 10 车可提前装完），30053 次到达本站解体的列车，确报见表 7-9。

表 7-8 调车作业通知单

	解体 30138 次 3月18日第5号调1机车 编组 30052 次					
计划起止时分自 20:50 至 21:40						
实际起止时分自至						
顺序	股道	挂车数	摘车数	作业方法	记事	残存
1	7	11			4153258	11
2	9		11			0
3	8	11				11
4	7		11	推送		0
调车区长:张三						

表 7-9 30053 次解体列车的确报

乙₁(货2)	丙₅	D₃	乙₃(货3)	F₄	丙₈	A₁关	乙₂(货2)	丙₇	F₂	丙₈	乙₃(货2)	丙₇	乙₁(货2)	调机

要求分部解体 30053 次后,将 30051 次和 30053 次到达乙站 20 车送货场 2 道 17 车、送货 3 道 3 车,并将货场装往丙站的 10 车取回,放 10 道。为此,应从乙₂(货场2道)后开口,以便利用机前集结,实现对口连挂,减少钩数。同时,在解体第二批车列时,为了减少重复作业,照顾送车,应将乙₃(货场3道)活用线路,分解于 9 道,调车作业计划见表 7-10。

表 7-10 调车作业通知单

	解体 30053 次 3月18日第6号调1机车 编组 30052 次					
计划起止时分自 21:40 至 22:30						
实际起止时分自至						
顺序	股道	挂车数	摘车数	作业方法	记事	残存
1	6	28			3001382	28
2	10		7		4155422	21
3	11		2			19
4	10		8		4100288	11
5	13		3			8
6	10		7		剩1	1
7	7	27			全部	28
8	13		1			27
9	10		5		4132158	22
10	11		3			19

续上表

顺序	股道	挂车数	摘车数	作业方法	记事	残存
11	9		3		活用线路	16
12	11		4			12
13	10		8		4148688	4
14	11		1	推送	△禁溜	3
15	13	14			全部	17
16	9	3				20
17	货3		3		对	17
18	货2	6			全部	23
19	货1		6		4526878 对	17
20	货2		17		对	0
21	货1	10			全部	10
22	10		10		全部	0

调车区长：张三

六、编组调车作业计划的编制方法

由于在车列解体时采用了解体照顾编组，按调车场固定线路分解车辆的作业方法，车辆的列车编组计划的去向在固定线路上集结，所以一般列车的编组调车作业，只是进行车组的连挂（在一条调车线上连挂车组或将2～3条线上的车辆连结成车列）和转线（将车列从调车场转到出发场）

而编组摘挂列车是一项比较复杂的工作。为了便于摘挂列车在中间站的摘挂作业，一般要求将同一到站的车辆编挂在一起，并按到站成组或按站顺编组。然而，大部分技术站的调车场只固定一股道用于集结一个方向的摘挂车流，导致该股道的摘挂车流为无序的随机分布，如何将这些随机分布的无序车流变成按站顺或到站成组的有序排列，是编组摘挂列车时重点考虑的问题。这就需要将待编车列重复分解，然后按站顺或到站成组的要求收编成车列，不仅调车钩数多，而且使用股道多，调车作业甚为复杂。

为了解决这一难题，广大铁路职工在长期的生产实践中，总结了许多省钩、省线的先进方法，主要有"车组编号及合并使用线路法""表格移动调车法""看图调车法"等。

在实际工作中，待编车列的排列情况复杂多变，如果待编的车列中还有禁止溜放的车辆、需要隔离的危险品车以及关门车等情况，就不能照搬上述方法，应根据实际情况，作出相应合理的计划。这需要在实践中经常练习，不断摸索，掌握规律，熟悉编制技巧，才能制定出高质量的计划。

七、取送调车作业计划的编制方法

取送调车作业计划也是以调车作业通知单的形式下达的。因此，应根据阶段计划安排的取送顺序、起止时分、调车场内待送车辆和装卸地点待取车辆停留情况进行编制，并注意货场或专用线在走行线上的道岔衔接方向以及货场或专用线内有无机车转头设备,从而确定送车时调车机车连挂位置(牵引或推进),以及选编待送车辆时调车机车在调车场哪一端作业比较方便。

八、调车作业计划的传达

1. 调车作业计划由调车区长用调车作业通知单向有关人员下达。使用无线调车灯显设备的车站,调车作业计划布置方法由铁路局集团公司规定,因设备条件限制,须以传递方式传达调车作业通知单时,其传递方法和要求,按《站细》规定执行。

2. 调车长、连结员接到调车作业通知单后,要及时组织制定具体作业方法,按线、按钩、按人落实。

3. 调车作业通知单要及时下达,防止等待计划,中断作业。

复习思考题

1. 车站作业计划包括哪些?分别由谁负责编制?
2. 什么车站班计划?包括哪些内容?
3. 什么是日计划?包括哪些内容?
4. 班计划编制需要准备哪些资料?
5. 编制列车出发计划时,车流来源有哪三方面?
6. 写出中、停时的计算公式。
7. 简述中停时推算步骤和方法。
8. 车站技术作业图表有何作用?
9. 编制阶段计划组织车流,遇到车流不足或车流过大时,车站应考虑采取哪些措施?
10. 什么是阶段计划?内容有哪些?
11. 阶段计划如何编制?
12. 什么是调车作业计划?如何编制?
13. 车站技术作业图表包括哪些内容?
14. 车站技术图标记载符号和线条颜色是如何规定的?
15. 阶段计划编制需要掌握哪些资料?
16. 阶段计划编制主要考虑哪几个方面的问题?
17. 编制调车机车运用计划应考虑哪些内容?
18. 编制调车作业计划的要求和依据各有哪些?
19. 分部解体列车时,选择开口位置的方法有哪些?为什么?

第八章 车站技术作业过程及车站能力

第一节 车站技术作业过程及规定

列车在始发站、终到站及运行途中的技术站，在到发线上所办理的各项技术作业，称为列车技术作业。货车自到达车站时起，至由车站发出时止，在车站所办理的各项技术作业，称为货车技术作业。这些作业项目、顺序与时间标准，统称为列车及货车的技术作业过程。

车站技术作业过程是《站细》的重要组成部分，是指导车站日常运输生产活动的重要技术规定，是调度指挥工作的重要依据。

车站技术作业过程应根据列车运行图、列车编组计划、《技规》和一定时期内的到发列车情况和车流量，经过写实查定并经上级批准。

凡遇列车运行图、列车编组计划、车站技术设备以及到发车流发生巨大变化时，均应及时修订或重新编制车站技术作业过程。

为了缩短车站办理列车及货车技术作业时间，提高作业效率，保证作业安全，车站应加强作业的计划与指挥，提前做好准备；广泛采用先进作业方法，缩短单项作业时间；最大限度地组织流水作业和平行作业，减少作业的延续时间；加强各部门、各工种之间的联劳协作，避免作业中断，减少等待时间。

一、技术站货物列车技术作业的内容

（一）车辆技术检修作业（包括摘挂机车及试风）

车辆技术检修作业由驻站列检所的检车员负责，主要检查车辆技术状态是否符合《技规》规定，如发现车辆技术状态不良时，应尽可能进行不摘车修理。如需摘车修理时，应插上扣修色票，注明故障内容及送修地点，填写"车辆检修通知书"，及时通知车站摘车并送修。出发机车应按规定时间提前出段，在机待线上或指定地点等候。待车辆技术检修完毕，撤除防护信号后，及时连挂列车并进行简略试验，准备发车。如需用到达机车进行试风时，应于试风完毕后摘下，车站值班员及时安排到达机车入段进路，使机车能尽快入段进行整备和检修作业。

（二）货运检查及整理

货运检查由车站货运检查人员负责。货运检查人员应认真执行区段负责制，检查列车

中车辆装载加固、施封及篷布苫盖状态,以及车辆门窗的关闭情况,发现异状时,应及时处理,不能立即恢复时应按规定编写货运记录并通知车站甩车。对无列检作业的列车,还应检查自动制动机的空重位置,不符合时应进行调整。

(三)车号员检查、核对现车

该项工作由车号员负责,主要是检查列车编组顺序表、货运单据和现车是否"三相符";发现无调中转、部分改编中转和到达解体列车出现问题应及时报告车站调度员(或调车区长)并做好记录,通知发车站;发现自编始发列车出现问题应判明情况并通知车站调度员(或调车区长)重新进行调车作业,确保出发列车的质量,并为车站作业计划及统计工作提供可靠的资料。

对无调中转列车、部分改编中转列车和解体列车,车号员按照列车确报的编组顺序表检查现车;对始发列车则根据事先编制的列车编组顺序表核对现车。

(四)摘挂列尾装置

有些货物列车需要使用列车尾部安全防护装置,即列尾装置,以保证随时检查列车的完整。该装置主要由司机控制盒和尾部主机组成,在列车的始发站和终到站由列尾作业员负责尾部主机摘挂,并建立或消除机车和尾部主机的一一对应关系。

(五)车列及票据交接

1. 办理纸质列车编组顺序表传递时,将列车编组顺序表、列车编组通知单传递到站车交接岗位。负责现场交接时,在规定地点、时间内,将列车编组顺序表、列车编组通知单交机车乘务员,办理交接签认。有纸质票据时,将货运票据传递到站车交接岗位。负责现场交接时,在规定地点、时间内,将货运票据交机车乘务员,办理交接签认

2. 列车编组顺序表电子化传递时,在列车编组顺序表核对无误、开行车次确定后,应及时发送电子列车编组顺序表,确认电子列车编组顺序表发送股道与实际相符,并确认发送成功。

(六)准备发车及发车

车列及票据交接后,车站(助理)值班员将列车的有关情况通知司机,按规定进行简略试风,确认发车条件具备后发车。

此外,技术站对部分改编中转列车还要进行摘挂车辆的调车作业,对解体列车要进行车列解体前的排风、摘管等准备工作。

二、列车技术作业过程应符合的要求

1. 各项作业应尽量平行进行,并在列车技术检修时间内完成。

2. 列车到达与始发技术检修时间、无调中转列车技术检修时间及部分改编中转列车技术检修时间均按照规定标准。

3. 排风、摘解软管于列车到达后确认列检到达试风完毕开始作业,并于技术检查时间内完成。

4. 各项作业应注明时间标准。

第二节　货物列车技术作业过程及规定

一、技术站列车作业的种类

为了保证列车运行的安全和货物的完整,货物列车在技术站需由列车检车员、车号员、货运检查员、列尾作业员等有关人员为列车进行一定的技术作业。技术站办理的列车技术作业种类有:始发列车的出发作业、无调中转列车作业、部分改编列车作业和解体列车的到达作业四种。

如图 8-1 所示,甲—乙区段列车重量标准为 3 200 t,乙—丙、丙—丁区段为 2 600 t。由甲站编组始发的直通货物列车,经过乙、丙两个区段站,到达丁站解体。据此,该列车在各站进行的列车技术作业种类分别为:在甲站进行始发列车出发作业,在乙站进行变更重量的部分改编中转列车作业,在丙站进行无调中转列车作业,在丁站则进行解体列车到达作业。

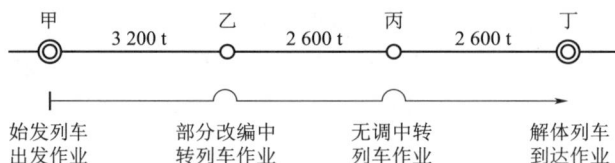

图 8-1　技术站货物列车作业种类

（一）始发列车的出发作业

由技术站编组始发的列车,在编组完了转往列车出发线后,为了保证列车质量,在出发线上所进行的技术作业,称为始发列车出发作业。

（二）无调中转列车作业

无调中转列车在技术站虽不进行改编调车作业,但是为了列车继续运行的安全和货物的完整,在到发线上所进行的技术作业,称为无调中转列车作业。

（三）部分改编中转列车作业

在技术站对列车所进行的成组车辆摘挂和列车技术作业,称为部分改编中转列车作业。它包括变更列车重量、换挂车组和变更列车运行方向三种。

1. 变更货物列车重量

当相邻区段牵引定数不同时,在技术站需进行减轴或补轴作业。如图 8-2 所示,甲站编开丙、丁站的货物列车,在乙站需要减轴 600 t。反之,丙、丁站编开甲站的货物列车,在乙站需要补轴 600 t。

2. 换挂车组

如图 8-2 所示,甲站开往丁站的货物列车,编组内容包括乙、丙、丁三个车组,列车运行至乙站后,摘下乙、丙车组,换挂去丁站的车组。

3. 变更列车运行方向

当直达列车、直通货物列车经过有分歧方向的技术站时,因车场进路关系,需变更列车行方向后,才能继续运行。如图 8-3 所示,由甲站开往丙站的直通列车,在乙站虽不改变编

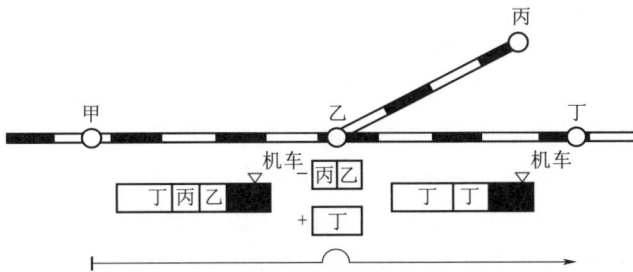

图 8-2 换挂车组

组内容,但需调换列车首尾,即变更运行方向后,才能继续向丙站方向运行。

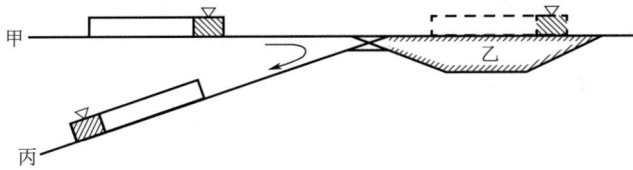

图 8-3 变更列车运行方向

(四)解体列车到达作业

货物列车到达解体站或终到站后,在解体调车作业之前,在到发线上所需办理的技术作业,称为解体列车到达作业。

二、列车技术作业过程和组织方法

(一)无调中转列车技术作业过程和组织方法

无调中转列车技术作业过程见表 8-1。

表 8-1 无调中转列车技术作业过程

顺序	作 业 项 目	时间(min)				
		0	10	20	30	40
1	检车员、车号作业人员、货运检查员、列尾作业员等出动					
2	车辆技术检查作业(包括摘挂机车和试风)					
3	列尾作业员技术作业					
4	车号作业人员核对现车					
5	货运检查及整理					
6	准备发车与发车					
	作业总时分					

从表中可以看出,无调中转列车技术作业的总时间,取决于车辆技术检修时间的长短。由于列车运行图对这种列车在技术站的停留时间,通常安排得比较紧凑,为确保列车安全、正点出发,特别要加速车辆的检修作业。加速车辆技术检修作业的主要方法有:

1. 加强检修预报。中间站值班员发现列车中有技术状态不良的车辆时，应直接或通过列车调度员向前方技术站预报，说明车号、编挂位置和不良情况，以便列检所提前做好检修准备。

2. 充分利用轴温自动检测设备或组织检车员提前到达现场，在列车进站过程中观测检查车辆技术状态，做到心中有数，以便缩短列车到达后检查车辆的时间。

3. 推广快速修理方法，扩大不摘车修理。如能将原需摘车修理的车辆改变为不摘车修理，既能减少摘车送修的调车作业，又能压缩该车在站停留时间。

（二）部分改编列车技术作业过程和组织方法

部分改编中转列车比无调中转列车技术作业增加了摘挂车组的调车作业，其技术作业过程见表 8-2。

表 8-2　部分改编列车技术作业过程

顺序	作 业 项 目	时间（min）				
		0	10	20	30	40
1	检车员、车号作业人员、货运检查员、列尾作业员等出动					
2	车辆技术检查作业（包括摘挂机车和试风）					
3	列尾作业员技术作业					
4	车号作业人员核对现车					
5	货运检查及整理					
6	摘挂车辆					
7	准备发车与发车					
	作业总时分					

加速部分改编列车技术作业的主要组织方法是合理解决车辆技术检修与调车作业的配合，争取最大的平行作业。具体方法是：

1. 减轴时，对摘下车组可采用先摘下后检修的方法。在调车机车摘车的同时，检车员集中力量检修基本车组。这种方法既缩短检修基本车组的时间，又可使减轴调车作业与车辆技术检修作业平行进行，从而缩短列车技术作业时间。

2. 补轴时，对补轴车组可采用先检修后挂车的方法。事先检修好的补轴车组由调车机车挂好在邻线等候，在车列检修完了后立即挂上。

在列车前部补轴或减轴时，如能利用到达机车减轴、出发机车补轴，还能进一步缩短摘挂车组的作业时间。

3. 换挂车组的作业方法，摘车与上述减轴的方法相同，挂车与上述补轴的方法相同。

4. 变更列车运行方向时，如因原列车中尾部车辆与出发列车机车有隔离限制，可将尾部车辆的车钩提开，先行检查后由调车机车拉走。此时，检车员即可集中力量检修前部车辆。

此外，部分改编中转列车一般都要更换列车编组顺序表，车号作业人员应根据列车确报和摘挂车调车作业计划，预先编制新的列车编组顺序表，待列车到达检查确认现车无误后，更换票据封套，加盖站名印，办理票据交接。

（三）到达解体列车技术作业过程和组织方法

到达解体列车在到达线上进行技术作业完了后，不再继续运行，而要进行解体。其技术作业过程见表8-3。

表8-3　解体列车技术作业过程

顺序	作 业 项 目	时间（min）				
		0	10	20	30	40
1	检车员、车号作业人员、货运检查员、列尾作业员等出动					
2	车辆技术检查作业（包括摘挂机车和试风）					
3	列尾作业员技术作业					
4	车号作业人员核对现车					
5	货运检查及整理					
6	准备解体					
	作业总时分					

加速解体列车到达技术作业过程的方法有：

1. 加速到达技检。对急需解体或腾空到发线的车列，车站应提前与列检所联系，增派检车员加速检修，缩短到达技检时间；如果是分部解体车列，可组织分段检修。必要时，对部分车辆的修理，可在车列解体后在调车场进行。

2. 认真核对现车。列车到达后，车号员应根据列车确报认真核对现车，检查票据，发现票据与现车不相符时，应立即向该列车编组站提出并设法纠正，防止车、票分离。对关门车、禁溜车、禁止过峰车、限速车等有特殊标记的车辆，应在记事栏内填记清楚。核对现车后，应及时向调车领导人报告，以便及时修改解体调车作业计划。

3. 做好解体前的准备工作。调车区长应根据列车确报，提前编制解体调车作业计划；调车人员根据解体调车作业计划及时对待解车列进行排风、摘管。

（四）编组始发列车出发技术作业过程和组织方法

编组始发列车出发技术作业是车辆出发前在站内作业的最后一道工序，相当于产品出厂检查，对于保证列车编组质量与运行安全有重要意义，其技术作业过程见表8-4。

表8-4　始发列车出发技术作业过程

顺序	作 业 项 目	时间（min）				
		0	10	20	30	40
1	检车员、车号作业人员、货运检查员、列尾作业员等出动					
2	车辆技术检查作业（包括摘挂机车和试风）					
3	列尾作业员技术作业					
4	车号作业员核对现车					
5	货运检查及整理					
6	准备发车与发车					
	作业总时分					

加速始发列车出发技术作业过程的方法是：

1. 通知有关人员做好准备工作。车站值班员应将车列编成的时间、转入到发场的股道、编成辆数、车次及出发时分通知机务段、列检所，组织机车按时出段，有关人员及时出动。

2. 挑选票据，编制列车编组顺序表。车号作业人员根据编组调车作业计划，在编组车列过程中挑选票据，编制列车编组顺序表，并于车列编成后，认真核对现车，保证做到"三相符"，即列车编组顺序表与货运票据、现车相符，并检查列车编组是否符合列车编组计划、运行图和《技规》规定，及时办理票据交接手续。

第三节　货车在车站作业过程的有关规定

一、货车按技术作业的分类

货车按其在车站所办理的技术作业不同，可分为中转车和本站货物作业车两种。

（一）中转车

中转车是指在车站只办理中转作业，不进行货物装卸作业的货车。按其在车站有无改编调车作业，中转车又分为无调中转车和有调中转车两种。

1. 无调中转车在车站不进行调车作业。它包括技术站原列到开的列车上的货车（摘走的车辆除外）；在技术站进行补、减轴调车作业的原中转列车上的货车（补、减轴的车辆除外）；停运列车上的货车；在中间站进行拆组或组合的长大重载列车上的货车。

2. 有调中转车在车站经过调车作业后，再编入其他列车发出。凡不符合上述无调中转作业条件中的货车均为有调中转车。

（二）货物作业车

货物作业车（又称本站货物作业车），是指在车站（指本站）进行装、卸或倒装作业的货车。按其在站作业过程的不同分为一次货物作业车和双重货物作业车两种。

1. 一次货物作业车：只进行一次装车或卸车作业的货车。

2. 双重货物作业车：先卸车然后再装车，进行两次货物作业的货车。

二、货车在站技术作业过程

货车从到达车站时起至发出时止，在车站所进行的技术作业程序、作业内容及作业时间标准，统称为货车在站技术作业过程。各项技术作业平均时间之和等于该货车在站停留时间。

（一）无调中转车技术作业过程

无调中转车技术作业过程，与其所在列车的技术作业过程相同。

（二）有调中转车技术作业过程

有调中转车随同列车到站后，首先在到达线上进行到达作业；然后，经过驼峰或牵出线进行解体调车作业，将其调入调车场固定线路内集结，待车流集结达到运行图规定的列车重量或长度后，经过编组调车作业，编成新的车列（车组），转入出发线上随同列车进行出发作业，再从车站发出。调车场内设有编发线时，列车出发作业可在编发线上办理并直接发车，无需经过转场作业。有调中转车技术作业过程见表8-5。

表8-5 有调中转车在站技术作业过程

顺序	作业名称	作业时间
1	到达	
2	解体	
3	集结	
4	编组	
5	出发	
	总停留时间	

从表8-5可以看出,有调中转车在站技术作业为到达、解体、集结、编组、出发五项作业,有调中转车在站平均停留时间($t_{有调}$)为五项作业平均时间之和,即

$$t_{有调}=t_{到}+t_{解}+t_{集}+t_{编}+t_{发}(h)$$

式中,$t_{到}$、$t_{解}$、$t_{集}$、$t_{编}$、$t_{发}$分别为到达、解体、集结、编组、出发作业平均时间。

有调中转车在站内进行技术作业的走行径路,视技术站车场配列情况不同而异。例如,到发场与调车场横向配列的横列式车站(图8-4),有调中转车在站内产生大量的折返走行,增加了车辆在站走行距离和时间。

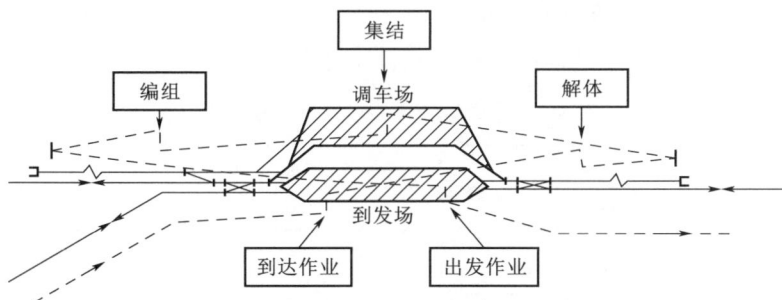

图8-4 横列式车站有调中转车走行经路

到发场与调车场纵向配列的纵列式车站(图8-5),主要方向的有调中转车在站内可以流水作业,基本上没有折返走行,可减少车辆在站的走行距离和时间。

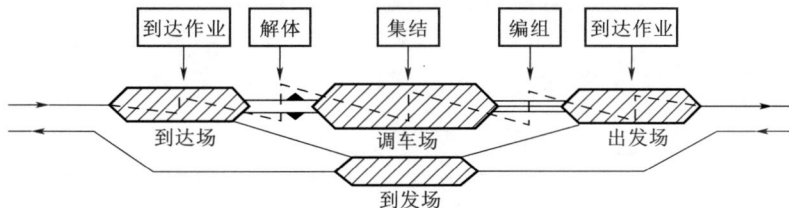

图8-5 单项纵列式车站有调中转车走行径路

(三)一次货物作业车技术作业过程

在技术站上,一次货物作业车除办理有调中转车相同的五项技术作业外,还有向货物作

业地点送车、装车或卸车、取车三项技术作业。其技术作业过程见表 8-6。

表 8-6　一次货物作业车技术作业过程

顺序	作业名称	作业时间(h)
1	到达	
2	解体	
3	送车	
4	装(卸)	
5	取车	
6	集结	
7	编组	
8	出发	
总停留时间(h)		

一次货物作业车在技术站平均停留时间 $t_{一次}$ 为：

$$t_{一次} = t_{到} + t_{解} + t_{送} + t_{装(卸)} + t_{取} + t_{集} + t_{编} + t_{发} (\text{h})$$

式中，$t_{送}$、$t_{装(卸)}$、$t_{取}$ 分别为送车、装车或卸车、取车作业平均时间。

（四）双重货物作业车技术作业过程

双重货物作业车比一次货物作业车增加两项技术作业：一是将卸空后空车送往装车作业地点的调移作业；二是多一次货物作业。其技术作业过程见表 8-7。

表 8-7　双重货物作业车技术作业过程

顺序	作业名称	作业时间(h)
1	到达	
2	解体	
3	送车	
4	卸车	
5	调移	
6	专车	
7	取车	
8	集结	
	编组	
	出发	
总停留时间(h)		

双重货物作业车在技术站共进行十项技术作业，其平均停留时间为：

$$t_{双重} = t_{到} + t_{解} + t_{送} + t_{卸} + t_{调移} + t_{装} + t_{取} + t_{集} + t_{编} + t_{发} (\text{h})$$

式中，$t_{调移}$ 为卸车后调往装车地点的平均时间。

双重货物作业车比一次货物作业车多一次货物作业。所以按作业次数平均的一次货物作业停留时间较短,货车运用效率较高。为此,应充分利用本站卸完后的空车进行装车,尽可能扩大车种代用,提高双重作业系数,缩短一次货物作业平均停留时间。

所谓双重作业系数($K_双$)是指每一货物作业车平均摊到的装卸作业次数,$K_双$ 最大值为2,最小值为 1。其值变动于 $1\sim2$ 间。$K_双$ 越大,货车运用效率越高。$K_双$ 可按下式计算:

$$K_双 = \frac{u_装 + u_卸}{N_货车}$$

式中 $u_装$、$u_卸$——装、卸作业次数;

$N_货车$——本站货物作业车数。

必须指出,货车技术作业过程从理论上讲,应该是最大限度地平行作业。但实际工作中,由于主客观原因往往出现等待时间,如待解、待送、待取、待编、待发等。这些等待时间虽然均属于非生产时间,也应统计在货车技术作业过程中。应从改变调车机车运用,提高车站工作组织水平等方面入手,大力予以压缩,直至消除各种等待时间。

三、货车集结过程

(一)基本概念

技术站编组某一到达站的列车,其车流来源一部分是本站自装的车辆,大部分是随解体列车陆续到达的车辆。这些车辆在调车场内集结成车列的过程,称为货车集结过程。

上述货车集结过程是按货车进入调车场开始计算的,故称为按调车场的货车集结过程。此外,为编制车站作业计划推算车流及查定车站技术作业过程,货车集结过程也可按货车到达车站(本站货物作业车为装卸完了)开始计算,称为按车流的货车集结过程。

(二)列车集结过程及集结时间

一个车列的集结过程:从组成某一到达站出发车列的第一组货车进入调车场或到达车站(本站货物作业车为装卸完了)之时起,至集结该车列的最后一组货车进入调车场或到达车站(本站货物作业车为装卸作业完了)之时止,称为车列的集结过程。在集结过程中,该车列每一货车的平均停留时间,称为集结时间。

(三)加速货车集结过程的措施

1. 组织邻接区段和枢纽内各站产生的车流,配合到达技术站。所谓配合到达,就是组织大车组在车列集结终了前密集到达,缩短车列集结车小时。

2. 组织本站自装(卸)车流,提前结束车列集结过程。

3. 组织超轴列车,造成集结中断。

第四节 车站通过能力和改编能力

一、车站能力概述

车站是铁路运输基层生产单位,车站一天能够接发列车和编解列车的数量,称为车站能力,即车站通过能力和改编能力。

车站通过能力是指车站在现有设备条件下,采用合理的技术作业过程,于一昼夜内所能接、发各方向的货物列车数和运行图规定的旅客列车数。它包括咽喉道岔通过能力和到发线通过能力两部分。

车站改编能力是指在合理使用技术设备条件下，车站的固定调车设备一昼夜内所能解体和编组的货物列车数或车辆数。

（一）查定和计算车站能力的目的

查定和计算车站通过能力和改编能力的目的，一是为了正确地组织接发列车和合理分配列车解编任务，有效地利用现有技术设备；二是查明车站行车工作组织和技术设备中的薄弱环节，提出挖掘设备潜力、提高作业效率和加强车站能力的措施，三是为加强车站技术管理，编制列车编组计划和列车运行图，以及对现有的技术设备进行改建或扩建提供依据。

影响车站通过能力的主要因素有：车站现有行车设备（如线路、信联闭及调车设备）类型及车站作业组织情况；车站办理各方向列车和各类列车的数量；计划车流量和行车量的分配等。

（二）计算方法

计算车站通过能力和改编能力的方法有分析计算法和图解法两种。

图解法是采用绘制车站技术作业图表把列车到发、车列解编、车辆取送、机车出入段等技术作业占用咽喉道岔、到发线、牵出线和驼峰等技术设备的程序与时间表示出来。图解法能看出各部分作业之间的联系和影响，比较正确地反映车站设备的利用程度，但绘制图表比较复杂费时，仅在车站能力利用率达到70％以上时，作为分析检验车站某一部分设备或某一阶段作业能力时采用。

分析计算法是用公式进行计算的。由于这种方法是以列车、机车、车辆不间断地均衡占用技术设备为前提的，因此计算的结果和实际有一定出入，一般偏大。但计算简便，一般计算多采用此法。

分析计算法又分为直接计算法和利用率计算法两种。直接计算法仅限于某项设备只负担单一种类的作业时使用；各项作业综合使用设备的能力计算，多采用利用率计算法。

（三）主要作业和固定作业

主要作业是指随车站行车量增减而增减的作业，如直达、直通、区段列车的接、发、解、编等作业及其列车机车出入段等。

固定作业是指与车站行车量增减无关的作业。主要包括：

1. 旅客列车（不含临时旅客列车、临时旅游列车）到、发、调移及其列车机车出入段等作业；

2. 摘挂列车的解编作业（一般仅限于列车运行图中规定的作业，随运量变化而显著变化者除外）；

3. 向车辆段、机务段和货物装卸地点定时取送车辆的作业；

4. 调车组交接班、吃饭时间，调车机车整备作业时间。

二、车站通过能力

车站通过能力包括咽喉道岔通过能力和到发线通过能力。

（一）咽喉道岔通过能力

咽喉道岔是接发列车和调车工作量（固定作业除外）最大的道岔组。咽喉道岔的通过能力是指咽喉道岔一昼夜能够接发该方向的货物列车数和运行图规定的旅客列车数。当同一方向列车分别经由不同进路的咽喉道岔到、发时，咽喉道岔能够接发该方向列车的通过能力则为各咽喉道岔能够办理该方向列车数之和。

占用咽喉道岔的时间按作业性质不同，可归纳为接车、发车和调车（包括车列转线、取送车、机车出入段）3种。

1. 接车占用咽喉道岔的时间（$t_{接车}$）

$$t_{接车}=t_{准}+t_{进}$$

式中　$t_{准}$——准备接车进路及开放信号的时间（min）；

$t_{进}$——列车通过进站距离的时间，是自接车进路或该进路准备完毕时起至列车腾空该咽喉道岔组或进路解锁时止的一段时间（min）。

2. 发车占用咽喉道岔的时间（$t_{发车}$）

$$t_{发车}=t_{准}+t_{出}$$

式中　$t_{出}$——列车通过出站距离（$L_{出}$）的时间，是自发车进路准备完毕时起，至列车尾部离开该进路最外方道岔组（一次性解锁车站）或该进路解锁（分段解锁车站）时止的一段时间（min）。

列车通过出站距离 $t_{出}$，$t_{出}$ 可采用查定方法按下式计算：

$$t_{出}=0.06\frac{t_{出}}{v_{出}}$$

式中　$v_{出}$——列车平均出站速度（km/h）。

3. 调车占用咽喉道岔的时间（$t_{调}$）

调车作业包括机车出入段、车列牵出或转线、编组、解体或车辆取送等，各单项作业时间标准，多采用写实法确定。采用写实法查定接车、发车和调车作业占用咽喉道岔组的时间标准，一般分为写实、汇总和定标三个步骤。

4. 咽喉道岔组

咽喉道岔组是指某方向某接发列车进路上作业最繁忙（作业占用时间最长、利用率最高的一组道岔，为避免逐个道岔进行计算，可将咽喉道岔区道岔划分若干个道岔组，通过计算比较，找出各方向接发列车进路上的咽喉道岔组。

道岔分组的原则是：不能被两条进路同时分别占用的道岔应并为一组，反之，能被两条进路同时分别占用的道岔应分开。

5. 咽喉道岔通过能力计算

计算咽喉道岔组通过能力一般采用利用率计算法。其步骤与方法如下：

（1）计算一昼夜全部作业占用咽喉道岔组的总时间。

$$T_{总}=n_{接}\,t_{接车}+n_{发}\,t_{发车}+n_{机}\,t_{机}+\sum t_{调}+\sum t_{妨}+\sum t_{固}$$

式中　$n_{接}$、$n_{发}$——占用咽喉道岔组接入或发出的货物列车数（列）；

$n_{机}$、$t_{机}$——占用咽喉道岔组的单机数（计算在$\sum t_{固}$中的除外）及每次占用时间（min）；

$\sum t_调$——调车作业占用咽喉道岔组的总时分（包括在$\sum t_固$中的除外）（min）；

$\sum t_妨$——由于列车、调车和机车占用与咽喉道岔组有关进路上的其他道岔，而需要停止使用该咽喉道岔的总时间（min）；

$\sum t_固$——固定作业占用咽喉道岔的总时间（min）。

（2）计算咽喉道岔组通过能力利用率。

咽喉道岔组通过能力利用率应按方向、接车与发车进路分别计算。i方向j接车或发车进路咽喉道岔组利用率K_{ij}为：

$$K_{ij}=\frac{T_总-\sum t_固}{(1\,440-\sum t_固)(1-\gamma_空)}$$

式中　$\gamma_空$——咽喉道岔组空费系数，取0.15～0.20。

（3）计算咽喉道岔组通过能力。

咽喉道岔组通过能力应按方向、接车与发车进路分别计算，各进路咽喉道岔组通过能力之和，即为该方向咽喉通过能力。i方向、j接车或发车进路咽喉道岔组通过能力计算公式为：

$$N_接^{ij}=\frac{n_接^{ij}}{K_{ij}}$$

$$N_发^{ij}=\frac{n_发^{ij}}{K_{ij}}$$

式中　$n_接^{ij}$、$n_发^{ij}$——i方向，j接车或发车进路上接入、发出的货物列车数（列）。

（二）到发线通过能力

到发线通过能力包括货物列车到发线和旅客列车到发线通过能力。技术站、货运站主要计算货物列车到发线通过能力，客运站主要计算旅客列车到发线通过能力。

1. 货物列车占用到发线时间标准

（1）无调中转列车占用到发线时间标准（$t_{中占}$）

$$t_{中占}=t_{接车}+t_停+t_出$$

式中　$t_停$——无调中转列车在到发线上停留时间（图定或查定），自列车到达停妥时起，至列车出发起动时止（min）。

（2）部分改编中转列车占用到发线时间标准（$t_{部占}$）

$$t_{部占}=t_{接车}+t'_停+t_出$$

式中　$t'_停$——部分改编中转列车在到发线上停留时间，自列车到达停妥时起，至列车出发起动时止（min）。

（3）解体列车占用到发线时间标准（$t_{解占}$）

$$t_{解占}=t_{接车}+t''_停+t_转$$

式中　$t''_停$——解体列车在到发线上停留时间，自列车到达停妥时起，至车列转线或推峰起动时止的一段时间（min）；

$t_转$——解体车列转线或推峰占用到发线时间，自车列转线或推峰时起，至腾空该到发线时止的一段时间（min）。

（4）始发列车占用到发线时间标准（$t_{编占}$）

$$t_{编占} = t'_{转} + t'''_{停} + t_{出}$$

式中　$t'_{转}$——编组转线占用到发线时间,自准备转线调车进路时起,至整个车列转入发车线
　　　　　　警冲标内方停妥时止的一段时间(min);

$t'''_{停}$——始发列车在到发线上的停留时间,自车列转入出发线停妥时起,至列车出发起
　　　　　　动时止的一段时间(min)。

2. 货物列车到发线通过能力计算

采用利用率计算货物列车到发线通过能力的步骤和方法如下:

(1)计算一昼夜内全部作业占用到发线总时间。

$$T_{总} = n_{总}\,t_{中占} + n_{部}\,t_{部占} + n_{解}\,t_{解占} + n_{编}\,t_{编占} + n_{机}\,t_{机占} + \sum t_{调} + \sum t_{其他}$$

式中　$n_{中}$、$n_{部}$、$n_{解}$、$n_{编}$、$n_{机}$——在该到发场进行接发列车作业的无调中转、部分改编中转、
　　　　　　　　　　　　　　解体、编组始发列车数及单机数;

$t_{机占}$——图定接、发单机占用到发线时间(min);

$\sum t_{调}$——固定作业占用到发线总时间(min);

$\sum t_{其他}$——其他作业占用到发线总时间(min)。

(2)计算货物列车到发线通过能力利用率(K)。

$$K = \frac{T_{总} - \sum t_{固}}{(1\,400 m_{到发} - \sum t_{固})(1 - \gamma_{空})}$$

式中　$m_{到发}$——扣除机车走行线后可用于接发货物列车的线路数;

$\gamma_{空}$——到发线空费系数,取 0.15~0.20。

(3)计算货物列车到发线通过能力。

货物列车到发线通过能力应按方向和列车种类分别计算接车和发车能力。

接入 i 方向解体列车:$N^i_{货解} = \dfrac{n^i_{解}}{K}$

发出 i 方向始发列车:$N^i_{货编} = \dfrac{n^i_{编}}{K}$

接发 i 方向无调中转列车:$N^i_{货中} = \dfrac{n^i_{中}}{K}$

接入 i 方向部分改编中转列车:$N^i_{货部} = \dfrac{n^i_{部}}{K}$

式中　$n^i_{解}$、$n^i_{编}$、$n^i_{中}$、$n^i_{部}$——列入计算中的 i 方向解体、始发、无调中转、部分改编中转列车数。

到发场接、发 i 方向货物列车到发线通过能力为:

$$N^i_{货接} = N^i_{货解} + N^i_{货中} + N^i_{货部}$$
$$N^i_{货发} = N^i_{货编} + N^i_{货中} + N^i_{货部}$$

3. 货物列车编发线通过能力计算

在调车场内划出一部分调车线,与正线接通,兼作发车线,称为编发线。在编发线上集结某一到达站车列,当车流满轴时,按规定编成车列,挂上规定的列车标志,在编发线上进行出发作业,然后由编发线直接发车。它减少了车列编成后的转场作业,缩短了编组时间,提高了峰尾编组能力,已有不少编组站调车场设有一定数量的编发线。

编发线发车能力的查定方法有两种:一是通过车站作业规律和完成实绩分析确定;二是

参照下列公式计算确定，各站可从中选择一种。

编发线发车能力（$N_{编发}$）计算公式为：

$$N_{编发} = \frac{(1\,440m_{编发} - \sum t_{固})(1 - \gamma_{空})}{t_{编发}}$$

式中　$m_{编发}$——编发线数（条）；

　　　$t_{编发}$——各列车平均占用编发线时间（min）。

各列车平均占用编发线时间（$t_{编发}$）计算公式为：

$$t_{编发} = t_{预占} + t_{分解} + t_{集}^{列} + t_{待编} + t_{编} + t_{发} + t_{待发} + t_{出} + t_{它}$$

式中　$t_{预占}$——开始向编发线解体前，预先办理调车进路的时间。如自允许推峰时起，至车列推到峰顶时止的时间（min）；

　　　$t_{分解}$——分解一个车列的时间（min）；

　　　$t_{它}$——摊到每列占用编发线的其他作业时间（min）。

三、车站改编能力

车站改编能力应按驼峰或牵出线分别计算。当驼峰或牵出线只担当解体或编组作业时，多采用直接计算法；反之，既担当解体又担当编组作业时，多采用利用率计算法。

（一）驼峰解体能力

主要担当解体作业的驼峰，其解体能力可根据不同作业方案，采用直接计算法进行计算。

1. 使用一台调车机车实行单推单溜的解体能力（$N'_{解}$）

$$N'_{解} = (1 - \alpha_{空}) \frac{(1\,440 - \sum t'_{固})}{t_{解占}^{单单}}$$

$$B'_{解} = N'_{解} m_{解}$$

式中　$\sum t'_{固}$——1台调车机车单推单溜固定作业时间。

1台调车机车单推单溜固定作业时间（$\sum t'_{固}$）的计算公式为：

$$\sum t'_{固} = \sum t_{交接} + \sum t_{吃饭} + 2\sum t_{整备} + \sum t_{客妨} + \sum t_{占}^{取送}$$

式中　$\sum t_{交接}$、$\sum t_{吃饭}$、$\sum t_{整备}$——昼夜调车组交接班、吃饭和一台调车机车整备时间（min）；

　　　$\sum t_{客妨}$——昼夜旅客（通勤）列车横切峰前咽喉妨碍驼峰解体的时间（min）；

　　　$\sum t_{占}^{取送}$——列入固定作业的取送等调车作业占用或中断使用驼峰的时间（min）；

　　　$\alpha_{空}$——驼峰空费系数，一般采用 0.03～0.05；

　　　$t_{解占}^{单单}$——采用单推单溜作业方案时解体一个车列平均占用或中断使用驼峰的时间解占（min）；

　　　$m_{解}$——解体车列的平均编成辆数。

2. 使用两台调车机车实行双推单溜的解体能力（N）

$$N''_{解} = (1 - \alpha_{空}) \left(\frac{(1\,440 - \sum t''_{固})}{t_{解占}^{双单}} + \frac{2\sum t_{整备} + \sum t_{未占}^{取送}}{t_{解占}^{单单}} \right)$$

$$B''_{解} = N''_{解} m_{解}$$

式中 $\sum t^{双单}_{解占}$——采用双推单溜作业方案时,解体一个车列平均占用驼峰的时间(min);

　　　 $\sum t''_{固}$——2台调车机车双推单溜固定作业时间。

2台调车机车双推单溜固定作业时间($\sum t''_{固}$)的计算公式为:

$$\sum t''_{固} = \sum t_{交接} + \sum t_{吃饭} + 2\sum t_{整备} + \sum t_{客妨} + \sum t^{取送}_{占} + \sum t^{取送}_{未占}$$

式中 $\sum t^{取送}_{未占}$——驼峰调车机车应担当的取送调车作业中未中断占用或未使用驼峰的时间未占(min)。

3. 使用3台以上调车机车实行双推单溜解体能力($N'''_{解}$)

$$N'''_{解} = (1-\alpha_{空}) \frac{1\,440 - \sum t'''_{固}}{t^{双单}_{解占}}$$

$$B'''_{解} = N'''_{解} m_{解}$$

式中 $\sum t'''_{解}$——3台以上调车机车双推单溜固定作业时间。

3台以上调车机车双推单溜固定作业时间($\sum t'''_{固}$)的计算公式为:

$$\sum t'''_{固} = \sum t_{交接} + \sum t_{吃饭} + \sum t_{客妨} + \sum t^{取送}_{占}$$

4. 驼峰解体钩分的计算

钩分的计算方法是用每一种调车作业方法的总钩数除以该项作业所消耗的作业时分,就是该项作业方法的平均钩分。它是分析考核调车作业效率的一项标准,也是车站制定计划和研究改进工作的依据。

（二）调车场尾部牵出线编组能力

主要担当编组作业的调车场尾部牵出线,其编组能力可采用直接计算法或利用率计算法计算。

1. 直接计算法

$$N_{编} = \frac{(1\,440 M_{机} - \sum t_{固})(1-\alpha_{妨})}{t_{编}} + N_{摘}$$

$$B_{编} = N_{编} + m_{编}$$

式中 $M_{机}$——调车场尾部调车机车台数;

　　　 $\sum t_{固}$——尾部调车机车一昼夜固定作业总时间。

尾部调车机车一昼夜固定作业总时间($\sum t_{固}$)的计算公式为:

$$\sum t_{固} = \sum t_{交接} + \sum t_{吃饭} + \sum t_{整备} + \sum t_{取送} + \sum t_{摘挂}$$

式中 $\sum t_{摘挂}$——昼夜编组摘挂列车的总时间(min);

　　　 $\sum t_{取送}$——昼夜担当取送调车作业的总时间(min);

　　　 $\alpha_{妨}$——妨碍系数,两台调车机车时取 0.06～0.08,3 台调车机车时取 0.08～0.12;

　　　 $N_{摘}$——昼夜编组摘挂列车数(列);

　　　 $t_{编}$——平均编组一个车列的时间(min)。

平均编一个车列的时间($t_{编}$)的计算公式为:

$$t_{编} = t_{空程} + t_{连挂} + t_{送编} + t_{转线} + t_{整场}$$

式中 $m_{编}$——列车平均编成辆数。

2. 利用率计算法

$$N_解=\frac{n_编}{K}+N_摘$$

$$B_解=N_编\,m_编$$

式中　$n_编$——列入计算的每昼夜编组货物列车(不包括摘挂列车)及交换车总列车数；

　　　K——编组能力利用率。

编组能力利用率(K)的计算公式为：

$$K=\frac{T_总-\sum t_固}{(1\,440M_机-\sum t_固)(1-\alpha_妨)}$$

式中　$T_总$——昼夜占用尾部牵出线作业总时间(min)。

（三）简易驼峰或牵出线改编能力

既担当解体又担当编组作业的简易驼峰或牵出线的改编能力,可采用利用率计算法。其计算步骤和方法如下：

1. 计算一昼夜内占用牵出线或简易驼峰的总时间($T_总$)。

$$T_总=n_解\,t_解+n_编\,t_编+n_调\,t_调+\sum t_固+\sum t_整场$$

式中　$n_解$、$n_编$——占用牵出线(简易驼峰)解体、编组的列车数,部分改编中转列车按其作业
　　　　　　　时间折合列数计算；

　　　$t_解$、$t_编$——解体、编组一个车列的作业时间标准(min)；

　　　$n_调$、$t_调$——除解体、编组作业外占用驼峰或牵出线的其他调车作业次数、一次作业平
　　　　　　　均时间(min)。

2. 计算牵出线(简易驼峰)改编能力利用率(K)。

$$K=\frac{T_总-\sum t_固}{(1\,440M_机-\sum t_固)(1-\alpha_妨)}$$

3. 计算牵出线(简易驼峰)改编能力。

(1)以列数表示时

$$N_解=\frac{n_解}{K}$$

$$N_编=\frac{n_编}{K}+N_编$$

式中　$n_解$——包括摘挂列车一昼夜解体列数(列)；

　　　$n_编$——不包括摘挂列车一昼夜解体列数(列)。

(2)以辆数表示时

$$B_解=N_解\,m_解$$

$$B_编=N_编\,m_编$$

（四）改编能力的确定

1. 纵列式编组站驼峰担当解体、尾部牵出线担当编组作业时,经过合理调整峰上、峰尾作业负担后,按其中较小的解体或编组能力的两倍确定其改编能力。

2. 横列式技术站或简易驼峰、牵出线既编又解的改编能力,按其解体与编组能力之和确定。

3. 具有两套解编系统的双向编组站,分别按上、下行系统确定其改编能力。全站的改编能力按两系统改编能力之和计算。

4. 担当重复解体转场车的驼峰,应分别按含转场车、不含转场车两种情况表示其解体能力。

(五)调车线能力利用率的计算

1. 调车线能力利用率的概念

调车线能力利用率表示调车线生产能力的利用程度调车线能力利用率的计算统计表见表 8-8。

表 8-8　调车线能力利用率的计算统计表

去向组号＼项目	占用线路数	线路编号	标准	$N_编 m_编$	K	附注
××去向						
××组号						
全站						

编制填写说明:1. 本站作业车、限制车(检修车、特种车)等亦应列入。

2. $N_编$,$m_编$ 与表内车流量一致。

2. 调车线能力利用率的计算

调车线能力利用率应按列车编组计划规定的去向、组号等分别计算,计算公式为:

$$K = \frac{B_实}{B_标} \times 100\%$$

$$B_实 = \frac{N_编 n_编}{M_编}$$

式中　$M_编$——该场供各编组去向车流集结及编发的调车线与编发线数;

　　　$N_编$——该场集结并编组的车列数(列);

　　　$m_编$——该场所编车列的加权平均编成车数(车);

　　　$B_实$——每条调车线与编发线的集结车数(车/d);

　　　$B_标$——每条调车线或编发线的日均标准(车/d)。调车线取 200 车/d,编发线取 150 车/d,小运转列车取 250 车/d,摘挂列车取 150 车/d。

四、提高车站能力的措施

(一)车站能力汇总

车站能力是指在现行作业组织方法及调车机车配备情况下,各车场、驼峰或牵出线及整个车站所具有的通过能力和改编能力。

1. 通过能力汇总

汇总车站通过能力的目的在于查明车站咽喉、到发线接发各方向各种列车的能力。车站咽喉区各进路咽喉道岔组通过能力加总后,列入该方向咽喉通过能力。一个方向的列车接入车站的几个车场或从几个车场出发时,各车场该方向到发线通过能力加总后,列入全站该方向到发线通过能力。各方向咽喉、到发线通过能力加总后列入全站的咽喉、到发线通过能力。

2. 改编能力汇总

汇总车站改编能力的目的在于查明该站调车设备解体和编组各方向列车的能力。当一个方向的列车由两个及以上的调车设备进行解体或编组时,该方向的改编能力应等于各调车设备该方向的改编能力之和。驼峰、牵出线的改编能力,按本节所述确定后,汇总列入全站改编能力。

（二）提高车站能力的措施

铁路通过能力直接关系着运输生产过程的实现,而车站通过能力和改编能力是铁路通过能力的重要组成部分。因此,铁路必须科学而有计划地加强车站能力,以保证能够适应国民经济发展和运输市场的需要。

提高车站通过能力和改编能力的措施有技术组织措施和改建措施两类。

1. 提高车站能力的技术组织措施

(1)调整车站技术设备使用方案,均衡设备作业负担。

车站能力与技术设备使用方案关系很大,通过调整车场分工和到发线使用方案,重新分配驼峰、牵出线工作,调整调车机车分工及其作业区域,调整咽喉道岔的作业负担,使各项技术设备的作业负担均衡并减少敌对进路的干扰,从而提高和协调车站咽喉通过能力、到发线通过能力和驼峰、牵出线的改编能力。

但是必须注意,在到发线通过能力重新调整计算后,应根据新的分配方案,对咽喉道岔组的作业占用时分予以验算,检查咽喉通过能力有无变化。

同理,当某咽喉道岔组限制了车站通过能力时,亦可通过充分利用平行进路来调整原来的接车、发车和调车进路,减轻该咽喉道岔组的作业负担,以提高车站通过能力。

当驼峰或牵出线的改编能力紧张,或遇车流增大时,可以有计划地调整驼峰、牵出线的作业负担,根据技术设备条件,活用固定线路,合理固定调车作业区域,充分发挥调车设备的效能,提高其改编能力。

(2)压缩各项作业占用技术设备的时间。

采用先进的工作方法,改进各种列车的技术作业过程和调车作业方法,采取解体照顾编组、解体照顾送车、取车照顾编组、解编结合等方法,利用车辆集结过程预编、预检车组等,实现流水作业和最大限度的平行作业,在压缩单项作业时间的同时,减少或消除等待和妨碍作业时间。

(3)改进运输组织工作。

加强车站作业计划与调度指挥,根据列车编组内容和到发时间,有预见有计划地组织车流和装卸作业,合理组织调车机车工作,充分发挥调车机车效率,减少固定作业占用时间。改善车流组织方法,结合车流到发规律,大力组织挂线装车,组织成组装车和直达列车,扩大技术站无调中转列车的比重。改善劳动组织,加强联劳协作,使各部门、各工种之间作业紧密配合,以提高工作效率,大力压缩各种非生产等待时间。

(4)对车站现有设备进行小量技术改造。

在工程量和投资不大的情况下,可在咽喉区增铺或改铺道岔,移设信号机,增加咽喉平行进路,延长牵出线,增加辅助调车机车等,以加强车站通过能力和改编能力。

2. 提高车站能力的改建措施

(1)改造车站咽喉。改进车站咽喉布置,增设联络线,增加平行进路。在必要和可能时,采用立体交叉,以疏解列车进路,使各方向客货列车接发、机车出入段、解编和取送调车等能够最大限度地平行作业。

(2)改建或扩建站场线路。改进车场布置,增加或延长到发线、调车线,分别设置货物列车到达场、出发场,或在办理直通货物列车较多的车站增设直通车场等。

(3)改造现有固定调车设备。改造牵出线、驼峰设备的平纵断面,增设预推线、禁溜线和尾部牵出线,抬高驼峰高度,采用先进的峰下制动设备,如采用减速器、加减速顶调速设备等。

(4)采用各种新技术,装设先进的信、联、闭设备。

(5)修建自动化驼峰,实现编组站作业自动化,全面提高车站改编能力。

复习思考题

1. 技术站货物列车作业有哪几种?

2. 货物列车技术作业一般包括哪些主要内容?

3. 加速部分改编中转列车技术作业过程的主要方法有哪些?

4. 中转车、无调中转车、有调中转车、货物作业车、一次货物作业车和双重货物作业车?

5. 一次货物作业车包括哪些技术作业过程?

6. 双重货物作业车包括哪些技术作业过程? 什么是双重作业系数? 如何计算?

7. 什么是货车集结过程?

8. 什么是车站通过能力?

9. 什么是车站改编能力?

10. 计算车站通过能力和改编能力的方法有哪几种?

11. 什么是咽喉道岔的通过能力?

12. 什么是咽喉道岔组?

13. 如何计算咽喉道岔组利用率?

14. 什么是车站能力?

15. 提高车站通过能力和改编能力的措施有哪几种?

16. 提高车站能力的技术组织措施包括哪些?

17. 提高车站能力的改建措施包括哪些?

第九章 | 调车作业、接发列车

第一节　调车工作的分类及特点

调车工作可以按技术设备和作业目的不同进行分类。

一、调车工作分类

（一）按技术设备分类

调车工作按技术设备分为牵出线调车和驼峰调车两大类。

1. 牵出线调车

牵出线调车也叫平面调车,是最基本的调车作业方式。目前,在我国铁路,大多数技术站仍以牵出线作为主要的调车设备,即使是使用了驼峰调车设备的车站,驼峰尾部的编组作业,车列的转场、转线,车辆的取送、摘挂等也是在牵出线上进行的。在大多数中间站的调车作业,大部分使用摘挂列车本务机车作为动力,没有牵出线的中间站,调车作业要利用区间正线或专用线。因此,在全部调车工作中,牵出线调车占有很大比重。牵出线调车按操作技术可分为推送调车法和溜放调车法两种。

（1）推送调车法

使用机车将车辆送至指定地点停妥后,再提开车钩将车辆停在指定地点,在这个过程中不会摘下车辆,称推送调车法,如图9-1所示。

（2）溜放调车法

用机车推送车列达到一定速度后,司机根据调车长的信号或指令指示减速,连结员在行进中提钩,被摘下的车组借所获得的动能作用溜放到指定地点,这种调车方法称为溜放调车法。

按其操作技术不同,溜放调车法又分为单钩溜放、连续溜放、多组溜放、惰力溜放和惰力多组溜放等。

2. 驼峰调车

驼峰是利用车辆的重力和驼峰的位能(高度),辅以机车推力来解散车列的一种调车设备。利用驼峰来解散车列时,调车机车将车列推上峰顶,摘开车钩后,车组凭借所获得的位能和车辆本身的重力向下溜放,如图9-2所示。

驼峰调车作业程序:连挂车列、推送车辆、解散车列、下峰作业。

（二）按作业目的分类

调车工作按作业目的分为解体调车、编组调车、摘挂调车、取送调车、其他调车五大类。

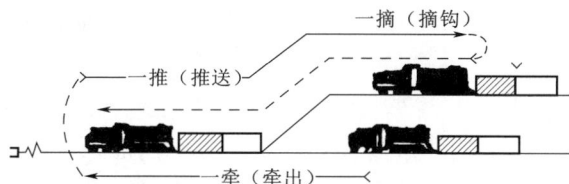

图 9-1 推送调车

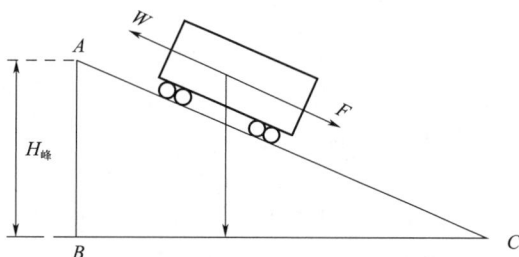

图 9-2 驼峰溜放车辆作用力示意图

1. 解体调车:将到达解体的车列或车组按其车辆的去向或其他需要分解到调车场各固定线路上去的调车。

2. 编组调车:是按列车编组计划、列车运行图,以及有关规章的规定和要求,将车辆选编成车列或车组的调车。

3. 摘挂调车:对部分改编中转列车进行补轴、减轴、车组换挂以及摘挂列车在中间站进行摘挂车辆的调车。

4. 取送调车:将待装、待卸、待修的车辆由调车场送至装卸作业、检修作业地点以及从上述地点将作业完了的车辆取回调车场的调车。

5. 其他调车:因工作需要对车列或车组进行转场、转线,对调车场内的停留车辆进行整理,以及机车出入段等调车作业。

二、两类调车作业方式的特点

(一)牵出线调车作业的特点

1. 车辆移动及溜放的动力来源,完全依靠机车的推送力。因此,要求调车组与机车乘务组之间要密切配合,协调作业。

2. 解体车组时的提钩地点,随着调车车列的移动不断变化。

3. 溜放车组脱离调车车列时的速度是该车组的最高速度,为使大小不同的车组溜到不同的地点,调车长掌握速度的变化范围较大。

4. 溜放调车时,车组脱离车列后的互相间的距离以及能否停在适当位置,主要依靠连结员随车进行人力制动机制动来调节,因此,对连结员技术要求较高。

5. 调车人员的劳动强度大,经常需要在车列、车组走行过程中上下车,因此,调车人员在作业中一定要注意人身安全。

(二)驼峰调车作业的特点

各类驼峰调车与牵出线调车相比,具有以下几个方面的特点:

1. 车辆溜行动力。牵出线调车主要靠机车的推力;驼峰调车主要靠车辆自身的重力,机车推力只起辅助作用。

2. 提钩地点。在牵出线上溜放调车时,机车推动车列逐钩移向调车场,提钩地点不固定;驼峰解体车列时,提钩地点基本上固定在压钩坡至峰顶这一区域内。

3. 溜放速度控制。在牵出线上溜放调车时,车组脱离车列的速度为该车组的最高速度,调车长控制速度的范围较大,可以用调节溜放速度的方法来适应各种不同车辆走行性能的需要,车辆走行性能对溜放距离的影响不明显;在驼峰上,驼峰调车长只能在峰顶附近较小范围内调整车辆溜放速度,由于车辆的溜放主要靠自身的重力,因此,车辆走行性能对其溜放速度的影响较大。

4. 车组间隔调节。牵出线溜放车组的间隔,主要由调车长掌握推送速度和脱钩时机来形成,其次靠连结员拧人力制动机来调节;驼峰溜放车组的间隔,主要靠机车变换推峰速度,前后车组在峰上脱钩的时间间隔形成,半自动化、自动化驼峰还可用车辆减速器加以调节。

5. 将多次牵出转化为一次上峰。牵出线调车遇钩数多、重量大时,往往需多次牵出;在驼峰上解体,无论钩数多少、重量多大,均可一次上峰解完。

（三）驼峰调车与牵出线调车作业方式的优缺点

驼峰调车的优点是省动力、速度快、节省作业时间;缺点是比较牵出线调车存在更大的安全风险,需要特定的场地。也就是说其只能解体或分组列车,对于编组和取送作业无能为力,另外也需要更多的作业人员,对作业人员的技术水平要求较高。

牵出线调车的优点是相对安全,对作业人员的技术要求低,数量少,对环境适应性强,可以完成调车的大部分任务。缺点是作业效率低,无法应对较多的作业。

一般来说,只有一等站或特等站以及调车场才会配备驼峰,同时还要配备一组牵出线,辅助完成调车任务。而二等及以下车站,多数都是牵出线调车。

驼峰调车采用的是溜放调车法,但是驼峰调车不等于溜放调车,牵出线调车同样可以溜放。

三、调车工作的基本要求

车站的调车工作,应按车站的技术作业过程及调车作业计划进行。参加调车工作的人员应做到以下几个方面。

1. 及时编组、解体列车,保证按列车运行图规定的时刻发车,不影响接车。

首先明确接发车与调车的关系,即编组要保证发车、解体要不影响接车。及时编组列车,就是按规定的时间标准完成编组任务,从而保证列车按运行图规定的时刻正点发车。车站的编组列车顺序及每列车编完时间,应按列车运行图规定的各次列车发车时刻去安排。及时解体列车,就是到达列车完成技术作业后,及时进行解体作业。这样既可减少占用到发线时间,又可保证正常接发其他列车,并为中转车流接续和作业车的送车创造条件。

2. 及时取送客货作业和检修的车辆。

一是要快速取送旅客列车车底,保证车辆技术检查和客运整备作业所需时间,保证旅客列车安全正点始发;二是及时取送货物装卸和检修的车辆,确保货物装卸及车辆检修作业,缩短车辆停留时间,加速车辆周转。旅客列车始发量较大的车站,应从保证旅客列车正点始发的原则出发,加强与车辆及客运部门的联系,做到车底编组与车底取送兼顾;货物作业量较大、取送地点较多的车站,应从压缩车辆停留时间和加速货物送达的原则出发,合理安排取送车计划,兼顾取送作业与列车编解作业。检修车辆按需要应实行定点、定量、定时取送,以利于检修作业的正常进行。

3. 充分运用调车机车及一切技术设备,采用先进工作方法,用最少的时间完成调车任务。

一方面要经济合理地运用调车机车及一切技术设备,采用先进工作方法,周密计划,合理安排,做到快编、快解、快取、快送,尽可能组织平行作业,充分挖掘设备潜力,压缩各种非生产时间,提高调车效率,最大限度地发挥调车机车和技术设备的效能;另一方面要发挥调车人员的积极性,各工种间密切配合、协同动作,不断提高劳动生产率。

4. 认真执行作业标准,保证调车有关人员的人身安全及行车安全。

调车工作是在动态中进行的,作业组织复杂,多工种联合动作,时常面对恶劣的天气、多变的环境,影响因素较多,多年来调车事故在行车事故中所占比重最大,所以在调车工作中,必须认真执行规章制度,落实作业标准,遵章守纪,防止一切可能发生的事故,保证调车有关人员的人身安全及行车安全。

第二节　调车区划分和调车机车的分工

在调车作业繁忙、配线较多的车站,配有两台及以上调车机车时,应根据车站(车场)布局特点、调车作业性质、车流特点和车站配线等情况,划分每台调车机车相对固定的作业区域(简称调车区)。每个调车区一般情况下只有一台机车按固定范围作业(驼峰有预推进路者除外),可避免调车作业的互相干扰、抵触,便于机车乘务人员和调车人员熟悉作业区域设备特点和工作条件,有利调车安全。但对于车流量大、作业繁忙的车站,设有驼峰调车场,为提高调车效率,及时完成调车任务,在同一驼峰或峰尾调车区配备两台或以上调车机车,这样在驼峰调车场,驼峰头部设有双推设备、峰尾设有两条及以上牵出线(平行进路),能满足调车机车间平行作业,减少交叉干扰,提高效率,保证安全。

一、划分调车区的基本原则

1. 保证每台调车机车在作业时互不干扰。
2. 使各台调车机车、驼峰、牵出线及编组线担负的任务均衡合理。
3. 减少重复作业,加速编组解体,充分挖掘设备潜力,提高车站通过和改编能力。
4. 保证接发列车和调车作业的安全。

二、调车区划分的办法

调车区的划分,按线路的配置和任务的不同,分为横向划分和纵向划分两种。

(一)横向划分调车区

在调车场内特设分界标或利用固定建筑物作为调车区的分界线,两端各为一个调车区,两调车区间设立不少于 20 m 的安全区。两端可同时向该线进行溜放和推送作业,但不得侵入安全区,不得连挂或推送分界车组。为保证安全,尽量使主区一端有较长的线路。越区作业时,须取得对方同意。

(二)纵向划分调车区

当调车场的任何一端有两条及其以上牵出线或驼峰溜放线时,按照每条牵出线或驼峰溜放线直接连通的线束群来划分,每一调车区分配几条线路,以线路警冲标或分界道岔为界规定一定的任务,固定一台调车机车。越区作业时,应取得对方同意。

纵向划区的优点是便于掌握调车线的使用,避免同一线路两端同时作业而产生的不安全因素;缺点是对于线路少、车流方向多的车站,将会产生线路不足,增加重复改编作业。适用于调车线较多的车站。横向划分调车区的优缺点与纵向划分调车区相反,适用于调车线较长,数量较少的车站。

三、调车场两端调车机车分工方式

(一)驼峰调车场

在驼峰调车场内,通常是一端设驼峰,另一端铺设牵出线。一般驼峰解体,牵出线编组。即把分解钩数较多,连挂钩数少的工作,分配给驼峰一端。而将分解钩数少,连挂钩数多的编组工作,分配给牵出线一端。

(二)非驼峰调车场

在非驼峰调车场内,两端牵出线的分工方式,一般有三种。

1. 一端解体,一端编组。在具体规定两端牵出线的工作时,把重车流到达方向和技术条件较好的一端分配解体工作,另一端分配编组工作。

2. 一端为主,一端为辅。解体和编组的调车工作,基本上分配给一端承担。称为主体调车机车。另一端则主要负责取送及其他调车工作,只在解体工作紧张阶段,部分地协助主体调车机车进行编解工作。

3. 两端作业,编解并举。两端调车机车共同担当解编作业,在制定阶段计划时,灵活运用,正确分配各端调车机车的工作任务。这样可以:

(1)充分利用调车机车的动力,减少调车机车在调车场之间的单机走行。

(2)减少调车机车的行程和重量,提高解编调车的效率,缩短调车工作时间。

(3)迅速腾空到发线,增加车站通过能力。

(4)缩短车辆的解编过程,为车流紧密接续创造条件,有利于压缩停时,增加车站作业的机动性。

(5)可以充分采用“坐编”方法,化有调中转为无调中转,减轻车站调车工作量。

四、调车场同端调车机车的分工

当在调车场的任何一端,具有一条以上的牵出线或驼峰溜放线,配属一台以上的调车机车,共同担负调车场一端的解编工作时,为使各台调车机车平行作业,互不干扰,调车场同端的调车机车的作业也应进行分工,分工方式有两种。

(一)固定作业区域

将每台调车机车固定在一条牵出线或驼峰溜放线上,专门担负一定方向的列车解体或编组工作。这种方式有利于建立良好的作业秩序,作业计划组织比较简单。例如,调车场尾部有两条牵出线,两台机车作业时,可划分为两个调车区。但当各方向解编任务不够均衡或车流波动较大时,难免会产生忙闲不均、作业不够协调、调车机车能力不能充分利用等情况。

(二)不固定作业区域

这种分工方式不固定每台调车机车占用的牵出线或驼峰溜放线。

由于不固定作业区域,相应地也就不固定担负一定方向的解编任务,而是由调车领导人根据作业计划的要求,考虑各台调车机车的作业进度,灵活掌握、机动分配每台机车的作业区域和所担负的任务。这种方式只要运用得当,能够克服前一种方式的缺陷,更好地发挥调车机车的生产效能。例如,双推单溜的驼峰,两台调车机车的作业就可不固定作业区域,但是,它也给调车作业增添了复杂性,要求调车工作领导人具备较高的计划组织水平且调车组人员具有比较全面熟练的作业技能。

第三节 调车线路的使用

一、调车场内的线路主要用途

调车场内的线路一是按照列车编组计划的规定,用于集结和编组车列(车组);二是存放本站货物作业车、场间交换车、扣修车、倒装车和装载特种货物或超限货物的车辆等。

二、调车线的使用

在调车线不够充裕的情况下,应首先保证用于集结和编组的线路数,尽量减少停放其他车辆的线路数。

用于集结和编组的线路,尽可能按照列车编组计划的规定,每编组一个到达站的列车或车流方向,固定使用一条调车线,有利于解体照顾编组,减少重复改编作业。若可供使用的线路数少于规定的车流方向数时,应首先满足主要车流单独集结的需要,对其余车流量较小的方向,可合并使用或临时借用一条线路。

用于存放其他车辆的线路,应在保证调车安全,不大量产生重复作业和严重交叉干扰的条件下,尽量做到一线多用。

三、固定调车线使用考虑的条件

调车场内各条线路的有效长度和平纵断面等条件不尽相同,固定其具体用途时,一般应考虑以下条件:

1. 适应车流量大小的需要。
2. 均衡牵出线的作业负担。
3. 减少调车作业的干扰。
4. 照顾车辆的溜行性能。
5. 便于车辆检修和其他作业。

总之,调车场内的线路固定使用与车流性质、大小、线路的条件等有着密切的关系。因此,车站应根据列车编组计划的要求及具体条件确定调车线固定使用,并纳入《站细》。

调车场线路的使用,按照"定而不死,活而不乱"的原则,采用"固定与活用结合"的办法是最为合理有效的。尤其在调车场线路严重不足的车站,效果更为显著。这种办法也就是在一般情况下,车辆应按固定线路分解,但在必要和有利时,调车领导人可以有计划地组织借用其他线路。而当活用线路的必要性消失后,仍恢复线路的固定使用,以免影响调车场正常作业秩序。

第四节 调车工作的领导与指挥、调车"九固定"

一、统一领导

调车工作是由调车组人员、扳道（信号集中操纵）人员、机车乘务人员等共同完成的，多工种在不同的条件和环境下联合作业，为了安全、迅速、准确、协调地完成调车作业任务，必须有统一领导。即在同一时间内一个车站或一个调车场（区）的工作，只能由该站的车站调度员（未设车站调度员的由调车区长，未设调车区长的由车站值班员）统一领导。所有车站的调车工作，都应根据调车领导人的命令、计划办理；所有与调车工作有关的人员，必须认真执行调车领导人的命令、指示和工作计划。

1. 设有车站调度员、调车区长的车站，车站及各调车场（区）互相间关联的工作，由车站调度员的统一领导；各调车场（区）内的调车工作，由负责该场（区）的调车区长领导。

2. 设有车站调度员未设调车区长的车站，调车工作由车站调度员领导，作业计划由其直接布置。设有调车区长未设车站调度员的车站，调车工作由调车区长领导。

3. 未设车站调度员和调车区长的车站，一般为中间站，调车作业量较小，调车工作由车站值班员领导。

二、单一指挥

调车作业由调车长单一指挥。调车作业实行单一指挥的制度，是为了保证调车作业有关人员行动一致、密切配合，在保证安全的基础上提高效率，更好地完成调车任务。

单一指挥就是对每台担当调车作业的机车在同一时间内只准由调车指挥人一人指挥（包括调车作业计划的接受、传达、作业方法的确定）。所有调车有关人员（调车组、扳道组、机车乘务组）都必须按调车指挥人的指挥进行作业。

未设调车组的车站或调车组正在进行其他调车作业，如需利用本务机车进行调车作业时，可由车站值班员或助理值班员担任指挥工作。

如因特殊情况，上述指定人员不能指挥调车作业时，只准许由经鉴定、考试合格取得调车长资格的胜任人员担当调车指挥工作。

三、调车"九固定"

调车工作的"九固定"是安全、迅速地进行调车作业的行之有效的制度，有助于提高调车工作效率，保证调车安全。固定作业区域、线路使用、调车机车、人员和班次，能够充分合理运用调车设备和调车机车，组织平行作业，提高劳动生产率。由于调车工作的多变性、环境的复杂性，除必须加强计划指挥管理外，还必须从固定调车设备、工具，固定人员制度上加以保证，特别对于调车工作繁忙，有数台调车机车、数个调车组同时作业的车站尤为重要。

1. 固定调车作业区域。在技术站或者调车作业繁忙、配线较多、调车作业种类多的中间站，大多配有两台或多台调车机车，为避免同时作业相互间的干扰，提高调车效率和保证调车作业的安全，把每台调车机的作业范围固定在一定区域之内，按分工进行相对固定的作业,便于调车作业人员掌握设备情况,熟悉本区作业性质,也有利于提高调车工作效率和保证调车作业的安全。

2. 固定线路使用。主要是指对调车线按列车编组计划车流组号、车流性质和车流量,以及特殊用途等,结合线路的配置情况,合理安排线路的使用方案,从而有效地使用线路,减少重复作业,缩短调车行程,并有利于提高调车计划质量和保证安全生产。

3. 固定调车机车。为便于调车领导人、调车指挥人和其他调车人员熟悉调车机车性能、特点如换长、功率、制动性能等,科学、合理地编制或执行调车作业计划,调车机车应相对固定。

4. 固定人员和班次。调车作业是由多工种配合进行的,包括调车组人员、机车乘务组人员和扳道人员等,由于单位不同、工种不同,他们长期固定在一起工作(俗称"对班"),彼此间相互了解,有利于各工种间的密切配合,协调作业,有利于提高工作效率和保证作业安全。

5. 固定交接班时间和地点。可以避免互相等待,有利于压缩非生产时间,便于管理。

6. 固定工具数量及存放地点。调车工具如铁鞋、叉子等,要按需固定数量、固定地点存放,保证能够交接清楚,不仅有利于日常使用和保管,当发生损坏或短少时,也便于及时发现和补充,消除安全隐患,保证正常作业需要。

驼峰作业人员在调车作业中要严格执行《技规》《调标》[①]《行规》《站细》等有关规定,不得违章作业,确保驼峰调车作业安全。

第五节　调车作业计划编制、布置、交接、传达、变更

一、调车作业计划的编制

调车作业计划是调车人员的行动依据,调车领导人通过调车作业计划来实现对调车工作的领导,完成调车工作任务。

编制调车作业计划,是调车领导人根据车站技术作业过程所规定的各项技术作业时间标准和班计划、阶段计划的任务要求,结合站内或有关区域内现在车分布情况和列车到发计划、列车编组计划、车流接续要求和货物作业情况、检修车及客车底取送安排、接发列车与调车作业的进展情况等,确定合理的作业顺序;最大可能地实现解体照顾编组,编解与取送、取送与货物作业和检修作业结合,使各项作业均衡衔接。在保证安全的前提下,调车作业要充分利用线路,合理运用调车机车,做到计划周密、安排详细,正确无误。

编制调车作业计划时,在充分考虑各方面因素的基础上,要努力提高作业效率,用最少的作业钩数,最短的调车行程,占用最少的线路,消耗最少的时间,完成阶段计划所规定的各项调车工作任务。

调车作业计划编制时要做到:

1. 根据列车确报等资料,全面了解列车到达和始发及现在车情况,提前做好计划,使调车作业连续衔接,前一批作业为后一批作业打好基础。

---

① 《铁路调车作业》(TB/T 30002—2020),下同。

2. 计划内容要正确，注意事项齐全，避免错漏，要有充分的预见性，减少变更。

3. 根据有关规定及实际作业需要，用易懂易记的符号或标记对禁止溜放的情况和限速连挂、禁止过峰、禁止使用铁鞋制动的车辆、空车及易碎易蹿货物的车辆等加以注明，以便作业中执行和引起调车作业人员的注意。

二、调车作业计划的布置

1. 调车领导人应正确及时地编制、布置调车作业计划。布置调车作业计划，应使用调车作业通知单。

2. 使用无线调车灯显设备的车站，调车作业计划布置方法由铁路局集团公司规定。

3. 一批作业不超过三钩可用口头方式布置，有关人员必须复诵。

4. 中间站利用本务机车调车，应使用附有示意图的调车作业通知单。

三、调车作业计划的交接

调车领导人与调车指挥人必须亲自交接计划。如确因连续作业，调车指挥人不能离开机车时，调车领导人应将计划亲自送到作业场所，当面交与调车指挥人。如因设备和劳动组织的原因，调车领导人与调车指挥人不能亲自交接计划时，交接办法在《站细》内规定。

四、调车作业计划的传达

调车指挥人应根据调车作业计划制定具体作业方法，连同注意事项，亲自向司机交递和传达；对其他有关人员，应亲自或指派连结员进行传达。具体传达办法，在《站细》内规定。

调车指挥人确认有关人员均已了解了调车作业计划后，方可开始作业。使用调车无线电话的车站，调车作业计划布置方法，由铁路局集团公司规定。

转场、越区和专用线取送作业时，对中途经过的扳道房（员）可用口头方式传达计划。超过三钩的计划，对较远的扳道房交接调车作业通知单有困难时，可先用电话（无线通信设备）传达，待第一钩到达扳道房时，再交调车作业通知单。

调车作业计划的传达，有一个最根本的要求，那就是无论采取何种传达和联系方法，最后都必须由调车指挥人确认有关人员均已正确了解调车作业计划、掌握作业要求及注意事项后，方可开始作业。

五、调车作业计划的变更

1. 一批作业（指一张调车作业通知单）变更计划不超过三钩时，可以口头方式布置（中间站利用本务机车调车除外），有关人员必须复诵。变更股道时，必须停车传达。仅变更作业方法或辆数时，不受口头传达三钩的限制，但调车指挥人必须向有关人员传达清楚，有关人员必须复诵。

2. 驼峰解散车辆，只变更钩数、辆数、股道时，可不通知司机，但调车机车变更为下峰作业或向禁溜线送车前，须通知司机。

3. 岔线、段管线、货物线内的作业计划与实际情况不符，调车指挥人与调车领导人联系有困难时可自行制定计划，并传达清楚。作业完了及时向调车领导人汇报。

第六节　调车作业准备

做好调车作业前的准备,是安全、迅速完成调车工作的前提。只有做好准备工作,才能顺利地进行调车作业,保证完成调车任务。调车作业必须做好下列准备:

1. 提前排风、摘管:溜放或驼峰解散车辆(组)前,要事先做好排风、摘管工作,防止途停。

2. 核对计划。在调车作业开始前,为了使调车人员进一步清楚作业计划和分工,有关人员应进一步核实确认计划,明确各自的作业分工。特别是对调车指挥人不能亲自传达布置的人员,更要认真核对计划防止错漏。在填写或抄收、传收"调车作业通知单"的过程中,也要认真核对,防止传错、抄错。

3. 确认进路。就是要确认进路上道岔位置开通正确。在集中区调车时,还要确认进路上所有调车信号机都处于开放状态;在非集中区调车时,还要确认扳道人员的开通信号。确认进路,调车人员必须做到钩钩确认。

4. 检查线路、道岔(集中联锁区除外)、停留车位置。主要是去货物线、专用线、段管线取送车辆时,应事先派人检查线路、道岔(集中联锁区除外)、车辆、大门、货物堆放距离及安全防护用具使用情况,因路途较远或受人员、设备的限制,可在进入上述线路前检查,具体办法应在《站细》内规定。

5. 检查车辆防溜。检查停留车是否采取了防溜措施。牵出或推进车列时,要检查车下有无铁鞋、止轮器,人力制动机是否松开,防止因拉鞋、轧止轮器或抱闸造成事故。对摘下需要采取防溜措施的车辆,要检查是否按规定采取了防溜措施。

6. 人力制动机制动的选闸、试闸,系好安全带。人力制动机制动时,要事先做好选闸和试闸工作。在选闸和试闸中,一般要做到"四选四不选",即选前不选后,选重不选空,选大不选小,选高不选低和"一闸两试"(停车试和走行试)等方法。为了保证调车作业人员的人身安全,使用人力制动机时必须按规定挂好安全带。

7. 准备足够的良好制动铁鞋和防溜器具。为满足调车作业过程中溜放车组制动和机车车辆停留后防溜需要,作业前应准备足够、良好的制动铁鞋和防溜器具。

铁鞋具有下列不良情况之一者,禁止使用:

(1)支座有裂纹;

(2)没有挡板或挡板损坏;

(3)底板扭曲;

(4)鞋尖与轨面不密贴;

(5)鞋尖破损、压扁或弯曲;

(6)鞋尖宽度超过轨面宽度;

(7)支座或底板的焊接破裂或铆钉松动;

(8)底板边缘损坏、磨耗过甚或弯曲;

(9)铁鞋尺寸与轨型不符;

(10)铁鞋底板有冰雪、油渍或盐碱等润滑物质。

发现不合格的铁鞋,当时不能更换的,应放在线路中间或集中放置在一处,不得与合格的铁鞋混在一起,以免用错造成事故。

8. 无线调车灯显设备试验良好。利用无线调车灯显设备调车时,作业开始前调车长认真组织调车组、司机等有关人员对无线调车灯显设备信令、通话等功能进行试验良好,以防作业过程中发生故障,影响调车作业的正常进行。

另外驼峰作业开始前,作业人员认真检查试验相关设备状态良好(显示正常),道岔手柄是否置于中间位置,确认风压是否达到规定要求。

第七节　溜放调车作业的限制、调车速度的规定

驼峰解散车辆时,溜出的车辆减速或停车,是靠人力制动机、铁鞋、车辆减速器或减速顶实现的。同时,由于所溜出车辆的型号及装载的货物性质复杂,再加上线路条件不一,所以给驼峰解散车辆带来了一些问题。为确保人身、调车作业的安全和货物完整,在驼峰解散车辆时,对一些特殊的车辆、装载特殊货物的车辆以及特殊线路上禁止溜放;对某些车辆溜放或由驼峰解体调车应限速连挂。

一、禁止溜放的车辆

1. 装有载爆炸品、气体类危险货物及其他禁止溜放货物的车辆。

由于装载货物的特性,溜放调车制动时,产生高温、火星和冲撞,会使装载爆炸品、气体类危险货物及特种货物的车辆因撞击、摩擦、受热后引起爆炸、燃烧造成事故。

2. 非工作机车、动车、轨道起重机、大型养路机械、机械冷藏车、大型凹型车、落下孔车、钳夹车、客车和特种用途车(如试验车、发电车、轨道检查车、检修车、除雪车等)。

上述车辆有的因车体结构特殊,不宜通过驼峰或不能使用铁鞋、人力制动机制动,有的因车内装有精密仪器,如发生冲撞,就会影响仪器的准确性,后果严重,因此对上述车辆禁止溜放。

对上述禁止溜放的车辆,发站应在车辆两侧"票插"内揭挂"禁止溜放"或"限速连挂"表示牌。调车领导人应将"禁止溜放"和"溜放时限速连挂"的车辆,在"调车作业通知单"上记明。调车指挥人应将上述内容向有关人员作专门布置,在调车作业中严格掌握速度。

3. 乘坐旅客的车辆及停有该车辆的线路,停有动车组的线路。

由于调车溜放时,车辆速度难以控制,容易发生冲撞等问题,为了保证旅客舒适和人身安全,对乘坐有旅客的车辆及停有该种车辆的线路,禁止溜放作业。由于动车组是独立固定编组,正常情况下不具备与其他机车、车辆连挂的条件,调车溜放时,车辆速度难以控制,容易发生与停留动车组接触、冲撞等问题,损坏动车组,规定停有动车组的线路,禁止溜放作业。

二、禁止溜放的线路

1. 超过 2.5‰坡度的线路(为溜放调车而设的驼峰和牵出线除外)。

2.5‰坡度是指线路有效长内的平均坡度。溜放车组在超过 2.5‰坡度的线路上溜放

时,溜放车组不易在预计地点停车,所以禁止溜放。

2. 停有正在进行技术检查、修理、装卸作业车辆的线路。

因为被溜放车组的减速与停车,是靠人力制动机和铁鞋等制动来实现的,如果人力制动机失灵、铁鞋脱落或调速不当失去控制,就将严重地威胁有关作业人员的人身安全,同时车辆也可能轧上防护用具造成脱轨等事故,所以禁止溜放。

3. 无人看守道口的线路。

因为车组溜放后,无法控制行人、车辆横越线路;在情况突变时,对溜放的车组也难以控制停车,容易造成人员伤亡、撞坏车辆或车辆脱轨事故,所以禁止溜放。

4. 停有装载爆炸品、气体类危险货物车辆的线路。

这是因为上述物品对撞击、摩擦特别敏感,一旦调速不当发生冲撞,可能发生爆炸或漏出毒气,造成人民生命财产的重大损失,所以禁止溜放。

5. 停留车辆距警冲标的长度,容纳不下溜放车辆(应附加安全制动距离)的线路。

停留车距警冲标的长度容纳不下溜放车辆的线路,也就是通常所说有"堵门车"的线路,由于溜放车辆可能停留在警冲标外影响后续溜放作业安全,因此禁止溜放。

6. 中间站正线、到发线及与其衔接而未设隔开设备的线路。

随着我国铁路的几次大提速,列车运行速度普遍提高,中间站的作业更加繁忙,正线、到发线及与其衔接而未设隔开设备的线路上溜放车辆一旦失控,有可能进入区间,危害十分严重;同时中间站的正线、到发线主要是用于接发列车,也不宜大量利用其进行调车作业,为保证接发列车作业安全,因此禁止溜放作业。

三、禁止溜放的其他限制

1. 调车组不足 3 人时,禁止溜放作业。

进行溜放作业时,至少要有一人指挥,一人提钩,一人制动,才能保证溜放调车安全。

2. 不准采用牵引溜放法调车。

牵引溜放调车,是调车机车牵引调车车列快速运行,在途中摘钩后机车加速,机车与车列离开一定距离,扳动道岔,使机车与调车车列进入不同股道的调车方法,如图 9-3 所示。这种调车方法对司机、调车人员、扳道员相互间的配合要求较高,必须严格掌握减速、提钩、加速和扳道的时机,如果稍有不当,就可能造成前堵后追、侧面冲撞或进入"四股"的后果,因此明确规定不准采用牵引溜放法调车

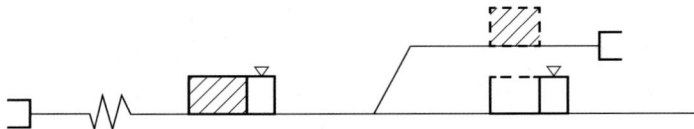

图 9-3 牵引溜放调车示意图

四、调车速度的规定

调车作业的最高速度是根据调车作业的特点规定的,要求参加调车作业的人员必须认真遵守。

1. 在空线上牵引运行时，不准超过 40 km/h；推进运行时，不准超过 30 km/h。

调车作业时，车辆的自动制动机多数情况下不加入机车操纵的制动系统，车列的减速和停车都要靠机车本身的制动力；又因调车机车在作业中经常牵出和推进作业交替进行；再有调车作业所经线路的标准、等级及道岔的辙叉型号等可能比正线、到发线低，因此规定在空线上牵引运行时，不得超过 40 km/h。在空线上推进运行时，除同样受到上述限制外，又因车列在前，司机不便于瞭望前方的进路和信号，只依靠车列前端负责瞭望的调车人员向调车指挥人显示信号或发出指令，再由调车指挥人显示减速或停车信号（指令），由于中转信号需要时间，一旦发生险情，司机制动的时机将要推迟，容易造成事故，所以从调车速度上加以限制，规定为不得超过 30 km/h。

2. 调动乘坐旅客或装载爆炸品、气体类危险货物、超限货物的车辆时，不准超过 15 km/h。

为了保证旅客的安全和舒适，防止装载爆炸品、气体类危险货物（压缩气体、液化气体等）、超限货物等物品的车辆因制动或制动不及产生冲撞等情况而发生意外，所以规定调动这类车辆时，不准超过 15 km/h。

3. 接近被连挂的车辆时，不准超过 5 km/h。

连挂车辆时，为了避免损坏机车车辆和所装载的货物不至于发生窜动、倒塌和损坏，必须严格控制速度。因此规定接近连挂车辆时，不准超过 5 km/h。

4. 推上驼峰解散车辆时的速度和装有加、减速顶的线路上的调车速度，在《站细》内规定；经过道岔侧向运行的速度，由工务部门根据道岔具体条件规定，并纳入《站细》。

我国驼峰设备的峰高、道岔区长短、制动方法等各不相同，同时在调车场（编发场）的线路上还装设有加速顶、减速顶和停车器等设备，上述设备的构造不同，限制了机车车辆经过的速度。因此，推峰解散车辆的速度和经过装设有加速顶、减速顶和停车器等设备线路的调车速度，由车站在《站细》内规定。

由于调车作业主要在调车场、货物线、段管线和专用线进行，进路上的道岔型号复杂，各种道岔的结构、尺寸标准、性能等有所不同，所以应由工务部门根据道岔具体条件，明确经过道岔侧向运行的速度，纳入《站细》。

5. 在尽头线上调车时，距线路终端应有 10 m 的安全距离；遇特殊情况，必须近于 10 m 时，要严格控制速度。

尽头线的终端不是车挡就是尽头站台，一旦掌握速度不当，可能造成前端车辆冲上车挡或与尽头站台发生冲突，所以规定距尽头线的终端留 10 m 的安全距离。在尽头式站台上进行装卸作业等特殊情况，必须进入 10 m 安全距离以内时，要严格控制速度，保证安全。

6. 电力机车、动车组在有接触网终点的线路上调车时，应控制速度，距接触网终点标应有 10 m 的安全距离；遇特殊情况，必须近于 10 m 时，要严格控制速度。

在电气化铁路的部分线路上，根据技术条件和作业需要并未完全挂网，为了区分有电区与无电区，接触网的终点均挂有终点标。为了防止担当调车作业的电力机车或动车组越过终点标进入无电区，造成刮弓、塌网或将高压电带入无电区造成损害等事故，电力机车或动车组在该线路上调车时，调车人员与司机应严格控制速度，距接触网终点标应有 10 m 的安全距离。

遇特殊情况,必须近于接触网终点标 10 m 进行调车作业时,须严格控制速度。

7. 旅客未上下车完毕,除本务机车、补机摘挂作业外,不得进行旅客列车(车底)的连挂作业。

为防止调车作业中连挂冲撞、超速连挂等影响旅客上下车平稳、安全,提高服务质量,确保安全,规定在旅客上下车期间,除本务机车、补机摘挂作业外,不得进行旅客列车(车底)的连挂作业。

8. 遇天气不良等非正常情况,应适当降低速度。

天气不良是不利于调车作业的客观因素,对调车的影响程度很难预先确定,因此调车领导人、调车指挥人和司机可根据气候情况适当降低速度。调车作业中还会遇到很多不正常情况,例如邻线施工或发生事故,人员和机具随时可能侵入本线限界等等,此时,亦可依情况适当降低速度。

第八节　调动超长、超限等特殊车辆规定及越区、转场作业

一、调动装有超长货物车辆的规定

超长货物是指一车负重,突出车端装载,需要使用游车或跨装运输的货物。

调动两辆以上的跨装车组(指中间加挂游车的)侧向通过 9 号及其以下辙叉的道岔时,不得推送调车。遇特殊情况必须推送时,以不超过 3 km/h 的速度匀速推进。

二、调动装有超限货物车辆的规定

调动装有超限及跨装货物车辆时,调车领导人应根据运行限制电报(或调度命令)、车站设备情况制定调车作业计划,将有关限制在布置作业计划的同时,通知调车组和其他有关人员。调车组在调动上述车辆时,应注意线路附近建筑物、设备及邻线停留车的情况,按照规定的速度进行作业。

三、调动军用车辆的规定

略。

四、调动危险货物车辆的规定

调车指挥人于作业前须将计划及注意事项通知司机,挂车前应派人检查防溜措施,并通知押运人员注意。挂车时严格掌握速度不得冲撞;在指定的线路上摘解上述车辆时,按《站细》规定做好防溜措施,牢靠固定。

五、调动其他特殊车辆的规定

调动需要限速运行的故障车时,列检应使用录音电话(或书面)通知车站调度员(未设车站调度员的为调车区长,未设调车区长的为车站值班员),必要时派人监督运行,调车作业计划中须注明限速值。

六、越区、转场作业

越区和转场作业，是车站调车作业中一项比较复杂的工作。越区作业是指调车机车或作业的车辆，越出本调车机车固定的作业区域，进入其他调车区作业；转场作业是指调车机车挂有车辆，由本场去其他车场的调车作业（不含驼峰解散车辆，含经驼峰迂回线到调车场的作业）。越区既可以在同一车场也可以在不同车场间进行，转场既可以在同一调车区内也可以在不同调车区内进行。越区或转场调车，不仅关系到调车区和车场之间作业的安排，而且有时还要经过许多线路和道岔，跨越正线和其他车场，如果没有做好联系和防护，不但影响调车效率，而且会危及行车安全。因此，要求在越区或转场作业时，两区（场）调车领导人或车场值班员之间必须事先做好联系，停止相抵触的作业，确认线路，准备好进路，并做好防护。没有做好联系和防护，不准越区或转场作业。

划区（场）的车站，均应根据车站的技术设备、作业特点等情况，明确越区（转场）的联系办法及联系人、防护办法、越区作业的注意事项和限制（如防止车辆进入安全区的办法等）、越区作业完毕的通知和汇报的办法，纳入《站细》，作业时必须按照《站细》中的有关规定办理。

越区、转场要做好以下工作：

1. 越区、转场作业前，调车领导人先将越区（转场）的时间、地点、辆数及有关事项与进入区、场的调车领导人联系，取得同意后，再向本区有关人员布置。

2. 越出、进入或经由场、区的扳道人员，应按本区、场的调车领导人的布置，停止相抵触的作业，确认线路空闲，并准备进路。

3. 越出区的扳道人员，在接到进入区进路准备妥当或同意转场的通知后，方可通知本区调车指挥人指挥越区（转场）作业。

4. 划区（场）的车站，不论有无固定信号设备，均应制定越区（转场）的联系办法，并纳入《站细》。作业时必须按《站细》中的有关规定办理。

七、转场或在超过2.5‰坡度线路上调车作业的规定

1. 转场或在超过2.5‰坡度的线路上调车时（驼峰作业除外），10辆及以下是否需要连结软管及连结软管的数量，11辆及以上必须连结软管的数量，以及以解散作业为目的的牵出是否需要连结软管，由车站和机务段根据具体情况共同确定，并纳入《站细》。

转场作业运行距离长，需要跨越正线或影响其他调车区作业，所以应加强车列的制动能力，以便遇到特殊情况可以随时停车。在超过2.5‰坡度的线路上（是指线路有效长内的平均坡度，驼峰作业除外）调车，特别是去坡度较大的专用线取送作业，需要较强的制动力。因此转场或在超过2.5‰坡度的线路上调车时，11辆及以上必须连结软管，以保证按要求减速或停车。

为了既能保证作业安全，又不至于影响作业效率，兼顾调车作业"提前排风、摘管"的要求，以及以解散作业为目的的牵出是否需要连结软管，由车站与机务段共同研究确定并纳入《站细》。

驼峰主要是为溜放作业所设置的调车设备，线路的坡度会超过2.5‰，作业中需要频繁

摘开车钩,连结软管对作业影响较大,因此为了适应驼峰作业的需要,驼峰作业时可不连结软管。

2. 在超过 2.5‰ 坡度的线路上(确需手推调车时,须经铁路局集团公司批准)禁止手推调车。

在超过 2.5‰ 坡度的线路上手推调车时,若制动不及时或制动不当,容易造成车辆溜逸。但由于线路条件限制或特殊作业需要,必须在正线、到发线及超过 2.5‰ 坡度的线路上进行手推调车时,车站应制定安全措施,经铁路局集团公司批准,纳入《站细》。

3. 中间站在超过 2.5‰ 坡度的线路上调车作业时须全部接通软管。

第九节　机车车辆停留及防溜安全的规定

一、机车车辆的停留

1. 机车车辆必须停在警冲标、轨道绝缘节内方。在不影响接发列车及调车作业的条件下,准许临时停留在警冲标外方。

(1)调车作业中,车辆临时停在警冲标外方时,一批作业完了后或需要转场、越区及去另一端作业时,应立即先将车辆送入警冲标、轨道绝缘节内方。

(2)因特殊情况需在警冲标外方进行装卸作业时,须经车站值班员、调车区长准许,在不影响列车到发及调车作业的情况下方可进行,装卸完了后,应立即送入警冲标、轨道绝缘节内方。

2. 禁止停留机车车辆的线路:

(1)安全线、避难线及渡线、迂回线、道岔联动区上禁止停留机车车辆。到发线上停留车辆时,须经车站值班员准许,在中间站并须取得列车调度员的准许方可占用。

(2)牵出线、机待线、专用线走行线以及驼峰上不得停留车辆。遇特殊情况需要在牵出线及专用线的走行线上停留车辆时,应制定安全措施纳入《站细》。

3. 有特殊要求车辆的停留:

(1)装载爆炸品、气体类危险货物的车辆及救援列车,必须停放在固定的线路上,两端道岔应扳向不能进入该线的位置并加锁。

爆炸品、气体类危险货物等危险品,对冲击、火焰敏感,万一发生意外,其后果严重。为此,对装载这些物品的车辆,必须停放在固定线路上,两端道岔应扳向不能进入该线的位置并加锁(集中操纵的道岔室内单独锁闭)。在选择停留这些车辆的固定线时,应尽可能远离房舍、住宅及其他建筑物,并应与列车运行和调车繁忙的线路保持一定间隔。

救援列车担负着事故救援的紧急任务,为保证在需要时能及时出动,亦必须停放在固定线路上。该线路不得停放其他机车车辆,将两端道岔置于其他机车车辆不能进入该线的位置并加锁。

(2)装载"140 产品"的车辆在站停留时,不得与邻线的内燃机车和装载"七〇七产品"、爆炸品的车辆并列停站。在站停留时,其周围的警戒区内不得有明火。"140 产品"车放气时 50 m 范围内不得有明火。

（3）临时停留公务车线路上的道岔也应扳向不能进入该线的位置并加锁。集中操纵的道岔可在控制台上进行单独锁闭。

为了保证公务车上有关人员的正常工作和休息，对临时停留公务车的线路，除应将道岔置于不能进入该线的位置并加锁外，一般不准利用该线进行与其无关的调车作业。集中操纵的道岔，应在控制台上将道岔开通邻线，并将道岔单独锁闭。

二、停留车辆的防溜

1. 编组站、区段站在到发线、调车线以外的线路上停留车辆，不进行调车作业时，应连挂在一起，并须拧紧两端车辆的人力制动机，或以铁鞋（止轮器、防溜枕木等）牢靠固定。因装卸车对货位等情况，不能连挂在一起时，应分组做好防溜措施。

编组站、区段站的到发线、调车线以外的线路上，在一般情况下车辆停留时间较长，如遇大风天气或邻线行车振动等，容易造成车辆溜逸，危及站内的行车安全。上述规定，既能保证停留车辆安全，缩短占用线路长度，又便于以后取送作业。

2. 中间站停留车辆，无论停留的线路是否有坡道，均应连挂在一起，拧紧两端车辆的人力制动机，并以铁鞋（止轮器、防溜枕木等）牢靠固定。因装卸车对货位等情况，不能连挂在一起时，应分组做好防溜措施。一批调车作业中临时停留的车辆，须拧紧两端车辆的人力制动机或以铁鞋（止轮器）止轮。

在中间站由于配线较少，基本上所有线路都与正线、到发线相衔接，一旦发生车辆溜逸，将造成站内正线、到发线等设备的损坏，或侵入列车进路危及接发列车安全，严重时可能溜入区间与列车发生冲突等。为此在中间站停留车辆，无论是停在到发线、调车线还是货物线、专用线等线路上，也无论停留的线路是否有坡道，均应连挂在一起，拧紧两端车辆的人力制动机，并以铁鞋（止轮器、防溜枕木等）牢靠固定。因装卸车对货位等情况，不能连挂在一起时，应分组做好防溜措施。在分组采取防溜措施时，除两端车组外侧须至少采取两道防溜措施外，其余车组及两端车组的内侧可拧紧两端车辆的人力制动机，或以铁鞋（止轮器、防溜枕木等）牢靠固定，保证至少一道防溜措施。

考虑到中间站线路较少，为提高中间站调车作业效率，同时也为了保证调车作业的安全，对一批调车作业中临时停留的车辆，可拧紧两端车辆的人力制动机或以铁鞋（止轮器）止轮，采取一道有效的防溜措施，作业结束后两端采取两道防溜措施。

3. 编组站和区段站的到发线、调车线是否需要防溜以及作业量较大中间站执行上述规定有困难时，由铁路局集团公司规定。

编组站、区段站以及作业量较大的中间站的到发线、调车线，由于日常接发列车、调车作业繁忙，车辆无动力停留时间较短，同时调车线的解体、编组作业繁忙基本不间断，因此编组站、区段站的到发线、调车线是否需要采取防溜措施、中间站是否执行"双防溜"防溜措施，由铁路局集团公司规定。

4. 编组站、区段站到发线上停留车辆，线路坡度超过 2.5‰ 时，应拧紧两端车辆的人力制动机，并在下坡方向最外方的车辆使用铁鞋（止轮器、防溜枕木等）牢靠固定。

5. 人力制动机故障的车辆或车组不能按规定采取防溜措施时，应与人力制动机作用良好的车辆连挂在一起，禁止单独停留。执行"双防溜"措施时，遇停留车组最外方人力制动机故障时,除顺延使用下一车辆人力制动机防溜外,仍须在人力制动机故障车辆最外方以铁鞋(止轮器)牢靠固定。

6. 在旅客列车始发、终到及换挂机车的车站,到发线停留的客车底,须使车列处于制动状态后方准摘开机车,制动状态的确认由摘机人员负责。

7. 电力机车牵引的列车在站内遇接触网停电或机车故障,造成机车空压机不能工作时,司机应立即报告车站值班员,由车站及时组织人员对列车采取防溜措施。其中,司机负责机车的防溜措施,车站负责列车尾部的防溜措施。

第十节　峰尾调车作业限制

峰尾牵出线调车在作业前有关人员应认真传达作业计划,掌握计划内容并做好充分准备。

一、计算机联锁调车作业

峰尾调车,目前在多数编组、区段站采用计算机联锁设备。计算机联锁设备调车作业使用方便、安全性能好。

（一）单钩溜放

单钩溜放的特点是具有溜放进路一锁到底,进路分段解锁及机车退路锁闭的功能。溜放作业开始前,机车车辆待进路排列正确,调车信号机显示月白色闪光后,凭调车长的溜放信号进行溜放作业。

单钩溜放,分为储存单钩溜放和不储存单钩溜放两种。采用储存单钩溜放时,可根据需要循环办理。

（二）连续溜放

连续溜放设备的特点是具有溜放进路前方解锁、机车退路锁闭的功能。分路道岔采用快速转辙设备并设有保护区段防护,溜放车组可在任一位置分钩,并且可在岔前折返作业。

溜放作业开始前,机车车辆应停留在规定位置,待调车信号机白色闪光显示后,凭调车长手信号或指令进行溜放作业,前后车组技术间隔应不少于规定的距离。对内轴距大于分路道岔及其保护区段长度的车辆,不准进行连续溜放。在溜放作业过程中,除机车外,不准在渡线、道岔、道岔联动区段上停留车辆。当渡线、道岔、道岔联动区段上停有车辆时,信号操纵人员保证不再操纵该道岔,以防止事故的发生。

（三）平面调车计算机联锁

平面调车计算机联锁的主要功能是:

1. 办理调车进路;

2. 单独操纵道岔和单独锁闭道岔;

3. 单办单钩溜放进路;

4. 办理储存溜放进路。

二、调车距离信号显示要求

1. 调车作业时，调车人员必须正确及时地显示信号；机车乘务人员要认真确认信号，并回示。

调车作业时，调车组、扳道组、信号操纵人员等所有调车作业人员，显示信号或使用无线调车灯显设备发出指令时要正确、及时；机车乘务人员须不间断地确认地面固定信号和调车人员显示的手信号（无线调车灯显设备发出指令），并须及时回示，表示确已了解。

2. 推进车辆连挂时，要显示"十、五、三车"的距离信号，没有显示"十、五、三车"的距离信号，不准挂车，没有司机回示，应立即显示停车信号。

推进连挂车辆时，调车指挥人应根据停留车位置的距离，显示"十、五、三车"距离信号或发出相应的指令。在调车车列前端距离被连挂车辆十车（约 110 m）时，显示"十车"信号或发出"十车"指令；距离五车（约 55 m）时，显示"五车"信号或发出"五车"指令；距离三车（约 33 m）时，显示"三车"信号或发出"三车"指令。如距离不足十车时，仅显示"五、三车"信号或发出"五、三车"指令；不足五车时，仅显示"三车"信号或发出"三车"指令；不足三车时，仅显示接近连挂信号或发出相应指令。接近连挂信号比照向显示人稍行移动信号显示。

推进连挂车辆时，司机须时刻注意确认"十、五、三车"距离信号或无线调车灯显设备的指令，并回示。同时，应按信号或指令的要求正确控制速度。为避免司机误认，调车指挥人在距停留车十车以内，不要再显示减速手信号。调车指挥人显示"十、五、三车"距离信号或发出指令后，如发现司机未回示或没有按规定减速时，应立即显示停车信号或发出紧急停车指令。调车作业中往往会出现很多意外情况，调车人员除应认真瞭望信号、注意调车车列及周围情况外，提高处理好紧急情况的能力。在以往的调车作业中发生过很多因处理突发事件不当而发生的调车事故，主要是调车人员在处理问题时不果断所致，也有部分人员在紧急情况下，忙中出错，忘记或不知道显示停车信号或发出紧急停车指令。

单机挂车时，因司机视线不受影响，所以调车指挥人可不显示"十、五、三车"距离信号，使用无线调车灯显设备时可不发出"十、五、三车"指令。

3. 推送车辆时，要先试拉。车列前部应有人瞭望，及时显示信号。

推进车辆时，要先试拉，以检查车钩连挂状态，防止车钩没有挂好，导致推进中车辆溜逸走。在同一线路内，连续连挂车辆时，可不停车连挂，但要确认车钩连挂状态，车组间距超过十车以上时，必须顿钩或试拉。一批作业过程中牵出后及时折返推进时，不需进行试拉；在牵出线停留时间较长再推进时，须进行试拉，防止钩被提开。

被连挂车辆距警冲标不足 30 m 时，应将连挂线路末端第一组道岔开通本线，防止连挂过程中车辆溜逸，挤坏道岔。

推进车辆运行或连挂其他车辆时，调车指挥人确认前方进路和"十、五、三车"距离有困难时，可指派连结员在推进车辆的前部进行瞭望确认，有关人员须及时显示信号或发出指令，推进车辆较多时应派中转人员按规定中转信号，调车长应掌握显示信号或发出指令情况，发现盲目推进等情况时，要及时采取减速或停车措施。

4. 当调车指挥人确认停留车位置有困难时，应派人显示停留车位置信号。

遇有天气不良、照明不足或地形地物影响，调车指挥人看不清停留车位置时，应派人在停留车的连挂一端显示停留车位置信号。

5. 调车人员不足 2 人,不准进行调车作业。

调车作业是一项复杂的工作,涉及进路、信号的确认,停留车及线路的检查,防溜措施的采取与撤除及机车车辆的移动等,一个人很难完成上述工作,同时为保证调车作业安全和人身安全,更好地完成调车任务,参加作业的调车组人员必须达到 2 人及以上时,方准进行调车作业。

三、调车作业进路确认

调车作业就是将机车车辆有目的进行移动,因此调车进路的正确与否对调车作业的安全与效率有着直接的影响。调车作业中调车人员必须确认调车信号机的显示状态或扳道人员的开通信号。

为了明确司机和调车指挥人确认进路的责任分工,根据作业中他们所处的位置和所具备的瞭望条件,规定单机运行或牵引车辆运行时,前方进路的确认由司机负责;推进车辆运行时,前方进路的确认由调车指挥人负责。在推进车辆运行中,调车指挥人应站在既易于确认前方进路,又能使司机看见其显示信号的位置。如两者不能兼顾时,调车指挥人应站在能使司机看见其显示信号的位置,车列前部再指派其他调车人员确认进路,并及时向调车指挥人显示信号或使用无线调车灯显设备发出指令。

第十一节　作业安全注意事项

在作业过程中,所有作业人员必须牢固树立安全意识,严格执行各项规章制度和作业标准。

一、调车作业人身安全规定

在铁路运输生产过程中,确保作业人员的人身安全是日常工作的重要内容之一。因此,除了不断地改善劳动条件和设备条件外,应经常组织作业人员认真地学习、贯彻、落实《铁路车站行车作业人身安全规定》,以保证作业人员安全及生产任务的顺利完成。

(一)行车作业人身安全通用规定

1. 班前禁止饮酒。班中按规定着装,佩带防护用品。

2. 顺线路走时,应走两线路中间,作业人员及所携带的工具不得侵入机车车辆限界,并注意邻线的机车车辆和货物装载状态。严禁在道心、轨枕头上行走。不准脚踏钢轨面、道岔连接杆、尖轨、辙叉心等。

3. 横越线路时,应一站、二看、三通过,注意左右机车车辆的动态及脚下有无障碍物。

4. 横越停有机车车辆的线路时,应先确认该机车车辆暂不移动,然后在该机车车辆较远处通过。严禁在运行中的机车车辆前面抢越。

5. 必须横越列车、车列(组)时,严禁钻车。应先确认该列车、车列(组)暂不移动,然后由车辆通过台或两车钩上越过;越过时勿碰开钩销,上下车时要抓紧蹬稳并注意邻线有无机车车辆运行;经车辆通过台越过应从车梯上下车。

6. 严禁在机车车辆底下坐卧，以及钢轨上、轨枕头、道心里坐卧或站立。

7. 严禁扒乘运行中的机车车辆，以车代步。

（二）调车作业人身安全规定

1. 必须熟知调车作业区的技术设备、作业环境和作业方法，以及接近线路的一切建（构）筑物的形态和距离。

2. 上下车时必须遵守以下规定：

（1）上车时，车速不得超过 15 km/h；下车时，车速不得超过 20 km/h。

（2）在高度不超过 1.1 m 的站台上上下车时，车速不得超过 10 km/h。

（3）在路肩窄、路基高的线路上和高度超过 1.1 m 的站台上作业时，必须停车上下。

（4）登乘内燃、电力机车作业时，必须在机车停稳时再上下车（设有便于上下车脚蹬的调车机车除外）。

（5）上车前应注意脚蹬、车梯、扶手，平车、砂石车的侧板和机车脚踏板的牢固状态。

（6）上下车时要选好地点，注意地面障碍物。不准迎面上车。不准运行中反面上下车（牵出时最后一辆及《站细》等规定的除外）。

3. 在车列、车辆运行中，禁止下列行为：

（1）在车钩上，在平车、砂石车的端板支架上坐立，在平车、砂石车的边端站立。

（2）在棚车顶或装载超出车帮的货物上站立或行走。

（3）手抓篷布或捆绑货物的绳索，脚蹬平车鱼腹形侧梁。

（4）在车梯上探身过远，或经站台时站在低于站台的车梯上。

（5）在装载易于窜动货物的车辆间和货物空隙间站立或坐卧。

（6）骑坐车帮。

（7）跨越车辆。

（8）两人及以上站在同一闸台、车梯及机车一侧脚踏板上。

（9）进入线路提钩，摘结制动软管或调整钩位。

4. 手推调车时，必须在车辆两侧进行，并注意脚下有无障碍物。

5. 在电气化铁路区段，接触网未停电、未接地的情况下，禁止到车顶上调车作业。在带电的接触网线路上调车时，作业人员及所携带的工具等须与接触网高压带电部分保持 2 m 以上的距离。

6. 去岔线、段管线或货物线调车作业，须事先派人检查线路大门开启状态及线路两侧货物堆放情况；事先派人检查有困难时，应在《站细》中规定检查确认办法。

7. 带风作业时，必须执行一关（关折角塞门）、二摘（摘制动软管）、三提钩的作业程序。

8. 摘结制动软管、调整钩位、处理钩销、采取或撤除防溜措施时，必须等列车、车列（组）停妥，并得到调车长的回示，昼间由调车长防护，夜间必须向调车长显示停车信号。

（1）调车人员须确认列车、车列（组）停妥，得到调车长同意，并使用无线调车灯显设备发出"紧急停车"指令后，方可进入车档。调车长进入车档作业时，由其本人向司机显示（发出）停车信号进行防护。

（2）使用手信号调车时，调车长须向司机显示停车信号进行防护后，方可同意作业人员进入车档；调车长得到所有作业人员均已作业完毕的汇报后，方可撤除防护。

9. 调整钩位、处理钩销时不要探身到两车钩之间。对平车、砂石车、罐车、客车及特种车辆,应特别注意端板支架、缓冲器、风挡及货物装载状态。

10. 溜放调车作业应站在车梯上,一手抓牢车梯,一手提钩,不准用脚提钩或跟车边跑边提钩(驼峰调车作业除外),严禁在车列走行中抢越线路去反面提钩。

11. 使用人力制动机时(在静止状态下,站在地面或低于车钩中心水平线的人力制动机闸台上使用时除外),必须使用安全带。要做到"上车先挂钩","下车先摘钩"。不能使用安全带的车辆,如:平车、砂石车、罐车等,作业时必须选好站立地点。

12. 严禁使用折角塞门放风制动。

13. 使用铁鞋制动时,应背向来车方向,严禁徒手使用铁鞋,并注意车辆、货物状况和邻线机车车辆的动态。严禁带铁鞋叉子上车。

14. 严禁在运行中的机车前后端坐卧。

15. 使用折叠式人力制动机时,须在停车时竖起闸杆,确认方套落下,月牙板关好,插销插上后方可使用。

16. 作业中严禁吸烟。

二、电气化区段调车作业安全

电气化铁路的调车工作,在一些主要环节上,如领导指挥、计划、联系、检查确认、信号、速度等,与非电气化铁路的规定、办法基本相同。但是由于牵引供电设备的影响,在某些调车作业方法上和个别环节上,也必须做一些相应的改变或限制。驼峰作业员正确了解和掌握电气化铁路调车工作的特点和限制,对于提高调车效率,保证作业安全,具有重要作用。

1. 接触网未停电、未接地情况下严禁站到车顶上进行调车作业。

2. 在编组站、区段站,接触网未停电、未接地情况下严禁登上棚车等高踏板台车辆使用人力制动机。在编组站、区段站接触网高度不低于 6.2 m 的线路上,允许使用敞车人力制动机,但不能站在高于闸台的车梯或货物上作业。

3. 接触网未停电、未接地情况下在区间和中间站禁止登上敞车。

4. 电力机车、动车组在有接触网终点的线路上调车时,应控制速度,距接触网终点标应有 10 m 的安全距离;遇特殊情况,必须近于 10 m 时,要严格控制速度。

5. 电气化区段,接触网未停电的线路上,禁止对棚车、敞车类的车辆手推调车。

6. 当调车作业由无电区域进入有电区域作业时,必须一度停车,调车长提前检查确认有关人员站立位置符合要求后,方准进入有电区域。

7. 在电气化区段,调车作业通知单中应注明"有电"字样。电力机车担任调车作业时,在隔离开关前一度停车,由调车人员确认隔离开关开闭状态,确认无误后方准作业,避免将电流带入无电线路。

8. 使用电力机车调车的补充规定。

在有接触网终端的线路上调车时,调车领导人应在调车作业通知单上注明"接触网终端"字样;遇区间停电且利用正线调车时,调车作业计划中还应注明"区间停电"字样。

9. 当调车作业由无电区域进入有电区域作业时,必须一度停车,调车长提前检查确认有关人员站立位置符合要求后,方准进入有电区域。

10. 遇特殊情况,需在无电线路调车作业,电力机车在保持 10 m 的安全距离后与无电区的停留车连挂不上时,应附挂适当数量的车辆后再进行连挂。

11. 站外设有接触网分相的车站,越出站界(跟踪出站)调车,应在距接触网分相 30 m 处停车;严禁进入或越过接触网分相进行调车作业。

12. 有关安全规定。

(1)除专业人员按规定作业外,任何人员所携带的物件(包括长杆、导线等)与接触网设备的带电部分须保持 2 m 以上的距离。

(2)禁止直接或间接地(通过任何物件,如棒条、导线、水流等)与接触网的各导线及其相连部件接触。

(3)电气化铁路上的各种车辆,当接触网停电并接地前,禁止进行下列作业。

①攀登到车顶上,或在车顶上进行任何作业(如检查车顶设备、上水、上冰等)。

②开闭罐车和机械冷藏车的注口(盖),或在这些注口处进行任何工作。

③使用胶皮管冲刷机车车辆上部。

三、冬季调车作业

(一)冬季调车作业特点

我国北方广大地区,如西北、华北、东北地区,每年由 11 月至次年 3 月是严冬季节,在这个季节里,天寒、地滑、冰雪多、结冰期长、昼短夜长,而且气候多变,容易发生事故,给冬季调车工作带来许多困难。冬季调车作业主要特点是:

1. 冬季气温低,车辆冷轴、凝轴多,机车车列起动和运行阻力增大,影响调车速度和车辆(车组)的滑行距离。

2. 冬季冰雪多,三滑(钢轨面滑、铁鞋滑、车辆踏面滑)影响,机车牵引力下降,车列牵出时,极易打滑空转。车辆减速器、铁鞋和人力制动机制动力减小,滑行距离增长。

3. 冬季天气寒冷,气候多变,调车设备受冰雪覆盖,容易失灵,出现故障;杂型车零部件脆,容易断损;车辆自然停车多,如前后车组技术间隔掌握不好(不按冬季特点掌握),极易发生追尾、冲突、挤道岔等调车事故。

4. 冬季风大、雾多、下雪结冰,天气不良影响视线,联系不便,调车人员穿戴较多,加上地冻发滑,行动不便,影响作业效率,威胁人身安全。

5. 冬季运输历年来是"三运"(冬运、军运、春运)季节,量大集中。

由于上述冬季作业不利的因素,给冬季运输任务的完成、安全生产造成很大影响。

(二)冬季调车冷轴、凝轴的规律和活轴的方法

冬季气温低,车辆轴油容易冷却或凝结,给溜放作业造成不少困难。因此,必须找出车辆的冷轴、凝轴规律,赶在车辆冷轴、凝轴以前,进行解编或取送作业。

编制调车作业计划时,要根据气温变化、作业钩数、车辆停留时间及接发列车干扰进行编制,以适应冬季调车作业的特点,对到达解体列车原则上随到随解体。如有两列及其以上待解列车时,应先解不冷轴、凝轴的列车,对待解时间超过冷轴、凝轴的临界时间时,一般分部解体比较合适。

（三）驼峰调车作业方法

1. 变速。推峰的速度变化虽然是依风向、天气、线别、车组等因素来确定,但在冬季作业须特别注意天气、冷轴、凝轴等情况。一般原则是加大溜放速度(比非冬季时的溜放速度要高),避免车辆中途停车和追尾。

遇刮风天气,顺风时推峰速度要降低,而逆风时,应采用较高的推峰速度,遇轨面有雪或有隔钩车组时,溜放间隔要拉大。

2. 解体冷轴、凝轴列车,应运用调整远牵出,推峰要快,减速要猛下闸的方法,这样可使冷轴、凝轴变活轴。

3. 解体空车、难行车以及轨面存有积雪时,可采用峰上单钩溜放第一钩的方法,以防止车辆(组)途中自然停车。

4. 驼峰值班员要掌握峰下线群停车情况,对"隔钩车"、停留车较近的线路,要掌握溜放速度拉大车组间隔,给峰下连挂创造条件。驼峰作业员要密切注意车组走行状态,以防追尾和自然停车。

四、天气不良,瞭望困难时调车作业

天气不良系指在雾天、暴风雨雪及沙尘暴天气,能见度低,影响信号显示的距离,而不能按正常方法进行调车作业的气象条件。

遇有天气不良等非常情况进行调车作业时,由调车指挥人根据天气情况,适当降低速度。发生非常情况,如邻线线路施工或发生事故,其人员和机械工具随时可能侵入本线限界时,允许调车领导人向调车人员提出限制速度的要求,以确保调车作业安全进行。

驼峰解散车列作业上的特殊要求:

1. 要适当降低速度,掌握好车组间隔。

2. 除了峰上峰下应进行彻底联系外,可采用单钩溜放(自动化驼峰除外),或可在道岔区(分歧道岔)设专人瞭望车组间隔距离及车辆(组)的走行速度,瞭望人员应将掌握的情况及时向驼峰值班员和驼峰作业员通报。

第十二节　接发列车作业

一、正线、到发线调车的有关规定

在正线、到发线上进行调车时,必须经过车站值班员的准许。排列接发列车进路时,按照《站细》规定的时间,停止影响排列列车进路的调车作业。

车站值班员负责掌握正线、到发线的使用,了解列车运行情况,对保证不间断地接发列车负有直接责任。因此占用正线、到发线调车必须经过车站值班员的准许。

在接发列车时,车站值班员应掌握调车作业的实际情况,并应按《站细》规定的时间,确认影响列车进路的调车作业已停止,再排列接发车进路,开放信号。

二、接发旅客列车有关规定

接发旅客列车应在正线或到发线上办理,并应遵守下列原则:

1. 旅客列车应接入固定线路。

2. 特快旅客列车应在正线通过,其他通过列车原则上应在正线通过。

3. 原规定未通过的旅客列车由正线变更为到发线接车及特快旅客列车遇特殊情况必须变更基本进路时,须经列车调度员准许,并预告司机;如来不及预告时,应使列车在站外停车后,开放信号机,再接入站内。

4. 在三显示自动闭塞区段,特快旅客列车由车站通过时,为出站信号机的绿色灯光,出站信号机仅能显示黄色灯光时,发给司机绿色许可证(《技规》附件2)。

5. 在四显示自动闭塞区段,特快旅客列车由车站通过时,为出站信号机的绿色灯光或绿黄色灯光,出站信号机仅能显示黄色灯光时,发给司机绿色许可证(《技规》附件2)。

6. 车站值班员接到邻站特快旅客列车预告后,应按《站细》规定,组织有关人员做好如下工作。

(1)及时通知有关人员提前到岗接车、提前到站内平过道监护。

(2)提前停止影响特快旅客列车进路的调车作业和提前准备列车进路、开放进出站信号。

7. 特快旅客列车发生意外,不危及本列车安全时,可不停车继续运行,同时用列车无线调度通信设备报告就近车站处理。

三、接发编挂有列尾装置货物列车的有关规定

1. 货物列车列尾装置主机的安装与摘解,由车务人员负责。

2. 软管连结,有列检作业的列车,由列检人员负责;无列检作业的列车,由车务人员负责。

3. 车站接、发车人员监送列车时,应确认列尾装置主机状态。

4. 列尾装置在使用前,必须按规定进行检测,合格后方可投入运用。

5. 小运转列车是否挂列尾装置,由铁路局集团公司根据列车运行距离长短等条件确定。

6. 列尾装置使用正常时,机车乘务员负责确认列车完整。

7. 半自动闭塞区段遇列尾主机丢失及夜间灯光熄灭时,接车站现场派人确认列车整列到达后,方可办理区间开通手续。

四、接发超长、超限货物列车的有关规定

（一）超长列车尾部停在警冲标外方，由相对方向接入列车或调车作业时的办法

1. 相对方向接入列车

进站信号机外制动距离内,进站方向为超过6‰的下坡道,相对方向列车的接车线末端无开设备时,须使列车在站外停车后,再接入站内。

2. 调车作业时对超长列车的防护

超长列车尾部停于警冲标外方,如邻线未设调车信号机,又无隔开设备,相对方向需要进行调车作业时,必须派人以停车手信号对列车进行防护。

（二）超限列车

1. 超限货物（车辆）的定义

货物装车后，车辆停留在水平直线上，货物的任何部位超出机车车辆限界基本轮廓者或车辆行经半径为 300 m 的曲线时，货物的计算宽度超出机车车辆限界基本轮廓的，均为超限货物。

一件货物装车后，虽在直线或曲线上均未超过机车车辆限界，但越出其所在通过或到达"特定区段装载限制"的规定范围时，仍需按超限货物办理；在线路上停留或作业状态中各种超出机车车辆限界的特种车辆或线路机械，也均按超限货物车辆办理。

2. 接发超限货物列车的有关规定

（1）列车中编挂装载超限货物的车辆时必须要有调度命令。命令中包括车种、车号、到站超限等级、编挂车次、限速要求及其他有关注意事项。发站、中转站的车站值班员应将调度命令抄转司机及有关人员。

（2）超限货物列车的到发及通过，应按照《站细》规定在固定线路上办理。遇特殊情况需变更接、发车线路时，须得到列车调度员的准许。

（3）在办理超限货物列车的行车作业时，应按《站细》规定，停止邻线上的有关作业。

五、军用列车的接发

略。

六、无空闲线路时接车规定

站内无空闲线路是指站内正线，到发线以及其他站线（如调车线、货物线）均有车占用或因线路故障不能正常接车的情况。

（一）对接入列车的限制

在站内无空闲线路的特殊情况下，只准接入为排除故障、事故救援、疏解车辆等所需的救援列车、不挂车的单机、动车及重型轨道车。

（二）接车办法

1. 接车前，车站值班员应亲自或派人确认接车线停留车位置和空闲地段的长度，并通知接车线内停留的机车、动车、重型轨道车司机禁止移动位置。

2. 接车时不开放进站信号机，也不得使用引导接车办法，接车人员应站在进站信号机（反方向接车未设进站信号机时为站界标）外方，所接列车在站外停车，由接车人员通知司机接车线路、停留车位置、列车停车地点及其他注意事项，然后接车人员登乘机车，以调车手信号（灯）按调车方式将列车领入站内。

复习思考题

1. 调车作业按作业目的分为几大类？

2. 调车工作应做好哪些准备工作？

3. 如何划分调车区？划分调车区的基本原则是什么？

4. 驼峰调车场调车机车是如何分工的？

5. 固定调车线使用考虑的条件是什么？

6. 什么是调车工作的"九固定"？

7. 车站的调车工作由谁领导？

8. 如何布置调车作业计划？

9. 如何变更调车作业计划？

10. 简述禁止溜放的车辆有哪些。

11. 简述禁止溜放的线路有哪些。

12. 调车作业中调车速度是如何规定的？

13. 调动装有超长、超限货物车辆有何规定？调动装有超限货物车辆有何规定？

14. 对机车车辆的停留有何要求？禁止停留机车车辆的线路有哪些？

15. 什么是越区、转场作业？二者有何区别？

16. 占用正线、到发线调车作业有何规定？

17. 铁路车辆禁止溜放和限速连挂表的具体规定有哪些？

18. 禁止通过驼峰的机车车辆有哪些？

19. 单钩溜放、连续溜放有何特点？

20. 调车作业中对速度的掌握有何要求？

21. 推送车辆时，为什么要先试拉？

22. 遇天气不良等非正常情况，为什么要应适当降低速度？

23. 调车作业进路由谁确认？为什么？

24. 简述铁鞋的使用限制。

25. 接发旅客列车有什么要求？

第十章　运输统计

为了及时而准确地反映车站工作完成的情况,提供确定任务、编制计划和改进工作的依据,需要对车站各项数量指标和质量指标的完成实绩进行系统的统计和分析。没有准确的统计资料,就不能正确地了解工作计划的完成情况和执行中存在的问题,也就无法提出解决问题的正确方法。

车站工作统计反映了车站工作完成的实绩,为车站制定作业计划,组织指挥生产以及分析、改进运输工作提供了依据,同时也是铁路局集团公司和全路运输统计工作的基础。

车站工作统计主要包括现在车统计、装卸车统计、货车停留时间统计。

车站工作的各种报表,以北京时间为准,采用18点结算制:自昨日18:01起,至本日18:00止的24 h为统计报告日。日、旬、月报均以电子计算机网络传输电话逐级上报。

第一节　现在车统计

现在车统计是反映车站每日18点货车的现有车数及货车运用和分布情况。

车站每日应按统一规定时间(18:00),根据现在车实际状况,分别填写现在车报表和18点现在重车去向报表,并上报铁路局集团公司调度所。

现在车统计,不仅可以考核车站运用车保有量是否超过标准,而且可供铁路局集团公司推算货车保有量和去向别的移交重车数,编制和检查运输工作日常计划、组织卸车和调整车流之用。

一、现在车分类

(一)按产权所属分

现在车按产权所属可分为国铁货车、企业自备货车及内用货车、外国货车。

1. 国铁货车

凡属国铁集团资产,涂有铁路路徽,按国铁集团统一规定涂打车型标记、编号的货车。

2. 企业自备货车

凡属企业(包括国家铁路运输企业、合资铁路、地方铁路及其下属企业)资产并取得"企业自备货车经国家铁路过轨运输许可证"(以下简称"过轨运输许可证")和一次性过轨的货车。

其确定方法:取得"过轨运输许可证"的货车为车号左起第一位为"0",第二位非"0",车体标明"×××自备车"、到站"×××站"、没有铁路路徽的货车;一次性过轨的货车为车号左起第一、二位为"00"，没有铁路路徽的货车。

3. 内用货车

属企业（包括合资、地方铁路及其下属企业）资产但未取得"过轨运输许可证"，仅在本企业内承担社会运输任务的货车。

4. 外国铁路货车

凡属于国外铁路资产的货车。

（二）按其运用状态分

现在车按其运用状态可分为运用车和非运用车。

1. 运用车是指参加铁路营业运输的部属铁路货车、企业自备货车，外国铁路货车，内用货车、企业租用、军方特殊用途重车。运用车又可分为运用重车和运用空车两种。

（1）重车：以下 5 种情况的运用车按重车统计。

①实际装有货物并具有货票的货车；

②卸车作业未完的货车；

③倒装作业未卸完的货车；

④以"特殊货车及运送用具回送清单"手续装载整车回送铁路货车用具（部属缝布、空集装箱及军用备品等）的货车；

（2）填制货票的游车。

（3）空车：以下 4 种情况的运用车按空车统计。

①实际空闲的货车；

②装车作业未完的货车；

③倒装作业未装完的货车；

④运用状态下的机械冷藏车的工作车。

2. 非运用车是指不参加铁路营业运输的国铁货车（包括租出空车）、企业自备内用检修车和在专用线专用铁路内的已获得"过轨运输许可证"的企业自备货车、在站装卸作业企业自备空车、在本企业内的内用空车、军方特殊用途空车以及国铁特种用途车。国铁特种用途车是因为路内特殊用途需要专门制造不能装运货物的特种用途车（包括试验车、发电车、轨道检查车、检衡车、除雪车等）。

（1）备用车

备用车是指为了保证完成临时紧急任务的需要所储备的技术状态良好的国铁空货车：

①备用车可分为特殊备用车、军用备用车、专用货车（包括罐车、冷藏车、集装箱车、矿石车、长大货物车、毒品专用车、家畜车、散装水泥车、散装粮食车、小汽车运输专用车和涂有"专用车"字样的一般货车）备用车和国境、港口站备用车。

②备用车的备用、解除，必须经国铁集团备用车命令批准。

③备用车的备用和解除时间根据国铁集团、铁路局集团公司当日调度命令批准，经备用基地检车员检查后，由车站调度员或值班员填写"运用车转变记录（运统 6）"并签字的时分起算。

货车转入备用时分不得早于：

a. 车站收到调度命令的时分；

b. 作业车卸车完了的时分；

c. 到达空车为列车到达技检完了的时分。

备用货车解除时分不得迟于：

a. 排空时规定列车开始技检的时分；

b. 装车时调入装车地点的时分。

④特殊备用车须备满 48 h，其他备用车须备满 24 h，才能解除备用。备用时间不满或无令动用时，自备用时起按运用车统计（因紧急任务需要，经国铁集团批准解除时，不受此项限制）。

⑤备用车必须停放在集团公司批准的备用基地内。港口、国境站备用车必须停放在指定的港口、国境站。凡未停放在指定地点的均不准统计为备用车。

⑥备用车在不同基地间不得转移。根据命令在同一备用基地内转移时，备用时间不连续计算，原存放站及新存放站均需备满规定时间。

⑦不准将重车、租用空车列入备用车。

⑧对违反规定动用备用车时，必须调整运用车数和货车停留时间。

（2）检修车

货车检修统计反映检修货车现有数量及情况，为各级有关部门掌握车辆状态，指挥运输生产，编制和检查检修车计划完成情况，改进货车检修工作等提供依据。

①统计范围

a. 定检到期或过期而扣下修理、摘车临修、事故破损、等待报废和回送检修等的国铁货车、企业自备车，根据车辆部门填发的"车辆检修通知单（车统 23）"或"检修车回送单（车统 26）"统计为检修车。

b. 在铁路营业线内的外国铁路货车在运行过程中临时发生故障而摘车临修时，按检修车统计。

c. 机械冷藏列车中的车辆或机械发生故障需要扣留时，应全组填发"车辆检修通知单"按检修车统计。修竣后，对未修理的车辆，在"检修车辆竣工验收移交记录"上注明"撤销'字样。

d. 整备罐车超过整备规定时间（6 h）继续整备时，从超过时起按检修车统计。

②检修车统计依据

a. 检修车由检车人员在施行车辆技术检查时判定。判定后应立即填发"车辆检修通知单"作为统计检修车的依据。

b. 回送检修根据"检修车回送单（车统 26）"作为回送以及回送途中统计检修车的依据。

c. 修竣车由车辆段或车辆工厂填发"检修车辆竣工验收移交记录"作为修竣的依据。

（3）代客货车

代客货车是根据国铁集团命令用以运送人员、行李及包裹的货车。

车站接到命令后，由车站和检车人员在"运用车转变记录（运统 6）"上签字时起转入"代客"，使用完了（指卸空，包括备品）时，填制"运用车转变记录（运统 6）"转回运用车。

代客空车根据调度命令以客运车次回送时，按代客统计；以货运车次回送时，按挂运凭证(回送清单、调度命令等)实际统计,无挂运凭证按运用车统计。

"代客货车"装载货物填制货票时,自代客或回送到达时起按运用车统计。

行包专列上编挂的专用货车,不论重车、空车,均按代客货车统计,单独列示。

(4)路用车

路用车是国铁集团批准作为铁路各单位运送非营业运输物资或用于特殊用途的货车,分为特种用途车和其他路用车。

特种用途车指因为路内特殊用途需要专门制造不能装运货物的特种用途车(包括试验车、发电车、轨道检查车、检衡车、除雪车等)。上述车辆以外的路用车为其他路用车。

①经国铁集团批准的"路用车使用证明书"是统计路用车的依据。使用单位应按规定涂打路用车使用标记。路用车只准在批准的使用期限、区段和用途的范围内使用,对违反使用规定的路用车,按运用车统计。

②路用车的转变时分自使用单位收到车辆并在"运用车转变记录(运统 6)"上签字时起,至使用完了交回车辆并填制"运用车转变记录(运统 6)"转回运用车时止按路用车统计。

③路用车装运货物并填制货票时,在重车状态下按运用车办理。

④防洪备料车:是根据国铁集团(铁路局集团公司)命令为汛期防洪抢险指定储备一定数量防洪备料的重车,在重车储备停留状态下按路用车统计,其他状态按运用车统计。

(5)洗罐车

洗罐车是指已进行清洗的良好罐车。

由洗罐单位填制"车辆装备单(车统 24)"送交车站签字时起计算为洗罐车;洗刷完了,由车站人员在"罐车洗刷交接记录单(车统 8)"上签字时起转回运用车;企业自备车发生洗罐时,洗罐单位一律填发"企业自备车装备单(车统 24Q)"统计为洗罐车,洗刷完了,填发企业自备车洗刷交接记录单(车统 89Q)转回运用车。为进行检修而洗罐时,应列入检修车内。

由企业自行洗罐不能执行上述办法时,由铁路局集团公司规定平均洗罐时间(最长不能超过 4 h),自货车送入洗罐交接地点至规定时间止按洗罐车统计。

(6)整备罐车

整备罐车是指在指定地点进行技术整备的整列(成组)固定编组石油直达罐车。

在到达整备站时,按运用车统计;送入配属段整备线进行技术整备时,根据车辆部门填发的"车辆装备单(车统 24)"送交车站签字时起 6 h 内按整备罐车统计。超过 6h 车辆部门应填发"车辆检修通知单(车统 23)"按检修车统计。整备完了由车站在"检修车辆竣工验收移交记录"上签字时起转回运用车。如固定编组石油直达罐车更换车辆时,须由车辆部门及时通知车站。

(7)租出空车

租出空车包括以下几种。

①企业租用的国铁货车空车。

②新造及由国外购置的货车在交付使用前的试运转空车。

③部队训练使用的国铁货车:

a. 使用停留车辆训练,按轴、按日核收使用费时,由交付使用至使用完了交回时止,按企业租用空车统计。

b. 在训练期间随同列车挂运核收 80% 运费时，自列车出发时起至到达时止，对装运物资的货车按运用车统计，运送人员的棚车按"代客"统计。

c. 用铁路机车单独挂运核收机车使用费时，按企业租用空车统计。

④出租车及退租车由车站与使用单位在"运用车转变记录（运统 6）"上签字时起转入企业租用车或转回运用车。

（8）在企业内的企业自备货车

在企业内的企业自备货车指在企业专用线、专用铁道内的已取得"过轨运输许可证"的该企业自备货车。包括没有（租用）专用线、专用铁路企业的回到过轨站的自备空车以及在车站进行装卸作业的自备空车。在本企业内的内用空车在此项反映。

（9）军方特殊用途空车

指军方用于军事运输等特殊用途的空货车（车体基本记号标明为客车的除外）。

3. 企业自备车运用与非运用转变时分的确定

对出入企业专用线、专用铁路的企业自备车，以将车辆送到交接地点时分为准；在站（包括过轨站）装卸作业的企业自备车，以装卸作业完了时分为准（到达过轨站、装卸作业站的空车自到达时分起转为非运用）。内用货车以装卸作业完了时分为准。

二、现在车掌握

技术站特别是编组站的主要工作是组织对车辆的调移，如果组织指挥者对车站车辆的数量及其分布情况掌握不清，车站作业计划与指挥工作就失去了依据，实际作业中必然发生混乱。

对于现在车的掌握，因其用途不同而有所区别，基本上可分为两种：

（一）掌握现在车总数

去向别现在车总数，是按列车编组计划规定的本站所编列车到站、空车按车种分别归并为几个组号进行统计推算来掌握的。它主要用于编制班计划和阶段计划。

车场别现在车总数，即所有空重车辆在各车场的停留总数。它主要用作调整车场任务的参考。

（二）掌握各股道停留车的排列顺序

车辆排列顺序，是指车辆在到达场（或到发线）待解车列内和调车场股道内的排列顺序。它是编制调车作业计划的主要依据。

掌握车辆排列顺序一般都用毛玻璃板登记，车号作业人员并辅助用"货票排顺"的方法进行掌握。

为确保货车现在数的准确性，在编组站，区段站及货车出入较大的车站，必须建立"集中掌握、分场管理"或以"到、发列车编组顺序表对号销"等有效的掌握现在车办法。这些车站一般除在各场（区）设专人掌握该场（区）现在车外，还设专人负责掌握全站现在车的出入、分布及变动情况。

目前，车站掌握现在车用的表格，一般根据本站列车编组计划的组号与铁路局集团公司调度掌握车流的需要，由各站自行设计。

"列车编组顺序表（运统 1）"是掌握现在车的原始资料。车号作业人员对本站到、发列车编组顺序表必须与现车、货运票据（电子）认真进行核对，发现错误，及时订正，保证"列车编组顺序表（运统 1）"、现车与票据三者完全一致。

车站统计人员应与车站调度员、车站值班员、车辆段调度或列检所值班员相互核对现在车和检修车，每隔 3 h 推算一次，每隔 6 h 向集团公司调度报告一次，并于规定时间向副站长或运转主任、调度室主任提供编制班计划的现在车资料。

过去，现在车掌握主要由统计人员运用一定的表格进行推算，工作效率低，准确性差。随着电子计算机在铁路运输工作中的广泛应用，目前已有不少编组站利用电子计算机管理货车信息系统，实现了掌握现在车自动化。车站领导和调度指挥人员可通过系统终端，随时了解车站现在车数、分类及其分布情况。

三、现在车统计

货车出入数是平衡货车现有数和计算货车停留时间的依据。凡是在车站出入的货车均应进行统计。

（一）车站出入的货车

1. 随同列车（包括单机、轨道车，下同）出入的货车

（1）集团公司：为经分界站与邻局及国外相互交接的货车。

（2）编组站、区段站：为在该站进行列车编解或有中转技术作业（指更换机车或换机车乘务员或进行列车车辆技术检查，下同）列车上的货车。

如列车运行图规定在该站有中转技术作业的列车临时变为通过或虽有停站时间但不进行中转技术作业时，均不计算货车出入；但列车在枢纽地区临时变更发、到站所经过的编组站发生中转技术作业时，计算货车出入；运行图未规定有中转技术作业的列车，虽有停站时间或临时停车，均不计算货车出入。

一站多场的车站，18:00 运输统计报告仍按一个车站统计上报；对场与场间因货车转场或取送作业开行的列车，均不计算货车出入。

（3）中间站：为实际摘挂的货车以及始发、终到或停运列车上的货车。中间站利用列车停站时间进行装卸作业的货车，虽未进行摘挂，亦统计货车出入。

①停运列车是指列车未到达运行区段终止站，亦未到达整列货车装卸作业站而在中间站停运并摘走机车的列车（因自然灾害、事故等机车不能摘走，根据调度命令可视同机车摘走）。

②中间站始发、终到的列车不包括在中间站临时更换机车或变更车次继续运行的列车。

③在中间站进行组合或拆组的重载（长大）列车上的货车，统计货车出入。

（4）随同列车的货车出入时分：以列车实际出发、到达或通过时分为准。

列车发出站界后因故退回或列车在区间分部运行的货车出入时分：

①列车发出站界后因故退回摘下部分车辆时，摘下的车辆视为未发出；加挂车辆时，对加挂的车辆以挂车后再次发出时分为准。

②因列车分部运行，先到达前方站的车辆挂于其他列车发出时，该部分车辆以实际到达时分为准；如车辆分别拉向两端车站时，后方站到达的车辆以实际到达时分为准。

（5）列车出发、到达、通过时分的确定。

①列车出发：以列车机车向前进方向起动，列车在站界（场界）内不再停车为准。列车发出站界后，因故退回发站再次出发时，则以第一次出发时分为准。

注：场界系指一站多场的场间分界点，各车场在列车运行图为分别规定有列车发、到或（通过）时分。

②列车到达：以列车进入车站，停于指定到达线警冲标内方时分为准。列车超过实际到达线有效长度时，以一次停车时分为准。列车在区间分部运行时，则以全部车辆到达前方站时分为准；如分部运行将车辆拉向两端车站时，以拉向前方站的最后一部分车辆到达时分为准。

③列车通过：以列车机车通过车站值班员室时分为准。

列车调度指挥系统（TDCS）、调度集中系统（CTC）等信息系统自动采集列车到发时分，亦须按上述规定执行。系统自动采点时分与实际不符时，应根据站场情况查定附加（减）时分并纳入《站细》，系统据此调整自动采点时分。车站值班员接发列车工作中发现自动采点与实际不符时，应予以订正。

2. 不随同列车出入的货车

不随同列车出入的货车包括新购货车、报废货车、拨交货车以及加入、退出的企业自备货车。

（1）不随同列车的货车出入时分

①新购货车：由车站在"新造车辆竣工验收移交记录单（车统1并车统13）"上签字时起加入。

②报废车：根据国铁集团批准的"货车报废记录单（车统3）"车站由接到统计部门或车辆部门通知的时分起剔出。报废车未解体前，车辆部门必须在车号下方涂打"报废车"字样及报废部令号，严禁编入列车越出站界。

③拨交货车：根据国铁集团命令拨交其他部门或由其他部门拨交铁路的货车，以双方在"车辆资产移交记录（车统70）"上签字时起分别计算转出或转入。

（2）企业自备车的加入、退出

加入：新取得"过轨运输许可证"的由该企业自备车过轨车站根据"过轨运输许可证"和"车辆检修合格证明""检修车辆竣工验收移交记录（车统33并车统36）"，核实现车并填制货票后加入；新出厂的自车站在"新造车辆竣工验收移交记录"上签字时起加入；一次性过轨的自车辆送到车站并填妥货票时起加入。

退出："过轨运输许可证"到期交回注销的办理过轨车站、车辆存放车站根据国铁集团定期公布的"不再参加国家铁路过轨运输的企业自备货车"，核实现车后退出；一次性过轨的自车辆到达货票记载车站时起退出；运行途中报废的企业自备货车由统计现在车的单位退出并电报通知自备车管理部门及办理过轨站销账。

（3）内用货车的加入、退出

新购内用货车（含一次性过轨后的货车）自到达本企业时起加入；自内用货车报废时起退出，已办理一次性过轨的货车自离开本企业时起退出。

注：区间装卸车按《统规》①第九章的规定办理。

---

① 《铁路货车统计规则》，下同。

（二）货车出入登记簿

"货车出入登记簿（运统 4）"是分界站、区段站及大量装卸站登记货车出入情况,作为编制"分界站货车出入报表（运报—1）""现在车报表（运报—2）"以及"非号码制货车停留时间登记簿（运统 9）"的资料。

"货车出入登记簿（运统 4）"的填记方法如下：

1. 方向栏（1 栏）：分列车到发方向按出入时分顺序填记。

2. 列车车次栏（2 栏）：根据"列车编组顺序表（运统 1）"填记到发列车车次。对不随同列车出入的货车,填记出入的种别,如"新造车""企业自备车"等。

3. 到发时分（3 栏）：根据"行车日志（运统 2、运统 3）"填记,不随同列车出入的货车,根据各该规定的出入时分填记。

4. 出（入）的货车：凡计算车站出入的货车,均填记在各有关栏内。

5. 专业运输公司租用车：本栏根据到、发列车中各专业运输公司租用及租用作业转变的情况填入,作为填记的资料。

6. 标准换算小时：以本小时内货车出入的实际分钟数,按十进位小时填记。将货车出入车站的实际时分换算为十进位的小时数,有正算和逆算两种方法。

正算十进位小时换算是将本小时初至货车到达或发出时的分钟数换算成小时。逆算十进位小时换算是将货车自到达或发出时起至本小时末的分钟数换算成小时。

各站可根据实际工作的不同需要,采用不同的换算方法。目前,大部分车站采用逆算法。例如：30501 次列车 18:20 到达乙站,用逆算法换算的标准换算小时则为：$(60-20) \div 60 = 0.7(\text{h})$。

（三）现在车报表

现在车报表（运报—2）,用于统计车站每日 18:00 货车按运用别、重空别、车种别的现在车数,并上报铁路局集团公司。它是调整运用车保有量,计算货车运用统计指标及编制运输工作计划的重要依据。车站按"列车编组顺序表（运统 1）""行车日志（运统 2 或运统 3）""货车出入登记簿（运统 4）""检修车登记簿（运统 5）""运用车转变记录（运统 6）""非运用车登记簿（运统 7）""部备用货车登记簿（运统 7—A）""号码制货车停留时间登记簿（运统 8）""新造车辆竣工验收移交记录（车统 1 并车统 13）""车辆资产移交记录（车统 70）"；以及车辆报废通知等有关资料,按日历顺序,于每日 18:00 填报一次。

（四）18 点现在重车去向报表

"18:00 现在重车去向报表（运报—3）",反映 18:00 当时集团公司管内重车及移交重车去向,作为集团公司组织卸车和掌握重车车流的依据。

车站根据 18:00 当时运用重车货票、列车编组顺序表或其他货运单据上所记载的到站编制。

第二节　货车停留时间统计

货车停留时间统计反映运用车在车站的货物作业和中转作业停留时间完成情况,作为检查、分析和改善车站运输组织工作,提高货车运用效率的依据。

凡计算车站出入的运用车,由到达、转入或加入时起至发出、转出或退出时止的全部停留时间(不包括其中转入非运用车的停留时间)均应统计停留时间。但中间站利用列车停站时间进行装卸,装卸完了仍随原列车继续运行(即不摘车装卸作业)时,只计算作业次数不计算停留时间。

一、货车停留时间分类

(一)因中转作业而在站停留

即中转停留时间,车站一般统计中转车平均在站停留时间中时。计算中转停留时间的货车有两种:

1. 无调中转货车

(1)在编组站或区段站原列到开的列车上的货车(摘走的车辆除外)。

(2)在编组站或区段站进行补、减轴调车作业的原中转列车上的货车(补、减轴的车辆除外)。

(3)停运列车上的货车。

(4)在中间站进行拆组或组合的长大重载列车上的货车。

2. 有调中转货车

凡不符合上述无调中转作业条件的中转货车均按有调中转货车统计。

另外,在中间站产生下列中转作业时必须统计中转停留时间(不论是否有中转停留时间指标计划):

(1)停运列车上的货车。

(2)列车在中间站折返原方向所挂的不属于本站办理装卸作业的货车。

(3)不是本站装卸作业而摘下的货车。

(二)因装卸作业而在站停留

即货物作业停留时间,车站一般统计一次货物作业平均在站停留时间停时。货物作业停留时间还可以按作业过程进行划分,可分为:

1. 入线前停留时间:由货车到达车站时起至送到装卸地点时止,以及双重作业货车由卸车完了时起至送到另一装车地点止的时间。

2. 站线作业停留时间:由货车送到装卸地点时起至装卸作业完了时止的时间。

3. 专用线作业停留时间:由货车送到装卸地点时起至装卸作业完了时止的时间。如规定以企业自备机车取送车辆时,以双方将货车送到规定地点的时分计算。

4. 出线后停留时间:由货车装卸作业完了时起至发出时止的时间。

二、计算公式

1. 中时($t_中$):

$$t_中 = \frac{中转车在站总停留小时}{中转车车数}(\text{h})$$

2. 停时($t_货$):

$$t_货 = \frac{货物作业车在站总停留车小时}{(装卸作业)次数}(\text{h})$$

三、货车停留时间的统计方法

货车停留时间目前常用的有号码制和非号码制两种统计方法。

（一）号码制统计方法

号码制统计利用号码制"货车停留时间登记簿（运统 8）"（表 10-1），进行逐车登记车种、车号、到达与发出的车次、时分，然后，结算当日发出货车的停留车小时，加总后除以当日发出的车数或装卸作业次数，即可求得当日完成的中时和停时。

表 10-1　号码制货车停留时间登记簿

货车		到达			调入站线		站线作业完了		调入专用线		专用线作业完了	
车种	车号	车次	月日	时分	月日	时分	月日	时分	月日	时分	月日	时分
1	2	3	4	5	6	7	8	9	10	11	12	13

发出			作业种类	中转车停留时间	作业车停留时间	货物作业过程别				非运用车			记事
车次	月日	时分				入线前停留时间	作业时间		出线后停留时间	转入月日时分	转出月日时分	停留时间	
							站线	专用线					
14	15	16	17	18	19	20	21	22	23	24	25	26	27

1. 依据资料

（1）根据"列车编组顺序表（运统 1）"的列车车次、车种、车号，填记 1、2、3、14 栏。

（2）根据"行车日志（运统 2、运统 3）"中的列车到发时刻，填记 4、5、15、16 栏。

（3）根据"装（卸）车清单（货统 2）"及"货车调送单（货统 46）"或专用线取送车辆记录中的货车调到交接地点及装卸完了时刻，填记 6～13 栏。

（4）根据"运用车转变记录（运统 6）"及"非运用车登记簿（运统 7）"的转变时刻，填记 24～26 栏。

2. 填记方法

（1）货车的到、发和转变以及各种货物作业过程的起止时刻，均填记实际时分。

（2）在站线卸车后调入专用线装车，或在专用线卸车后调入站线装车时，分别填记其各个作业过程的起止时分。

（3）在站线卸车后调入另一站线装车，或在专用线卸车后调入另一专用线装车时，在 6～9 栏或 10～13 栏内，另以分子填记第二次的起止时分。

（4）作业种类（17 栏）按简称填记。装车："装"，卸车："卸"，双重作业："双"，货物倒装："倒"，无调中转车："无"，有调中转车："有"。

（5）作业过程不全的货物作业车，需在 6～13 栏及 20～23 栏内划一横线（如不摘车装卸，企业、地方铁路分界站交接的货车等）。

凡是缺少入线前、出线后或装卸地点停留时间的均为作业过程不全的货物作业车。

(6)货车发出后,根据 17 栏记载,按下列办法结算其停留时间:

①中转车停留时间(18 栏)和货物作业车停留时间(19 栏)填记发出时分(15.16 栏)与到达时分(4.5 栏)的差数,再减转入非运用车(26 栏)的时间。

②入线前停留时间(20 栏)填记调入装卸地点时分(6.7 栏或 10.11 栏)与到达时分的差数。

③站线作业时间(21 栏)及专用线作业时间(22 栏)填记作业完了时分(8.9 栏或 12.13 栏)与调入装卸地点时分(6.7 栏或 10.11 栏)的差数。

④出线后停留时间(23 栏)填记发出时分(15.16 栏)与作业完了时分(8.9 栏或 12.13 栏)的差数。

⑤双重作业车按第 6～13 栏记载,将自卸完了至调入装车地点时止的时间加入第 20 栏内。

(7)当日 18:00 终了时,将当日发出的货车(已填记 14～16 栏的)加总。

①各项停留时间(18～23 栏)加总后,1 h 以下满 30 min 进为 1 h,30 min 以下舍去。

②货物作业车中在 6～13 栏及 20～23 栏划有横线的车数与停留时间,须单独加以结算。

③作业过程各停留时间进为小时后的合计与货物作业车停留时间(19 栏)尾数不等时按 19 栏调整各作业过程时间。

④货物作业次数按 17 栏加总计算,并按《统规》第三十五条确定。

3. 优缺点及适用情况

号码制统计方法是按照每一辆货车的实际到发时刻登记的,统计的货车停留车小时比较准确。同时,运统 8 按货物作业车作业过程进行统计,能反映入线前、出线后和站线(专用线)作业停留时间延长或缩短的原因。但是,号码制统计方法仅结算当日发出车辆的停留车小时,未发出车辆的停留车小时不结算,不能准确反映当日工作的实绩。同时,逐车登记,逐车结算,工作烦琐。

所以,号码制统计方法适用于货车出入较少的车站,以及使用非号码制货车停留时间登记的车站,用以统计货物作业车的作业过程及其停留时间,作为填报货车停留时间报表的资料。

（二）非号码制统计方法

非号码制统计使用非号码制货车停留时间登记簿(运统 9)见表 10-2。

非号码制与号码制统计方法不同,它不是按每辆货车的实际到发时分,逐车统计停留时间,而是按换算小时的方法,统计不同作业性质的所有货车在 1 h(一班或一日)内总停留车小时,分别除以参加停留的车数或装卸作业次数而求出当日完成的中时和停时,作为编制"货车停留时间报表(运报—4)"的依据。

按非号码制统计车辆停留时间时,假定一日(一班或一小时)开始时结存的车辆和本日(本班或本小时)到达或转入的车辆全都停留至本日(本班或本小时)结束,并按此统计车辆的总停留车小时,然后再将本日(本班或本小时)发出或转出车辆从发出或转出之时起至本日(本班或本小时)结束之时止未停留的总车小时扣除,即可得到各种性质车辆在本日(本班或本小时)的总停留车小时。

1. 依据资料

(1)"货车出入登记簿(运统 4)"中货车的到发时分、车数及换算小时。

(2)"检修车登记簿(运统 5)""非运用车登记簿(运统 7)""备用车登记簿(运统 7—A)"中的货车转变时分。

表 10-2 非号码制货车停留时间登记簿

项目每小时合计	货车出入总数						其中															
	到达		发出				货物作业车										无调中转					
	车数	换算小时	车数	换算小时	结存	停留时间	入				出					停留时间	到达		发出			停留时间
							到达		转入		发出		转出		结存		车数	换算小时	车数	换算小时	结存	
							车数	换算小时	车数	换算小时	车数	换算小时	车数	换算小时								
1	2	3	4	5	6	7	8	9	10	11	12	13	14	15	16	17	18	19	20	21	22	23
昨日结存																						
其中																						

有调中转										非运用车										记事
入				出				结存	停留时间	入				出				结存	停留时间	
到达		转入		发出		转出				到达		转入		发出		转出				
车数	换算小时	车数	换算小时	车数	换算小时	车数	换算小时			车数	换算小时	车数	换算小时	车数	换算小时	车数	换算小时			
24	25	26	27	28	29	30	31	32	33	34	35	36	37	38	39	40	41	42	43	44

2. 填记方法

(1)凡计算出入车数的一切运用与非运用车，均需在本簿内登记。

(2)每日 18:00 开始登记前，先将昨日各项结存车数移入本日“昨日结存”行各栏内。

(3)各到达和发出的车数、换算车小时栏，根据“货车出入登记簿(运统 4)”结算每一小时随同列车和不随同列车出入的车数和换算车小时总数，填入本小时有关栏内。

(4)各转入和转出车数、换算车小时栏，根据“检修车登记簿(运统 5)”“非运用车登记簿(运统 7)”“备用车登记簿(运统 7—A)”及装卸车情况，结算每一小时由运用车转入非运用车、非运用车转回运用车以及中转车转入作业车、作业车转入中转车的车数、换车小时的总数，填入本小时有关栏内。

(5)转入、转出各栏按下列规定填记：

①由非运用转回运用的货车，按转入非运用前的作业种别填记；但进行装车时，必须转入作业车(包括解除备用时间不满的货车)；到达的非运用车和由运用车转非运用、非运用转回运用车前后作业种别不同时，则按转回运用的实际作业种别填记。

②由于转入、转出需要倒退时间订正时，为了简化手续，不作倒退时间涂改，可在记事栏内注明原因、车数及时间，在当日总结时，一次调整计算。同一小时内产生转入、转出时，也应在记事栏内注明原因。

3. 结算方法

每行的出入车数及换算车小时数填记完了后，按下列方法结算：

(1)每小时末结存车数(6、16、22、32、42栏)

　　每小时末结存车数＝上小时末结存车数＋本小时入的车数－本小时出的车数

(2)每小时产生的停留车小时(7、17、23、33、43栏)

　　每小时产生的停留车小时＝上小时末结存车数×1(h)＋本小时入的换算车小时

　　　　　　　　　　　　　－本小时出的换算车小时

　　(3)每日18：00终了后,用结存车数(6栏)及(42栏)与"现在车报表(运报—2)"的现在车数(10栏)及非运用车数(48栏)核对一致。

　　(4)每日终了后,将一日间的各行数字加以总结(结存栏不加昨日结存车数)填记在合计行内,并据此填记货车停留时间报表(运报—4)。

四、货车停留时间报表

　　"货车停留时间报表(运报—4)"反映车站一次货物作业和中转车停留时间完成情况。对于装卸量较大的车站,为了分析货物作业车各个作业过程的车辆运用情况,还需反映其作业过程别的一车平均停留时间。

(一)货车停留时间报表的编制依据

　　1."号码制货车停留时间登记簿(运统8)";

　　2."非号码制货车停留时间登记簿(运统9)";

　　3."装卸车报表(货报—1)";

　　4.车号自动识别系统;

　　5.车站管理信息系统。

(二)编制说明

　　"货车停留时间报表(运报—4)"采用号码制编制。未上车站管理信息系统的出入货车较多的车站亦可按非号码制编制。

　　1. 货车停留时间的统计方法:根据当日发出车辆的实际,按车号逐车统计货车由实际到达时起至发出时止的全部停留时间、作业车数、作业次数及中转车数。

　　采用非号码制计算停留时间时,按换算小时统计当日货车所停留的时间、作业次数和中转车数。

　　2. 中转车转为货物作业车或货物作业车转为中转车:由实际到达时起转入。

　　采用非号码制计算停留时间的车站,当日到达的由到达时起转入;当日以前到达的,则由当日18：01起转入。

　　3. 采用非号码制的车站,作业次数(第1栏)根据"装卸车报表(货报—1)"第44栏的数字填写。第13～27栏一律用号码制编制。

　　4. 车数、车辆小时栏以整数填记,车辆小时满30 min进为1,不满30 min舍去。平均停留时间保留小数点后一位,第二位四舍五入。

　　5. 本表中的各项平均停留时间计算方法:

　　(1)一次货物作业平均停留时间(3栏)＝货物作业车辆小时(2栏)/货物作业次数(1栏);

　　(2)无调中转车平均停留时间(6栏)＝无调车辆小时(5栏)/无调车数(4栏);

（3）有调中转车平均停留时间（9栏）＝有调车辆小时（8栏）/有调车数（7栏）；

（4）中转车平均停留时间（12栏）＝中转车辆小时（11栏）/中转车数（10栏）；

（5）货物作业车及其中作业过程的一车平均停留时间＝车辆小时/车数。

五、综合统计大表

本表是由"货车出入登记簿（运统4）""非号码制货车停留时间登记簿（运统9）"综合而成。货车出入较多的车站，采用本表用以掌握现在车状况、统计货车出入和货车停留时间，作为填报"现在车报表（运报—2）""18点现在重车去向报表（运报—3）""货车停留时间报表（运报—4）"的资料。

本表参照"货车出入登记簿（运统4）""非号码制货车停留时间登记簿（运统9）"的方法填记。

第三节　车站行车工作分析

车站行车工作分析的目的在于总结和推广先进工作经验，找出工作中的缺点和问题，并提出改进工作、挖掘设备潜力的有效措施，不断提高车站行车工作组织水平。因此，在统计的基础上，经常对车站工作实际完成情况进行有系统的分析是车站行车组织工作的一项重要任务。

一、分析的种类

车站行车工作分析分为日常分析、定期分析和专题分析三种。

（一）日常分析

日常分析包括班分析和日分析。班分析在交班会上进行，由主管运输的副站长或运转车间主任主持，车站调度员、货运调度员、车站值班员、调车区长等参加，于每班工作完了后，分析全班工作完成的情况，主要内容包括装卸车、中停时、列车出发正点率和安全生产情况。

日分析由车站技术人员负责，在班分析的基础上，根据车站统计资料，通过检查技术作业图表，有重点地对班分析进行补充，为定期分析积累资料。

（二）定期分析

定期分析是指旬分析和月分析。它是车站一旬和一月的工作总结，由车站技术人员负责。在日常分析的基础上，对车站运输生产情况进行较全面的系统分析，要求写出书面总结材料，作为改进行车组织工作的依据。

（三）专题分析

专题分析是不定期的分析。它是根据某一时期的资料，对某一项指标或某一重大问题的分析。

二、分析的内容和方法

（一）列车出发正晚点情况分析

列车出发正晚点情况分析应在货物列车正点统计的基础上进行。

1. 统计范围

凡以货物列车车次(小运转列车车次除外)开行的列车,均按货物列车统计。行包专列单独统计。

2. 列车开行时分的确定

(1)按列车运行图运行线开行的列车,根据图定时分为依据统计。

(2)临时定点运行的列车,根据日(班)计划规定的时分为依据统计。

(3)因影响行车的技术设备施工、维修,由铁路局集团公司以书面文件、电报或在运输方案中公布调整列车运行图中的列车运行时分,根据调整的时分统计。

3. 下列情况的列车以列车发、到前下达的调度命令为准

(1)中转列车临时早点提前利用空闲运行线运行时。

(2)停运列车临时恢复运行时。

(3)使用原车次在枢纽内变更始发或到达的编组站时。

(4)在铁路局集团公司管内整列重车或空车变更到站时。

(5)编组站(区段站)编组的始发利用日(班)计划内中转列车空闲运行线提前开行时。

4. 编组始发列车正、晚点的确定

下列情况按出发正点统计:

(1)根据日(班)计划规定的车次,按图定的时分正点或早点不超过 15 min 出发时。

(2)日(班)计划规定以图定运行线到达的中转列车,因临时停运或晚点在执行的日(班)计划内不能到达时,编组站、区段站根据发车前的调度命令,利用该运行线提前开行日(班)计划规定的编组始发车次列车,正点或早点不超过 15 min 出发时。

除上述情况外,利用该运行线开行的编组始发列车,出发按晚点统计。

5. 中转列车正、晚点的确定

下列情况按出发正点统计:

(1)根据日(班)计划规定按图定接续运行线正点、早点出发或晚点不超过到达运行线(注①)图定接续中转时间出发时。

预计中转列车不能按图定接续运行线运行时,按日(班)计划规定的接续运行线正点、早点出发或晚点不超过到达运行线图定接续的中转时间出发时。

(2)直达列车原利用的运行线已终止,按日(班)计划规定以原车次另行接续的运行线正点,早点出发或晚点不超过日(班)计划规定接续的中转时间出发时。

(3)中转列车临时早点,根据发车前调度命令提前利用空闲运行线(注②)正点、早点出发或晚点不超过到达运行线固定接续中转时间出发时。

中转列车临时晚点利用空闲运行线出发时,仍按到达运行线固定接续的中转时间统计正晚点。

注①:到达运行线系指列车按日(班)计划或调度命令规定所走的运行线。

注②:空闲运行线系指基本列车运行图中:a. 日(班)计划未使用的运行线;b. 日(班)

(4)计划规定使用的运行线,又以调度命令利用其他运行线运行或临时停运时。

6. 行包专列、货物"五定"班列正晚点统计

凡以行包专列、"五定"班列车次开行的列车一律按基本运行图图定时分统计列车出发、

运行正晚点。

7. 货物列车出发正点率的统计

车站货物列车出发正点率根据列车"行车日志"统计，并可按下式计算：

$$货物列车出发正点率＝正点出发列数/出发总列数×100\%$$

货物列车正点率算至小数一位，第二位四舍五入。行包专列比照计算。

（二）货车停留时间完成情况分析

货车停留时间完成情况，应以月度技术计划规定的中停时指标与车站实际完成情况相比较，分析其是否完成计划。如果货车停留时间经常完不成计划，则车站运用车标准数将会显著增加，给车站作业带来很大困难，甚至造成堵塞。

货车停留时间完成情况，一般按中转停留时间和一次货物作业停留时间分别进行分析。对编组站来说，主要分析中时完成情况；货运量较大的车站，主要分析停时完成情况。这里仅介绍中转停留时间的分析方法。

1. 按技术作业过程分析

有调中转车在站作业过程包括到达作业、等待解体和解体、集结、编组、待发和出发作业5项，除分析各项作业对中转停留时间的影响外，要重点分析各种等待时间，从中找出延长中时的原因。例如，是车流变化影响接续，还是列车停运造成车辆积压，还是列车密集到发影响车站的正常作业，还是车站计划不当，调车作业迟缓，影响列车的及时编组和解体。

2. 按有调与无调车比重的变化进行分析

车流性质的变化，对中转停留时间的影响很大。由于 $t_{无调}＜t_{有调}$，所以无调中转车流增大，有调中转车流减少，中时完成情况就好；反之，中时就延长。

有调与无调车流比重变化对中转停留时间的影响，可按下列公式换算后进行分析。

$$t_{中时}^{换算}＝(t_{无调}^{计划}×N_{无调}^{实际}＋t_{有调}^{计划}×N_{有调}^{实际})/(N_{无调}^{实际}＋N_{有调}^{实际})(h)$$

式中　$t_{中时}^{换算}$——换算换算中转时间（h）；

$t_{无调}^{计划}$、$t_{有调}^{计划}$——月度计划规定的无调、有调中转时间，（h）；

$N_{无调}^{实际}$、$N_{有调}^{实际}$——实际完成的无调、有调中转车数。

例如，某站计划车流：有调中转车 2 400 辆，无调中转车 600 辆；实际到发车流：有调 2 600 辆，无调 400 辆。即有调中转车增加了 200 辆，无调中转车减少了 200 辆。月度技术计划规定：$t_{无调}^{计划}$ 为 1.1 h，$t_{有调}^{计划}$ 为 5.5 h，中时为 4.6 h；车站实际完成 4.8 h。从表面上看，该站没有完成计划。但进一步分析车流变化情况，由于有调中转车流增加，无调中转车流减少，按上式换算后的中时应为 4.9 h，而实际完成 4.8 h，比计划减少 0.1h，即：

$$t_{中时}^{换算}＝[1.1×400＋5.5×2\ 600]/[400＋2\ 600]＝4.9(h)$$

同理，一次货物作业停留时间，也应该按照作业过程和按照一次货物作业车、双重货物作业车的比重两方面进行分析。

3. 调车工作完成情况

首先分析各台调车机车完成的作业量。例如，解体和编组的列数、辆数以及平均编、解作业时间；取送次数、辆数等，从而分析调车机车的运用效率。

如果调车机车运用效率不高，则应进一步分析，是非生产等待时间多，还是重复作业时间多；是调车作业迟缓，还是计划不当或变更计划频繁。有时调车机车效率不高是由于作业时间超过了标准,应进一步分析其原因,并针对调车工作中存在的问题,提出改进措施。

4. 交班基础情况

交班基础好坏,对于完成班工作任务影响很大。例如,本班应解、应编的列车而未及时解体和编组,将造成下一班工作的忙乱,甚至造成列车出发晚点;本班应送、应卸的车辆而未及时送人装卸地点或未按时卸空,势必影响下一班装卸任务的完成。

本班应解、应编的列车与应送、应卸的车辆,是根据车站技术作业过程确定的。例如,有的车站规定 18:00(6:00)以前到达的列车和 22:00(10:00)以前出发的列车为应解和应编列车,本班必须解完、编妥、为下一班的工作打下良好基础。

5. 运用车标准数与车站最高限额现在车数

运用车标准数是衡量车站工作的一个重要指标。运用车标准数不足,将会影响车站的正常作业,不能保质保量地完成运输任务;反之,运用车超过标准数时,将会延长货车在站停留时间,造成作业困难。因此,必须对车站运用车标准数进行定期分析。当运用车超过标准数时应采取措施加以解决。

分析车站运用车标准数,首先要根据车站的实际到发车流量和停留时间标准,对原规定的标准数进行修正,算出修正后的标准数,再与实际数进行比较和分析。

例如,某站按月度技术计划规定车流量为:$N_{无调}＝1\ 000\ 车,N_{有调}＝3\ 200\ 车,N_{货车}＝300\ 车$,货车停留时间标准为:$t_{无调}＝0.6\ h,t_{有调}＝3.0\ h,t_{货车}＝6.0\ h$。则其运用车标准数为:

$$N_{保}＝[1\ 000×0.6＋3\ 200×3.0＋300×6.0]/24＝25＋400＋75＝500(车)$$

如实际车流量为:$N_{无调}＝1\ 200\ 车,N_{有调}＝3\ 600\ 车,N_{货车}＝240\ 车$,则修正后运用车标准数为:

$$N_{修正}＝[1\ 200×0.6＋3\ 600×3.0＋240×6.0]/24＝30＋450＋60＝540(车)$$

假若该站实际的运用车数为 530 车,从表面上看超过标准 30 车,实际上不但没有超过,反而减少了 10 车。

车站最高限额现在车数,系指当车流发生波动时,车站现在车数的最高限额,超过此数车站即发生堵塞状况,影响邻接区段和枢纽内各站的运输工作,应及时采取疏解措施。

车站最高限额现在车数可根据日常掌握的规律,通过分析确定。

复习思考题

1. 车站工作统计的主要内容是什么?主要作用是什么?

2. 哪些车辆按重车统计?

3. 现在车如何分类?

4. 哪些车辆按空车统计?

5. 现在车掌握可分为几种情况?各有什么作用?

6. 货物作业车按过程统计哪几项时间?

7. 什么叫货物作业停留时间?

8. 什么叫中转停留时间?

9. 写出一次货物作业平均停留时间计算公式。

10. 写出中转车平均停留时间计算公式。

11. 车站行车工作分析有哪几种？班工作分析的重点内容是什么？

12. 车站行车工作分析主要内容是什么？

13. 调车机车运用效率不高时应从哪几个方面进行分析？

第三篇 相关知识

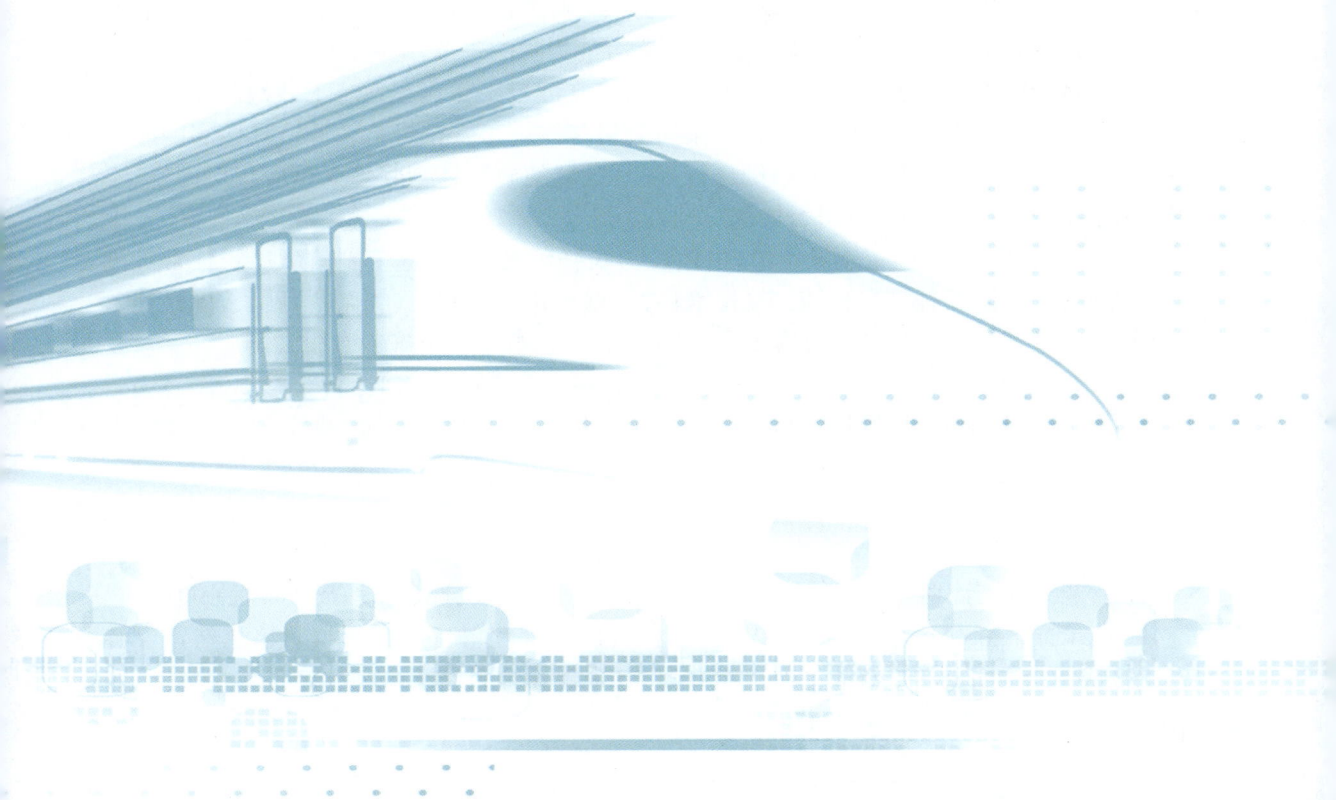

第十一章 | 施工维修作业

第一节　施工计划的相关知识

一、施工组织领导

1. 铁路局集团公司成立营业线施工领导小组,组长由分管运输副总经理担任,副组长由分管工电、建设副总经理担任,成员由施工办、运输、客运、货运、机务、车辆、工务、电务、供电、科信(总工室)、建设、土房、企法部,安监室,调度、信息技术所负责人组成,全面领导营业线施工管理工作。营业线施工领导小组主要负责研究制定营业线施工管理有关制度办法,批准年度轮廓施工计划和月度施工计划,研究制定施工和运输组织方案,组织营业线施工考核,协调解决营业线施工管理重大问题和结合部问题等。

2. 铁路局集团公司施工办负责营业线施工领导小组日常工作,主要承担营业线施工管理、施工与运输组织协调等职责。

3. 铁路局集团公司应优化施工办机构设置和专业结构,配齐配强工作人员。施工办计划管理人员应选配熟悉运输业务和设备养护规律、综合协调能力强的人员,原则上应具有列车调度员工作经历。施工办应配备业务熟练、综合能力强的工务、电务、供电专业技术人员。

4. 铁路局集团公司施工办应优化业务分工、建立健全工作流程。施工办编制施工计划时应根据运输能力和施工需求,对铁路局集团公司整体施工安排进行协调。具体实施时应按照月日计划统一、分线分区域的原则进行,同一区域的施工计划管理人员应相对固定,不同区域间的结合部应指定专人进行协调。

5. 车务站段要成立施工领导小组,由站(段)长任组长,分管施工副站(段)长任常务副组长,其他副站(段)长任副组长,安全、技术科长(副科长),中间站(线路所)站长(副站长),车间主任(副主任)任组员,具体日常工作由技术科负责,技术科设施工专职人员。各站段要将施工管理工作进行细化分工,责任落实到人,确保施工安全。临河运营维修段、额济纳运营维管段、霍林郭勒运维段等涵盖车务、工务、电务等多专业的站段,施工领导小组应由以上同等级别车务专业人员担任。

二、施工方案审核

1. 营业线施工计划实行国铁集团、铁路局集团公司、站段分级管理,逐级审批制度。

2. 施工方案由施工单位制定并内审,经相关设备管理单位和行车组织单位初审会签后,上报铁路局集团公司主管业务部组织共审,其中建设项目施工方案由施工单位内审,监理单位复审,设备管理单位和行车组织单位初审会签,项目管理机构预审,上报铁路局集团公司主管业务部组织共审。提报的施工方案应包括:施工项目及负责人、作业内容、地点和时间、影响范围及限制行车条件、设备变化和行车方式变化、技术标准、施工方式及流程、施工过渡方案、施工组织、施工安全和质量的保障措施、施工防护办法、软硬隔离措施、列车运行条件、验收安排、指挥体系、应急预案等基本内容。

3. 施工办在月度施工计划编制会上确定各线天窗给点时间,各施工单位按照天窗给点时间,重新调整施工方案中的施工流程、日工作量及施工封锁时间。

4. 工程实施过程中,由于设计变更、行车条件变化、边界条件变化等引起的方案调整,须重新审查施工方案。

5. 站(段)审批的施工计划。车站(车务负责行车组织的动车所)正线、到发线以外不影响机车(动车组)出入库和解编作业的机车走行线、调车线、牵出线及车站负责按调车方式取送车作业的专用线、货物线、段管线施工,由车务段(直属站)进行审批。

6. 站段管理的施工不纳入铁路局集团公司月度施工计划,由施工单位在每月25日前向有关站段提报次月施工计划,经站段批准后实施,须单机轧道时由车站组织。站段批准的施工、维修计划不发布调度命令。

7. 施工方案审查会必须由车务站段施工专职人员亲自参加,对施工单位提报的施工方案中作业内容、地点和时间、影响范围及限制行车条件、设备变化和行车方式变化等关键内容进行认真审核,结合本单位实际情况提出意见。施工专职人员不能参加时,经站段施工领导小组组长(常务副组长)同意,可指派熟悉施工业务的人员参加。

三、施工安全协议

施工安全协议由车务站段技术科组织施工专职人员审核、把关,施工领导小组组长(副组长)批准。施工安全协议内容必须符合规定,详细、准确、清晰地划分责任和义务,公章、签字、日期完整,由技术科和相关车间(中间站、线路所)共同保存。施工方案未审核通过或合理意见未经采纳,车务站段不得与施工单位签订施工安全协议。

四、营业线施工计划管理

(一)铁路局集团公司营业线施工计划管理

1. 营业线施工计划分为年度轮廓施工计划、月度施工计划、施工日计划和维修计划。

2. 国铁集团调度中心负责组织编制全路繁忙干线集中修年度轮廓施工计划,审批国铁集团管理的月度施工计划和繁忙干线、干线施工分界口货物列车停运计划,审核国铁集团管理的日计划;铁路局集团公司施工办负责组织编制集团公司年度轮廓施工计划、月度施工计划、施工日计划和高速铁路维修计划;车务段(直属站)负责组织编制普速铁路维修计划。

3. 铁路局集团公司施工办每年12月初根据各业务部室提出的部门年度轮廓施工计划,组织有关业务部室编制集团公司次年年度轮廓施工计划。年度轮廓施工计划包括:站场、线路、桥隧、信联闭、通信、接触网等行车设备大、中修及技术改造等主要施工。

4. 铁路局集团公司施工办负责组织编制集团公司月度施工计划。月度施工计划是各施工单位结合年度施工轮廓计划提出的月度施工任务安排,是确定施工封锁时间和站段安排施工、维修作业的依据。内容应包括施工等级、线路、行别、项目、日期、地点、时间、内容及影响范围、限速及行车方式、设备变化、运输组织、主体施工单位及负责人等。

5. 铁路局集团公司施工办根据月度施工计划（含批复文电）负责施工日计划的编制。

6. 普速铁路维修计划实行周计划。维修日期、天窗时间由施工办在月度施工计划文件中公布，具体维修作业计划，由设备管理单位根据集团公司月度施工计划及月度施工计划中公布的天窗日期、时间按自然周以车务段（直属站）管辖范围为单元，编制一周的维修计划。并于每周三12：00前将次周维修计划通过"铁路调度管理系统施工子系统（TDMS）"提报，TDMS故障时以电子邮件的形式报送相关车务段（直属站）。车务段（直属站）牵头，每周四前组织本段（站）管辖范围内各设备管理单位，召开维修周计划审查会，根据设备管理单位提报的维修周计划，结合月度施工计划，集中审核、编制维修周计划。车务段（直属站）负责汇总、编制本段（站）管辖范围内次周全部的维修计划，于每周五17：00前通过TDMS报调度所（站段管理的维修计划除外）实施。各设备管理单位提报维修天窗计划时，要注明作业项目、地点、作业负责人、配合单位、影响范围等。结合铁路局集团公司实际情况，维修计划在周计划的基础上按日计划组织实施，设备管理单位利用TDMS"铁路调度管理系统施工子系统"于前3日15：00前录入维修日计划，录入计划时在流程设置中必须将车务段（直属站）设为会签单位，车务段（直属站）务必于前3日18：00前完成会签，业务部审核后于前2日9：00前报调度所实施。

（二）车务站段营业线施工计划管理

1. 车务站段月度计划管理

(1)铁路局集团公司管理的施工计划。站段施工专职人员必须认真核对铁路局集团公司月度施工计划，对存在的问题协调施工办修正。

(2)站段管理的施工计划。每月由车务站段组织项目管理机构、施工单位、设备管理单位召开次月施工计划审查编制会，对计划中施工内容、影响范围、限速情况、设备变化等关键要素进行重点审核，优化施工组织方案，由站段施工领导小组组长（副组长）批准。

(3)站段对铁路局集团公司管理的施工计划摘录后，连同站段管理的施工计划一并转发至有关车间（中间站、线路所）。

2. 车务站段维修计划管理

车务站段按规定召开普速铁路周维修计划审查会，对设备管理单位提报的周维修计划申请进行集中审查，并编制周维修计划，会议要留有记录。积极组织维修作业单位提报共用天窗，提高天窗利用率。周维修计划申请应做到格式要规范，内容完整，用语准确，凡计划中作业地点、作业项目、影响范围等不准确，或与施工计划产生冲突时，不得纳入维修计划。周维修计划申请表由车务站段技术科保管（可留存电子版），保存期限三个月。

3. 车务站段施工日计划管理

(1)车间（中间站、线路所）需通过施工管理系统摘录次日本站及与本站（所）相关的所有施工和维修日计划，提前了解施工、维修内容及关联影响情况。站段技术科需通过施工管理系统全面掌握管内施工和维修计划，并与车间（中间站、线路所）进行核对。

(2)站段应安排专人负责运行揭示调度命令接收、核对和转发，转发时要明确涉及的车间（中间站、线路所）。车务站段使用电子邮件或办公系统向车间（中间站、线路所）转达运行揭示调度命令时,转达人须通过电话或系统确认相关车间(中间站、线路所)接收、签认情况,通过电话确认时,须记录调度命令号码、接收人姓名、接收时间。车务站段使用传真机向车间(中间站、线路所)转达运行揭示调度命令时,收发双方须对调度命令内容进行核对,发出传真方须记录调度命令号码、接收人姓名、接收时间。当面向车间(中间站、线路所)递交运行揭示调度命令时,递交人应登记调度命令号码,接收人须签认姓名及接收时间。

五、计划变更及临时施工

1. 未纳入月度施工计划的施工项目原则上不准进行施工。特殊情况必须施工时,由施工单位提出施工申请,按规定进行施工方案审核,签订施工安全协议,制定安全措施,通过主管业务部室审查(建设项目施工计划应先报项目管理机构预审),报施工办审核后,经分管运输副总经理(总调度长)批准,由施工办安排施工。需增加国铁集团管理的施工计划时,铁路局集团公司提前 15 天向国铁集团调度中心提出申请(涉及修改 LKJ 基础数据的须提前 20 天,涉及旅客列车停运、提前开车和停站变化的须比预售期提前 15 天),经国铁集团调度中心批准后方可安排施工。

2. 月度施工计划原则上不准变更。特殊情况必须进行调整时,由施工单位提前 5 天向铁路局集团公司主管业务部门和施工办提出书面申请,由施工办调整施工计划。涉及 LKJ 基础数据变化的施工日期不得提前。

3. 施工日计划下达后,不得随意取消施工日计划(项目)。因特殊原因临时取消时,须经铁路局集团公司分管运输副总经理(总调度长)批准(国铁集团管理施工项目还须经国铁集团运输调度指挥中心主任或副主任批准)并采取行车安全措施后,原则上于施工前一日 14:00 前以调度命令办理取消(含取消或重新发布运行揭示调度命令)。

4. 施工日计划下达后,施工开始前,施工单位自身原因取消施工和维修时,不发布取消施工和维修的调度命令。涉及运行揭示调度命令的施工取消时,施工单位必须登记行车条件,铁路局集团公司调度所根据登记发布调度命令。

5. 对于停止的施工,能纳入后续天窗日时,由铁路局集团公司施工办尽快重新安排,需在非天窗日安排时,由施工单位提出书面申请,经铁路局集团公司分管运输副总经理(总调度长)批准后,由铁路局集团公司施工办安排,因停止施工引起的本月未按月计划完成的施工,可顺延至下月。

第二节 施工及维修作业相关规定

一、维修组织实施

1. 高速铁路维修作业应按照统筹安排、综合利用的原则,实施综合维修生产一体化作业组织。

2. 普速铁路维修作业应探索一体化作业组织,实施维修作业集中化、专业化,综合利用天窗。

3. 普速铁路维修作业,双线 V 形天窗区段一线作业时不得影响另一线行车设备的正常使用,车务部门要对双线 V 形天窗区段涉及上下行渡线的道岔进行室内单独锁闭,其他部门要制定防止误碰上下行渡线行车设备的安全措施。对涉及上下行渡线时纳入月度垂直天窗计划。同一区间当日安排有施工天窗时,维修作业应在施工天窗内可等时长套用,不再单独安排维修天窗。连续多个区间和车站维修作业,一次发布准许维修作业的调度命令时,对其中个别无维修作业的车站或区间,列车调度员可将其同时纳入。

4. 普速铁路车站的维修天窗可根据车站性质、线路功能等特点,按运输影响分级管理,由车务段(直属站)组织设备管理单位根据需要划分不同作业区域或作业单元,维修天窗时长和时段可适当调整。

5. 根据对运输影响程度维修天窗按级分为三类:一类维修天窗是指涉及接发旅客列车的正线、到发线、联络线及其相关道岔的维修天窗,由铁路局集团公司施工办负责安排;二类维修天窗是指一类以外的铁路局集团公司施工办负责安排的维修天窗;三类维修天窗是指站段管维修天窗。

6. 编组、区段站,多车场和有分歧方向且设备较复杂的中间站,车站(场)两端咽喉可根据联锁区划分维修作业区域。作业区域按站别、场别分别顺序编号,上行端为双号、下行端为单号。电气化铁路区段接触网停电维修,以供电臂停电单元或最小停电单元作为一个供电维修单元。

7. 不影响正线及区段通过能力的站线维修天窗,周一至周五每区段隔站安排 2～3 处 180 min 及以上的维修天窗(具有特殊用途的到发线除外),可不随正线天窗时间安排。

8. 车站不办理接发列车(含到达场、出发场不办理接发列车一端)的行车设备,在确保安全的前提下,维修作业由车站负责安排。车站驼峰设备检修实行"停轮修",应利用交接班、调车作业间休等时间进行,原则上每次不少于 40 min。每日可分若干次进行,条件允许应一次给足时间。

9. 车站(车务负责行车组织的动车所)正线、到发线以外不影响机车出入库和解编作业的调车线、牵出线及车站负责按调车方式办理取送车作业的专用线、货物线、段管线有关行车设备的维修作业,由车务段(直属站)负责安排,机务、车辆段内有关行车设备的维修作业,在确保安全和不影响机车出入、车辆取送的前提下,由机务、车辆段负责安排,其他段管线内有关行车设备的维修作业,由设备使用单位负责安排。须接触网停电的作业除外。

二、集中修组织实施

1. 集中修是调配施工机械、人员、路料,综合利用施工天窗,集中完成一条线路行车设备大中修、技术改造和维修任务的一种施工组织形式。呼和浩特局集团公司管内唐包线根据国铁集团统一安排,原则上每年安排一至两次集中修,时间为 180～210 min,工务、电务、供电等部门综合利用,集中整治设备。其他主要干线也应按集中修模式组织实施。

2. 集中修的施工时间根据施工工作量来确定,可集中连续安排一段时间,也可分段进行施工。集中修期间一般需调整施工分号列车运行图,在运输条件许可的情况下,施工天窗、施工慢行附加时分和处所可适当增加,同时相应采取整体运输调整措施,为集中修创造条件。在完成集中修的地段,集团公司适当调整维修天窗时间和作业次数。

三、营业线施工登销记

（一）施工（维修）销记登记

1. 在车站（动车所）登记的，施工（维修）负责人应确认已做好一切施工（维修）准备，于开始前 40 min 由施工（维修）负责人（驻站联络员）通过"施工维修登销记信息系统"或在"行车设备施工登记簿"内完成登记，按规定通过车站值班员向列车调度员申请施工（维修），车站值班员在核对有关登记内容与施工和维修计划相符无误后，方可向列车调度员申请施工（维修），具备条件后，列车调度员尽快将施工（维修）调度命令下达到有关车站。车务段（直属站）管理的施工（维修）作业，按规定向车站申请施工（维修），车站值班员在核对有关登记内容与施工（维修）计划相符无误后签认准许作业。

车站值班员接到施工调度命令后一般在 5 min 内完成核对、传达工作，遇复杂大型施工时不应超过 10 min。施工调度命令核对完毕并具备施工条件后，车站值班员立即转交施工负责人（驻站联络员）。

2. 施工负责人（驻站联络员）接到准许施工（维修）的调度命令后，要电话通知或当面布置调度命令内容，进行施工调度命令内容的复核确认，以保证及时、准确地传递相关信息，尽量压缩调度命令的传递时间，不得以微信等群发的方式代替传真或电话传达确认方式。

3. 机车牵引的施工路用列车，车站设有驻站联络员时，由驻站联络员指派胜任人员向司机交付书面调度命令，车站未设驻站联络员时，由车站值班员指派胜任人员向司机交付书面调度命令，司机接到调度命令后，使用列车无线调度通信设备与车站值班员认真核对。无线传送系统作用良好时，列车调度员（车站值班员）可通过无线传送系统向有关司机发布调度命令，司机确认无误后及时签认、打印。

4. 自轮运转设备停车位置紧邻车站行车室，取送调度命令无须横越线路时，司机委托其他人员到行车室向车站值班员接收书面调度命令；自轮运转设备停车位置距车站行车室较远，取送调度命令需横越线路时，车站值班员可使用列车无线调度通信设备（其语音记录装置须作用良好）向司机转达调度命令，并及时转交施工负责人（或驻站联络员）书面调度命令，司机使用列车无线调度通信设备接收调度命令时，需认真复诵并做好记录。

5. 车务部门在运转室（信号楼）按工务、电务、供电、其他分类设立四本"行车设备施工登记簿"（非电气化区段按工务、电务、其他分类设立三本），作业时组织各专业单位在各自登记簿上分别进行登记。

6. 在调度所登记的，施工（维修）负责人应确认已做好一切施工（维修）准备，于开始前 40 min 由施工（维修）负责人（驻调度所联络员）通过"施工维修登销记信息系统"或在"行车设备施工登记簿"内完成登记，列车调度员在核对有关登记内容与施工（维修）计划相符无误后签认，列车调度员尽快下达施工（维修）调度命令。

7. 在机务段、车辆段登记的，施工（维修）负责人应确认已做好一切施工（维修）准备，于开始前 40 min 由施工（维修）负责人（驻站联络员）在"行车设备施工登记簿"内完成登记，机务段、车辆段在核对有关登记内容与施工（维修）计划相符无误后签认准许作业。"施工维修登销记信息系统"具备条件时，使用系统进行行车设备施工、维修的登记和销记。

（二）施工（维修）销记

1. 在车站（动车所）、调度所登记的，施工（维修）负责人（驻站、驻调度所联络员）应提前了解施工（维修）过程及开通的状况，在调度命令规定的施工结束时间前 30 min 通过"施工维修登销记信息系统"或在"行车设备施工登记簿"内填写施工销记内容，施工（维修）作业完成后，经施工、设备管理单位检查达到放行列车条件，根据施工（维修）负责人指令，由驻站（驻调度所联络员）登记销记时间并签认，设备管理单位检查人（或设备管理单位指定人员）进行签认后即完成开通登记（施工销记）。车站值班员或列车调度员在施工单位登记销记内容后应及时确认销记内容和有关行车条件，具备开通条件，并确认施工、设备管理单位均已签认后，按规定签认、开通。

2. 在机务段、车辆段登记的，作业完成后，经施工、设备管理单位检查达到开通条件，由施工（维修）负责人（驻站联络员）、设备管理单位检查人（设备管理单位指定人员）办理开通登记（施工销记）并签认后，机务段、车辆段按规定签认、开通。开通前施工单位必须将施工地段的路料、限界派专人检查确认。

（三）施工联签登记

1. 对施工配合单位（设备管理单位）仅有配合内容、无具体影响范围的施工，施工开始前、施工开通前通过"施工维修登销记信息系统"或在"行车设备施工登记簿"上进行签认。

2. 施工主体单位负责人（驻站、驻调度所联络员）确认配合单位全部签认后（配合单位在异地配合不能到达本地签认时，须传真或利用语音记录装置良好的通信设备进行确认），方可向车站值班员（列车调度员）提报施工开始或开通申请。

四、施工（维修）会议制度

（一）施工预备会

1. Ⅲ级施工应按规定召开施工预备会，其中施工期间需无联锁接发列车的施工，只允许分管副段（站）长或受委托的其他副段（站）长组织召开；其他情况可由受委托的安全、技术科长（副科长），中间站（线路所）站长（副站长），运转车间（行车工作由调度车间管理时，为调度车间，下同）主任（副主任）及以上级别专业人员组织召开。委托中间站（线路所）站长（副站长），运转车间主任（副主任）补强盯控时，车务站段还应安排安全技术人员进行现场检查指导。

2. 施工预备会由各单位汇报施工内容、准备情况及需要协调解决的事宜，车务牵头组织共同核对施工内容、影响范围、作业车运行、行车条件、设备变化、限速情况、人身安全措施等关键内容，针对需协调解决及结合部问题提出具体解决措施。

（二）施工总结会

施工总结会与施工预备会的组织者原则上应一致（不一致时，会议组织者应做好交接，人员资格应满足要求），各单位汇报施工完成情况及存在的问题，车务牵头对存在问题进行梳理，提出解决问题的具体意见和要求。

（三）维修协调会

同一区间或站内有两个及以上单位综合利用天窗进行维修作业时，作业前必须按规定组织维修单位召开维修协调会,明确维修作业范围、防护措施、路用车辆进出、人员上下道、结合部分工、配合重点等事项。

(四)会议记录

施工预备会、总结会、维修协调会的参会人员应在"会议记录簿"上签到。会议过程应进行记录,各单位参会人员发言时应先说明单位、职务、姓名,在具备录音、录像等会议记录手段的情况下,会议记录可实行电子化管理,"会议记录簿"仅简要记录时间、地点、参会人员、会议主要讨论事项等内容。

五、施工盯控

施工作业现场盯控,要与日常维稳、安保、应急处置及分线包站办法相结合,必要时,由专职、专业干部力量补强。

(一)施工盯控人员安排

1. 施工(维修)期间,登记站车间(中间站、线路所)管理人员必须到岗盯控。

2. Ⅰ、Ⅱ级施工由施工领导小组组长(副组长)现场补强盯控。Ⅲ级施工按下列规定补强盯控:

(1)无联锁接发列车的施工,由副段(站)长或受委托的副段(站)长补强盯控;

(2)其他情况由受委托的安全、技术科长(副科长)、中间站(线路所)站长(副站长),运转车间主任(副主任)及以上级别人员补强盯控;

(3)委托中间站(线路所)站长(副站长),运转车间主任(副主任)补强盯控时,车务站段还应安排安全技术人员进行现场检查指导。

(二)盯岗人员基本要求

要做到五清楚、五亲自。五清楚:清楚作业项目及影响范围、清楚施工计划起止时间、清楚行车组织方式、清楚自轮运转设备作业计划、清楚安全卡控措施。五亲自:亲自检查工具、备品、凭证等准备情况、亲自到岗盯控、亲自审核登销记内容、亲自核对调度命令、亲自把控列车放行条件。

(三)施工(维修)盯控内容

1. 普速铁路施工(维修)期间,盯控人员须对登记站施工(维修)登销记、调度命令审核和交递、进路准备和确认、行车凭证填记、核对和交付、标识揭挂、施工开通后放行第一趟列车、施工(维修)停电后列车防溜等关键作业进行盯控。不进行施工(维修)的关系站,在办理封锁开通、非正常接发列车、停送电手续、停电期间关系方向接发车或调车作业、路用列车转线或进出车站时,盯控人员须进行盯控。

2. 高速铁路施工(维修)期间,转为车站控制时,车务盯控人员需对施工(维修)登销记进行审核;对施工作业车出入轨道车库及出入库条件进行确认;对施工作业车进出封锁区间进路准备及联系用语进行盯控;对施工期间封锁标识、无电标识设置情况进行确认;对CTC控制模式(操作方式)转换过程进行盯控;对调度命令签收、核对、交付过程进行重点盯控。

3. 站段安全生产指挥中心要按照当日施工和维修计划,利用视频、TDCS等设备对接触网停电、非正常接发列车和路用列车作业等施工作业情况进行监督、检查、指导。

六、车务点外作业

1. 车务站段天窗点外维修作业,必须编制天窗点外维修作业计划,按规定填写并批准"天窗点外维修作业计划单"。

2. 天窗点外维修作业必须在行车室及现场分别设专职驻站联络员和防护员,并配备通话状态良好的通信设备。驻站联络员严格按规定防护,不得擅自离开防护岗位,须与现场防护员随时进行联系,发现通信中断时,现场防护员要立即通知作业人员下道,通信未恢复前,严禁再次上道作业。

3. 点外维修作业必须在申请的时间内完成。现场防护员须确认作业人员均已下道及作业工具均已收回后,方可向驻站联络员汇报作业完毕。驻站联络员得到现场防护员作业完毕的通知后,方可与车站值班员办理天窗点外销记手续。

第三节　施工行车安全组织措施

1. 运输部门要加强运输组织和调度指挥工作,确保天窗次数及时间兑现。因旅客列车晚点等原因,准许变更天窗起止时间,列车调度员应 2 h 前通知驻调度所联络员或通过车站值班员通知驻站联络员,驻调度所(驻站)联络员通知施工(维修)负责人。施工(维修)作业前,驻调度所(驻站)联络员应与列车调度员(车站值班员)确认列车正晚点情况,并将列车正晚点情况通知施工(维修)负责人。

2. 行车组织部门应积极做好施工组织协调工作,根据需要制定施工情况下的运输组织措施,提前调整车流,加强施工期间的行车组织指挥,为施工作业创造条件。

3. 行车部门应加强施工期间行车组织和调度指挥,无联锁条件下接发列车,站长(副站长、运转车间主任或副主任)应到岗监督作业,严格执行作业标准,落实施工安全卡控措施。控制好行车命令发布、区间空闲确认、进路检查确认、行车凭证填写交付、引导信号使用等关键环节。施工开通应严格执行施工单位和设备管理单位登记开通、车站签认、列车调度员发布开通命令的程序。施工作业需制定施工安全措施。安全措施要依据当日施工内容和影响范围,重点明确人员安排、职责分工、道岔加锁、进路准备、行车凭证、调度命令、限速情况、人身安全、接触网停送电等关键内容。遇现场需人工准备进路的施工,施工安全措施需附施工揭示图,施工揭示图应将施工人员分布及重点提示在站场示意图中标注。

4. 改变行车方式的施工、同一车站开行两列及以上路用列车的施工、接触网停电的施工(维修),由站段技术科组织制定施工安全措施,并以业务通知的形式发至相关车间(中间站、线路所)。

5. 重点针对施工路用列车运行计划信息解析,工务、电务、供电施工计划对比解析等内容进行培训补强。其中改变行车方式的施工、同一车站开行两列及以上路用列车的施工、接触网停电的施工(维修),参与施工的作业人员必须进行考试,考试内容要紧扣本次作业内容、影响范围、行车方式和安全措施,考试合格后方准上岗。

6. 施工单位根据下达的施工计划内容,本着"提高施工效率、少转线"的原则,提前一天(最晚于施工作业开始前 60 min),普速铁路填写"施工自轮运转特种设备站内运行计划登记表"，高速铁路填写"自轮运转特种设备运行、作业计划表"，并交车站值班员（或列车调度员）审核通过后，车站值班员（列车调度员）按计划组织实施。

7. 集中修施工计划编制应坚持货运旺季错峰安排、平行通道错时安排原则。繁忙干线集中修的年度轮廓计划由国铁集团协调相关铁路局集团公司编制，以国铁集团文电形式公布实施，干线集中修的年度轮廓计划由铁路局集团公司编制。繁忙干线每条线集中修施工前，国铁集团组织相关铁路局集团公司对施工日期、天窗、运输调整等事项进行协调。集中修具体施工计划由铁路局集团公司编制。

8. 发挥施工协调小组作用，负责并参加施工现场的组织协调工作。检查施工前的准备工作，检查各项安全措施的落实，掌握施工进度，维护施工期间的运输秩序，协调解决施工有关部门临时发生的问题。负责施工现场的安全监控工作。按专业分工对施工期间运输、施工进行安全监控，协调解决影响安全的相关问题。负责组织相关部门和单位协调解决营业线施工、运输、安全等问题，做到运输、施工统筹兼顾，确保行车、人身和施工安全。

9. 加强组织协调沟通。车站全面落实安全管理、技术方案、施工质量、调度指挥集中修专业工作的现场管理责任，建立专业工作与各联劳单位专人对接协调机制，及时协调解决出现的问题，确保每项施工都做到责任分工明确，信息畅通准确，作业协调一致。

10. 加强现场作业控制。以设备管理单位为主体，建立以主管技术副站长统一组织、联动互控的组织体系，强化调度与施工现场的信息沟通，以无缝对接保证施工有序、以有序施工确保运输安全。

11. 加强施工运输衔接。针对京包、包兰线运输繁忙的现实，努力解决好施工与运输的矛盾，实行以运输为龙头的施工组织模式，编制施工计划，抓好施工方案落实，最大限度提高施工后通过能力，实现行车与施工"两不误、双促进"。

12. 认真组织集中修培训考试。以"施工安全'十六条'控制措施"培训学习为基础，组织相关专业科室、车间（站）施工和职教专职管理人员进行集中培训，再由车间（站）组织相关岗位作业人员培训。以集中修期间车站重点施工内容以及安全大反思和施工安全专项整治活动为抓手，重点对施工特定行车办法、自轮运转设备站内运行安全以及施工期间进路准备、施工登销记等施工关键环节安全卡控进行重点培训及考试。提升车间（站）管理人员行车业务素质，熟知接触网停电组织流程和安全防控重点、自轮运转特种设备运行的安全重点、施工特定行车办法的组织流程。掌握绿色许可证、路票等行车凭证的使用方法、运行揭示命令的核对和联控、管内正线上关键道岔和信号机里程，确保将施工计划看懂，抓得住施工的重点，把得住关键，全力提升施工安全管控能力。

13. 开好施工预备会、总结会。会前充分预想行车组织工作以及施工现场存在的安全风险，认真学习施工计划内容，避免会上临时看计划安全预想不充分等施工安全管理隐患。将施工期间邻线（正线）是否有客车经过、施工封锁范围的安全防护标志设置是否到位等，纳入会议内容进行重点提示和确定。明确施工单位和配合单位作业先后流程、在施工范围内作业动态，引导作业部门明确每个人的作业项目，明确施工的关键环节。施工结束后开好施工总结会，认真总结施工全过程中反映出的现场配合、流程控制、卡控措施制定或落实等方面的问题，为今后同类型施工组织工作奠定良好基础。

14. 做好施工前准备工作，提升安全卡控质量。分析施工中的行车安全风险，突出安全卡控重点,结合施工预备会确定相关安全防控重点,制定相关安全卡控措施,确保安全卡控精准有效。充分利用班前点名会,学习培训当班施工计划和相关安全卡控措施,掌握行车设备、行车组织方式、列车运行调整等变化,明确作业车出入方式,明确登销记内容审核把关,需要考试的项目编写试题,突出重点,确保培训考试取得实效。制定施工安全卡控措施的管理人员和施工盯控人员提前沟通,让盯控人员掌握施工计划、安全重点及卡控措施。

15. 全面把控施工过程安全风险。做好施工登销记、调度命令以及施工结束后限速核对,车站值班员审核完成后盯控人员要再次把关,杜绝盲目签字。施工期间认真盯控自轮运转特种设备的作业位置和进路,按要求准备进路并做好联控,认真盯控其他接发车及调车作业进路,发现问题及时制止。无特殊情况,施工作业不得提前销记开通。确需提前开通的要认真审核施工单位、设备管理单位的销记内容,核对开通设备情况。核对清楚开通时间、开通后是否限速、是否能够放行客车等列车运行条件,严格按照列车调度员的调度命令组织行车,确保安全。制定"站区施工(维修)安全卡控流程表",明确施工盯控内容,确保施工安全。

16. 集团公司应加强集中修考核工作,对施工天窗兑现率和利用率进行统计、分析、考核,掌握施工进度,提高施工天窗的综合利用效率。

复习思考题

1. 集团公司施工领导小组成员有哪些?
2. 集团公司营业线施工领导小组主要职责是什么?
3. 车务站段施工领导小组由哪些成员组成?
4. 营业线施工计划实行什么审批制度?
5. 车务站段审批施工计划的范围是什么?
6. 提报的营业线施工方案应包括哪些内容?
7. 营业线施工计划分为什么?
8. 车务站段周维修计划申请应做到什么?
9. 年度轮廓施工计划包括什么内容?
10. 月度施工计划包括什么内容?
11. 月度施工计划是什么的依据?
12. 集中修指的是什么?
13. 施工(维修)销记的规定是什么?
14. 施工联签登记执行哪些规定?
15. 施工盯控人员是怎样安排的?
16. 施工盯控人员基本要求是什么?
17. 施工(维修)盯控内容包括哪些?
18. 根据对运输影响程度维修天窗按级分为哪几类?
19. 施工协调小组的主要职责是什么?
20. 施工预备会、总结会由谁负责组织召开?

第十二章 | 铁路交通事故处理

第一节 事故的等级

一、铁路交通事故的定义

铁路机车车辆在运行过程中发生冲突、脱轨、火灾、爆炸等影响铁路正常行车的事故,包括影响铁路正常行车的相关作业过程中发生的事故;或者铁路机车车辆在运行过程中与行人、机动车、非机动车、牲畜及其他障碍物相撞的事故,均为铁路交通事故(以下简称事故)。

二、事故的等级

事故分为特别重大事故、重大事故、较大事故和一般事故。

(一)特别重大事故

有下列情形之一的为特别重大事故:

1. 造成 30 人以上死亡。(注:"以上"包括本数,"以下"不包括本数,下同)

2. 造成 100 人以上重伤(包括急性工业中毒,下同)。

3. 造成 1 亿元以上直接经济损失。

4. 繁忙干线客运列车脱轨 18 辆以上并中断铁路行车 48 h 以上。

客运列车是指旅客列车(含动车组)、按客车办理的回送空客车车底及其他列车,下同。

5. 繁忙干线货运列车脱轨 60 辆以上并中断铁路行车 48 h 以上。

(二)重大事故

有下列情形之一的为重大事故:

1. 造成 10 人以上 30 人以下死亡。

2. 造成 50 人以上 100 人以下重伤。

3. 造成 5 000 万元以上 1 亿元以下直接经济损失。

4. 客运列车脱轨 18 辆以上。

5. 货运列车脱轨 60 辆以上。

6. 客运列车脱轨 2 辆以上 18 辆以下,并中断繁忙干线铁路行车 24 h 以上或者中断其他线路铁路行车 48 h 以上。

7. 货运列车脱轨 6 辆以上 60 辆以下,并中断繁忙干线铁路行车 24 h 以上或者中断其他铁路行车 48 h 以上。

（三）较大事故

有下列情形之一的为较大事故：

1. 造成 3 人以上 10 人以下死亡。

2. 造成 10 人以上 50 人以下重伤。

3. 造成 1 000 万元以上 5 000 万元以下直接经济损失。

4. 客运列车脱轨 2 辆以上 18 辆以下。

5. 货运列车脱轨 6 辆以上 60 辆以下。

6. 中断繁忙干线铁路行车 6 h 以上。

7. 中断其他线路铁路行车 10 h 以上。

（四）一般事故

一般事故分为一般 A 类事故、一般 B 类事故、一般 C 类事故和一般 D 类事故。

1. 有下列情形之一，未构成较大以上事故的，为一般 A 类事故：

A1. 造成 2 人死亡。

A2. 造成 5 人以上 10 人以下重伤。

A3. 造成 500 万元以上 1 000 万元以下直接经济损失。

A4. 列车及调车作业中发生冲突、脱轨、火灾、爆炸、相撞，造成下列后果之一的。

A4.1　繁忙干线双线之一线或单线行车中断 3 h 以上 6 h 以下，双线行车中断 2 h 以上 6 h 以下。

A4.2　其他线路双线之一或单线行车中断 6 h 以上 10 h 以下，双线行车中断 3 h 以上 10 h 以下。

A4.3　客运列车耽误本列 4 h 以上。

A4.4　客运列车脱轨 1 辆。

A4.5　客运列车中途摘车 2 辆以上。

A4.6　客车报废 1 辆或大破 2 辆以上。

A4.7　机车大破 1 台以上。

A4.8　动车组中破 1 辆以上。

A4.9　货运列车脱轨 4 辆以上 6 辆以下。

2. 有下列情形之一，未构成一般 A 类以上事故的，为一般 B 类事故：

B1. 造成 1 人死亡。

B2. 造成 5 人以下重伤。

B3. 造成 100 万元以上 500 万元以下直接经济损失。

B4. 列车及调车作业中发生冲突、脱轨、火灾、爆炸、相撞，造成下列后果之一的：

B4.1　繁忙干线行车中断 1 h 以上。

B4.2　其他线路行车中断 2 h 以上。

B4.3　客运列车耽误本列 1 h 以上。

B4.4　客运列车中途摘车 1 辆。

B4.5　客车大破 1 辆。

B4.6　机车中破 1 台。

B4.7 货运列车脱轨 2 辆以上 4 辆以下。

3. 有下情形之一,未构成一般 B 类以上事故的,为一般 C 类事故:

C1. 列车冲突。

C2. 货运列车脱轨。

C3. 列车火灾。

C4. 列车爆炸。

C5. 列车相撞。

C6. 向占用区间发出列车。

C7. 向占用线接入列车。

C8. 未准备好进路接、发列车。

C9. 未办或错办闭塞发出列车。

C10. 列车冒进信号或越过警冲标。

C11. 机车车辆溜入区间或站内。

C12. 列车中机车车辆断轴,车轮崩裂,制动梁、下拉杆、交叉杆等部件脱落。

C13. 列车运行中碰撞轻型车辆、小车、施工机械、机具、防护栅栏等设备设施或路料、塔体,坍体、落石。

C14. 接触网接触线断线、倒杆或塌网。

C15. 关闭折角塞门发出列车或运行中关闭折角塞门。

C16. 列车运行中刮坏行车设备设施。

C17. 列车运行中设备设施、装载货物(包括行包、邮件)、装载加固材料(或装置)超限(含按超限货物办理超过电报批准尺寸的)或坠落。

C18. 装载超限货物的车辆按装载普通货物的车辆编入列车。

C19. 电力机车、动车组带电进入停电区。

C20. 错误向停电区段的接触网供电。

C21. 电气化区段攀爬车顶耽误列车。

C22. 客运列车分离。

C23. 发生冲突、脱轨的机车车辆未按规定检查鉴定编入列车。

C24. 无调度命令施工,超范围施工,超范围维修作业。

C25. 漏发、错发、漏传、错传调度命令导致列车超速运行。

4. 有下列情形之一,未构成一般 C 类以上事故的,为一般 D 类事故:

D1. 调车冲突。

D2. 调车脱轨。

D3. 挤道岔。

D4. 调车相撞。

D5. 错办或未及时办理信号致使列车停车。

D6. 错办行车凭证发车或耽误列车。

D7. 调车作业碰轨脱轨器、防护信号,或未撤防护信号动车。

D8. 货运列车分离。

D9. 施工、检修、清扫设备耽误列车。

D10. 作业人员违反劳动纪律、作业纪律耽误列车。

D11. 滥用紧急制动阀耽误列车。

D12. 擅自发车、开车、停车、错办通过或在区间乘降所错误通过。

D13. 列车拉铁鞋开车。

D14. 漏发、错发、漏传、错传调度命令耽误列车。

D15. 错误操纵、使用行车设备耽误列车。

D16. 使用轻型车辆、小车及施工机械耽误列车。

D17. 应安装列尾装置而未安装发出列车。

D18. 行包、邮件装卸作业耽误列车。

D19. 电力机车、动车组错误进入无接触网线路。

D20. 列车上工作人员往外抛掷物体造成人员伤害或设备损坏。

D21. 行车设备故障耽误本列旅客列车 1 h 以上，或耽误本列货运列车 2 h 以上；固定设备故障延时影响正常行车 2 h 以上（仅指正线）。

国铁集团可对影响行车安全的其他情形，列入一般事故。

因事故死亡、重伤人数 7 日内发生变化，导致事故等级变化的，相应改变事故等级。

三、名词解释

1. 相撞：系指铁路机车车辆在运行过程中与行人、机动车、非机动车、牲畜及其他障碍物相互碰、撞、轧，造成人员伤亡、设备设施损坏。

2. 冲突：系指列车、机车车辆互相间或与轻型车辆、设备设施（如车库、站台、车挡等）发生冲撞，致使机车车辆、轻型车辆、设备设施等破损。

3. 脱轨：系指机车车辆的车轮落下轨面（包括脱轨后又自行复轨），或车轮轮缘顶部高于轨面（因作业需要的除外）。每辆（台）只要脱轨 1 轮，即按 1 辆（台）计算。

4. 列车发生火灾：系指列车起火造成机车车辆破损影响行车设备设施正常使用，或发生人员伤亡，货物、行包烧毁等。

5. 列车发生爆炸：系指机车车辆在运行过程中发生爆炸，造成其设备损坏，墙板、车体变形或出现孔洞，影响正常行车。

6. 正线：系指连接车站并贯穿或直股伸入车站的线路。

7. 繁忙干线：系指京哈（不含沈山线）、京沪、京广、京九（含广州至深圳段）、陇海、沪昆（不含株洲至昆明段）线及客运专线。

繁忙干线单线：系指连接繁忙干线的联络线。

8. 其他线路：系指繁忙干线以外的线路。

新交付使用的线路等级分类，在交付时公布。

在连接不同等级线路的车站发生事故时，按繁忙干线算。

9. 中断铁路行车：系指不论事故发生在区间或站内，造成铁路单线、双线区间或双线区间之一线不能行车。中断行车的时间，由事故发生时间起（列车火灾或爆炸由停车时间算起）至恢复客货列车原牵引方式连续通行时止。

10. 耽误列车:系指列车在区间内停车;通过列车在站内停车;列车在始发站或停车站晚开、在运行过程中超过图定的时间(局管内)或调度员指定的时间;列车停运、合并保留。

11. 客运列车中途摘车:系指编挂在客运列车中的车辆发生冲突、脱轨、火灾、爆炸、相撞未达到中破及以上程度,不能运行,必须在途中摘下(不包括始发站和终到站)。

12. 占用区间:系指(1)区间内已进入列车;(2)区间已被列车取得占用的许可(包括准许时间内未收回的出站、跟踪调车凭证);(3)封锁的区间(属于《技规》第330、第374、第382条的情况下除外);(4)区间内有停留或溜入的机车车辆、施工作业车辆。列车发出后溜入的亦算;(5)发出进入正线的列车而区间内道岔向岔线开通;(6)邻线已进入禁止在区间交会的列车。

列车前端越过出站信号机或警冲标即算。

办理越出站界调车后,没有取消手续,也没有办理列车闭塞手续,就用该调车手续将列车开出,亦按本项论。

13. 占用线:系指车站内已办理进路的线路或停有机车车辆的线路或已封锁的线路。

列车前端越过进站(进路)信号机或站界标即构成"向占用线接入列车"。按《技规》第283条规定办理的列车除外。

第二节　事故的处理

一、事故的报告

事故发生后,事故现场的铁路运输企业工作人员或其他人员应立即向邻近铁路车站、列车调度员、公安机关或相关单位负责人报告。有关单位和人员接到报告后,应立即将事故情况向企业负责人和事故发生地安全监管办安全监察值班人员报告。

列车调度员要认真填写"铁路事故(设备故障)概况表",分别向事故发生地安全监管办安全监察值班人员、国铁集团列车调度员报告。

发生特别重大事故、重大事故,由国铁集团办公厅负责向国务院办公厅报告,并通报应急管理部等有关部门。

发生特别重大事故、重大事故、较大事故或者有人员伤亡的一般事故,应向事故发生地县级以上地方人民政府及其安全生产监督管理部门通报。

事故报告后,人员伤亡、脱轨辆数、设备损坏等情况发生变化时,应及时补报。

事故报告的主要内容包括:

1. 事故发生的时间、地点、区间(线名、公里、米)、线路条件、事故相关单位和人员。

2. 发生事故的列车各类、车次、机车型号、部位,牵引辆数、吨数、计长及运行速度。

3. 旅客人数,伤亡人数、性别、年龄以及救助情况,是否涉及境外人员伤亡。

4. 货物品名、装载情况,易燃、易爆等危险货物情况。

5. 机车车辆脱轨辆数、线路设备损坏程度等情况。

6. 对铁路行车的影响情况。

7. 事故原因的初步判断,事故发生后采取的措施及事故控制情况。

8. 应当立即报告的其他情况。

二、事故的调查

特别重大事故由国务院或国务院授权的部门、重大事故由国铁集团、较大事故和一般事故由事故发生地安全监管办组织事故调查组进行调查。

（一）事故调查组应履行下列职责

1. 查明事故发生的经过、原因、人员伤亡情况及直接经济损失。

下列费用列入事故直接经济损失：

（1）铁路机车车辆、线路、桥隧、通信、信号、供电、信息、安全、给水等设备设施的损失费用。报废设备按报废设备账面净值计算，或按市场重置价计算；破损设备设施按修复费用计算。

（2）铁路运输企业承运的行包、货物的损失费用。

（3）事故中死亡和受伤人员的处理、处置、医治等费用（不含人身保险赔偿费用）。

（4）被撞机动车、非机动车、牲畜等财产物资，造成的报废或修复费用。

（5）行车中断的损失费用。

（6）事故应急处置和救援费用。

（7）其他与事故直接有关的费用。

2. 认定事故的性质和事故责任。

事故分为责任事故和非责任事故。事故责任分为全部责任、主要责任、重要责任、次要责任和同等责任。

负有事故全部责任的，承担事故直接经济损失费用的 100%；负主要责任的，承担 50% 以上；负重要责任的，承担 30% 以上 50% 以下；负次要责任的，承担 30% 以下。

有同等责任、涉及多家责任单位承担损失费用时，由事故调查组根据责任程度依次确定损失承担比例。负同等责任的单位，承担相同比例的损失费用。

3. 提出对事故责任者的处理建议。

4. 总结事故教训，提出防范和整改措施建议。

5. 提交事故调查报告。

（二）铁路交通事故调查报告

铁路交通事故调查报告应包括下列内容：

1. 事故概况。

2. 事故造成的人员伤亡和直接经济损失。

3. 事故发生的原因和事故性质。

4. 事故责任的认定以及对事故责任者的处理建议。

5. 事故防范和整改措施建议。

6. 与事故有关的证明材料。

（三）事故调查期限

特别重大事故为 60 日，重大事故为 30 日，较大事故为 20 日，一般事故为 10 日。事故调查期限自事故发生之日起计算。

第三节 事故的救援

铁路交通事故救援的原则为尽快开通区间,恢复行车,降低事故等级,把事故损失减少到最低程度。

一、事故救援队伍的组织

集团公司调度员接到事故报告后,立即报告调度值班主任。如需要救援列车或救援队时,应立即发布出动命令。集团公司调度值班主任,应同时通报下列人员,迅速赶赴现场:

1. 救援列车主任及救援队长;
2. 总经理、有关副经理;
3. 公安处长;
4. 集团公司安全监察室主任、有关主任;
5. 有关车站站长及车务、列车、客运、机务、车辆、工务、电务、供电、生活等段段长和医疗单位负责人。

有关单位接到事故通报后,应立即通报有关铁路公安派出所。如发生列车火灾或爆炸事故时,还应立即通报当地公安消防部门。

二、救援设备

(一)救援设备的配置

1. 为加强铁路交通事故的应急救援工作,最大限度地减少人员伤亡和财产损失,尽快恢复铁路运输秩序,及时处理行车事故,起复机车车辆,清除线路故障,迅速恢复行车,配备事故救援列车、电线路修复车、接触网抢修车等救援设备和应急通信设备。

(1)救援列车是在铁路线路上发生列车脱轨、颠覆和线路水害、塌方等事故时,用以排除线路故障物、起复机车车辆的专用车列。

(2)电线路修复车是为了修复自然灾害或其他原因造成的信号、通信电线路损坏而装备的有工具、器材的专用车辆,可编入救援列车开往事故现场。

(3)接触网检修车是为了修复电气化铁路接触网断线、电杆及铁塔倒伏、瓷瓶破损等情况而特设的专用车。

除上述三种救援设备外,为使发生轻微脱轨的机车车辆及时起复,根据运输生产需要,铁路局集团公司应在无救援列车的编组站、区段站和二等以上车站成立事故救援队,配备常用的海参形复轨器、人字形复轨器、逼轨器和千斤顶简易起复设备和工具。

2. 机车、自轮运转特种设备应配备:

复轨器和铁鞋(止轮器)。为及时起复轻微脱轨的机车、自轮运转特种设备,能开通区间或线路,减少救援列车的出动;大型养路机械及轨道车还需配备液压复轨器,有关乘务人员应掌握复轨器的使用方法。为防止机车、自轮运转特种设备在线路上无动力停留时溜逸,使用铁鞋(止轮器)防溜。

3. 动车组应配备:

铁鞋（止轮器），以防止无动力停留时溜逸。

紧急用渡板、应急梯：在应急状态下，方便动车组上的旅客换乘或疏散

过渡车钩和专用风管：在机车救援动车组时使用

（二）救援设备存放位置

救援设备应停放在国铁集团公司指定的沿线适当地点，并处于整备待发状态，其工具备品应保持齐全整洁，作用良好。救援列车停留线，原则上应设在两端接通、便于救援列车出动的段管线（站线）上。其固定停放线路，须与正线或到发线衔接，能够开入区间。

（三）救援设备使用方法及相关规定

事故应急救援工作应当遵循"以人为本、逐级负责、应急有备、处置高效"的原则，事故发生后：

1. 有关单位、部门应当按规定程序向上级单位和部门报告。

2. 现场铁路工作人员或者其他有关人员应当立即向邻近铁路车站、列车调度员、公安机关或者相关单位负责人报告，并立即采取停车措施，并按规定对列车进行安全防护。

3. 不宜停车的，可以不停，但应当报告车站、列车调度员。

发生列车火灾、爆炸、危险货物泄漏等事故时，应当尽快组织疏散现场人员并采取必要的防护措施。

4. 救援需要出动救援列车时，救援列车应当在接到出动命令后 30 min 内出动，到达事故现场后，救援列车负责人应当迅速确定具体的起复作业方案。

5. 救援需要通信保障时，通信部门应当在接到通知后根据需要立即启用"117"应急通信人工话务台，组织开通应急通信系统。事故发生在站内，应当在 30 min 内开通电话、1 h 内开通图像传输设备。事故发生在区间，应当在 1 h 内开通电话、2 h 内开通图像传输设备。并指定专人值守，保证事故现场音频、视频和数据信息的实时传输，任何人不得干扰、阻碍事故信息采集和传输。

三、事故救援分工与指挥

（一）事故现场基本分工

1. 救援指挥：集团公司领导或集团公司指定人员，指挥以现场为主。

2. 救援起复：机务部门。

3. 事故调查：安监、公安部门。

4. 现场保护：公安部门。

5. 现场通信：电务部门。

6. 救援调车及防护：车务部门（无车务部门时为机务部门）。

7. 货物倒装及防护：货运部门。

8. 救援列车、路料及运输组织：集团公司调度所主任（副主任）。

9. 线路及设备恢复：工务、电务、车辆、机务部门。

10. 生活：生活部门（无生活部门时由集团公司办公室指定负责人）。

（二）事故救援指挥

救援列车到达事故现场后，救援列车主任应做到：

1. 勘察事故现场迅速拟定救援起复方案。如需要两列以上救援列车或增派人员和材料以及需要使用临时劳务工时,及时提请上级调动。

2. 救援起复方案批准后,及时通知参加事故救援工作的有关人员,部署任务,明确分工,并迅速组织起复作业。

3. 在电气化区段需要停电作业时,必须按规定办理停电手续,接到停电命令,做好防护后,方准进行作业。

4. 执行国铁集团、集团公司有关安全作业的规定,确保作业和人身安全。

5. 事故现场的起复工作,由救援列车主任单一指挥。任何人无权擅自更改救援方案和指挥救援起复作业,并不准以任何借口阻碍救援起复工作。

四、起复常用工具使用注意事项

（一）使用海参形复轨器应注意的事项

1. 海参形复轨器分为内、外侧两种,其顶部外侧比内侧稍高,要注意选择使用。

2. 使用时,外侧复轨器应安装在钢轨外侧并与基本轨密贴,内侧复轨器安放在钢轨内侧并与基本轨保持 35～40 mm 的间隙,以便轮缘通过。安放复轨器时,要安放在两钢轨同侧面的两根枕木上(要躲开接头夹板,有轨撑时要拆除),两复轨器要对称安装。如遇水泥枕时,可在水泥枕间串木枕使用。

3. 复轨器安放后,必须用螺栓卡子、道钉固定好,以防使用时滑动,复轨器顶部须涂油,脱轨车轮与复轨器之间应用石砟及铁板垫好,以减轻阻力和防止毁坏枕木。

4. 使用海参形复轨器时,脱轨车轮距基本轨不得超过 150 mm,如超过时,可采取用钢丝绳拉轴箱或逼轨办法,使车轮靠近基本轨后再进行起复。

（二）使用人字形复轨器应注意的事项

1. 人字形复轨器分为左右侧两个形状,从正面看,它的引导楞外股长,内股短,形成"左人右入"形状。使用时将长引导楞安放在钢轨外侧,短引导楞安放在钢轨内侧。

2. 使用时,必须安装在拉车的前进方向,左右分开摆齐(要躲开钢轨接头夹板,有轨撑时要拆除),将安放复轨器尾部的石砟挖出,装好串销拧紧顶丝固定好,复轨器下部的空处用石砟铁板等垫硬,复轨器前端与钢轨面接触处,可垫少量棉纱、沙粒、木片等物,以防使用时滑行。

3. 使用时要注意使脱轨车轮距离基本轨不得超过 240 mm,如超过时,必须"拉"和"逼"的方法使车轮靠基本轨,然后进行起复。

4. 脱轨车轮与复轨器间用石砟、铁板等物垫好,以减少起复时的阻力和损坏枕木。

（三）使用逼轨器应注意的事项

逼轨器是一种普通短钢轨,用来迫使车辆靠钢轨之用。逼轨安装于线路中心斜向放置,一端伸向车轮内侧,另一端置于复轨引导楞内侧(在复轨器端应距基本轨有 150 mm 的间隙),用道钉钉在枕木上,或用卡子与基本轨相连结,其长度为 2～4 m。

如遇钢枕、水泥枕无法固定时,就在钢轨中间加上轨枕头,以便使逼轨固定。没有短钢轨时可用枕木、圆木代替。

（四）使用千斤顶应注意的事项

1. 使用千斤顶处的地基必须平坦坚固,千斤顶安放必须平稳牢固。

2. 千斤顶头应加木垫等防滑物,禁止使用铁垫。

3. 千斤顶工作时,必须稳正,以防物体倾斜翻倒伤人。

4. 如果顶起车辆一端,另一端在轨道上时,必须在车轮下打上止轮器,预防溜跑。

5. 使用两个千斤顶顶起一个物体时,起落横动等必须一致,指定专人指挥。

6. 使用垫千斤顶的短枕木不宜太短,用 1/2 和 1/3 枕木长度的为最好。

五、简易起复方法

机车车辆发生脱轨事故,由于事故地点、环境、事故发生瞬间的变化及事故发生的原因不同,事故最后的结果及损失程度也就各自不同。这里介绍的只是车务部门常见的、易为职工自行组织的救援起复,可以达到减少事故损失,迅速恢复行车的 15 种机车车辆脱轨的简易救援起复方法,供大家遇到特殊情况时选用。

1. 车辆两台车交叉脱轨的起复方法

车辆两台车交叉脱轨,利用人字形复轨器最为适宜,可一次起复。如用海参形复轨器,可起复一端后,再起复另一端。如前一台车复轨后,后一台车未能靠近基本轨,可利用逼轨,逼引脱轨车轮靠近基本轨,即可起复上道。

2. 两台车脱轨于两轨之间的起复方法

(1)利用复轨器错开放置起复。

(2)利用短轨等物垫起高于钢轨面起复。

(3)利用坡型枕木放置基本轨内侧,两边留轮缘槽可起复(枕木比海参形复轨器稍高一些,但不宜太高)。

3. 车辆在曲线上脱轨的起复方法

当机车或车辆在曲线上脱轨时,应按原脱轨方向往回牵引,最好使用海参形复轨器,并在内侧的复轨器前方安设 2 m 以上的护轮轨,以防车轮复轨后受曲线影响继续脱轨。要严格控制速度,缓慢牵引。

4. 车辆脱线一轴(斜度较大时)的起复方法

这种事故虽然是一根轴脱线,因脱轨后车轮距钢轨较远,斜度大,若处理不当,就会造成不易起复的困难,这是需要事故救援的组织指挥者特别注意的。

在这种情况下,若直接回拉上道,不但不会复轨,而且容易造成台车骑马式的脱轨,给复轨工作带来更大的麻烦。遇这种情况,可把本台车未脱线的一根轴继续向前拉,使整个台车脱到线路同一侧,然后再用复轨器往回拉即可起复。

5. 车辆脱线后一个台车不在线路同一侧的起复方法

车辆脱线后出现的这种状况,通常称为"骑马式"遇此情况,可在一侧基本轨上,反安人字形复轨器,并在车轮前进方向填满铁垫板、夹板、石砟等物抬高车轮,使整个台车位于线路同一侧,再按正常起复方法安装起复器起复。

6. 车辆脱轨造成心盘脱出的起复方法

由于车辆脱轨造成心盘脱出,在没有起重机的情况下,可用千斤顶将脱轨车辆架起,用钢丝绳将脱轨台车牵出复轨,然后对正心盘落下千斤顶即可复原。

7. 车辆脱轨后台车横在道心的起复方法

车辆脱轨后台车横在道心,可用铁链条和台车吊钩将台车与车体捆绑在一起,用横移千斤顶把车体顶起来,横移至轨面上,使车轮落在钢轨上即可起复。

8. 在有护轮轨的道口发生脱轨的起复方法

机车车辆在道口发生脱轨,在没有救援工具的情况下,可利用道口护轮轨复轨。脱在线路内侧的车轮可在护轮轨前面铺设石砟,脱在线路外侧的车轮可用连接夹板、铁垫板等垫成斜坡,使其高于外侧钢轨便可牵引复轨。

9. 车辆进四股脱轨打横的起复方法

遇到这种情况,可先在打横车辆复轨方向的车轮前方铺好石砟,用钢丝绳和套钩与救援机车连结,将打横车辆牵引到直线地段,再安放复轨器缓慢牵引复轨,然后将复轨器安放在第二辆车的复轨方向,用机车牵引复轨。

10. 车辆在撤叉心后端脱轨的起复方法

遇这种情况,要利用现场特有的环境及条件起复车辆。台车一侧可在叉心之间填满石砟,另一侧在护轮轨与基本轨间填满石砟,缓慢移动即可起复。

11. 车辆进入四股未脱轨的处理方法

车辆进入四股未脱轨时,先把尖轨扳向第一台车所在线路开通的位置,缓慢地向尖轨方向拉,待第一台车过了尖轨,再把尖轨扳向第二台车所在线路开通的位置,然后再向前拉,即可使车辆复轨。

12. 车辆进四股脱线,一台车偏出很远的起复方法

先在道心内填平石砟,再用一根逼轨置于线路内侧,一端顶在钢轨上,另一端伸进车轮内侧,用道钉将逼轨固定,在逼轨与撤叉翼间填大量石砟,用钢丝绳、套钩将救援机车与脱轨车辆连结好,缓慢向前移动。待第二台车轮对越过辙叉翼后,道岔开通直股,在前方基本轨上安放复轨器引导起复即可。

13. 车辆在道岔或平面交叉道岔处脱轨的起复方法

车辆在道岔或平面交叉道岔处脱轨时,后台车在两线路之间脱轨,前台车在辙叉心处脱轨。起复时可在辙叉护轮轨后端钉上逼轨,逼轨与基本轨之间填满石砟,辙叉心后端两线路中间处填上大量石砟,前台车可利用上述方法复轨,同时,后台车在进行方向的前方右侧可安一个人字形复轨器,将后台车一侧的车轮过渡到线路内侧,用钢丝绳连挂脱轨车辆牵引起复。

14. 车辆在土挡脱轨的起复方法

车辆在土挡处脱轨一台车,起复方向只能往回拉,但台车的斜度又不对,在此情况下,只好把台车扭转方向,可以使用以下三种办法。

(1)用钢丝绳套住轴承拉,把台车扭过来。

(2)用逼轮短轨把台车逼过来。

(3)用轨枕头顶住轴箱或用大石头止住车轮也可扭过来。

采取以上办法把台车扭过来后,再用复轨器即可起复。

15. 车辆突破土挡造成脱轨起复方法

这里指的是车辆突破土挡造成脱线。遇到这种情况,首先将脱轨车辆的两侧浮土清除,

在车辆前方铺设铁板、木头等物，将脱轨车辆的台车与车体用铜丝绳或链条捆绑好，以防止拉车时车体和台车分离或打横。如救援机车不能直接连挂脱轨车辆时，可用钢丝绳连挂牵引拉上土挡。如台车低于基本轨时，可装上牛角弯钢轨，在拉事故车时，钢轨头不会嵌入台车内，就会顺着弯钢轨爬上来。然后安放复轨器复轨（如重车时必须卸下货物）。

起复车辆时，应有车务、车辆或其他熟悉设备性能和使用方法的人员指导或操作，以保证救援起复中的安全，达到迅速起复脱轨车辆，恢复正常行车，减少事故损失的目的。我们要加强事故救援知识的学习，掌握事故救援各种设备的性能及作用方法，熟悉各种情况下的简易起复办法，更好地担负起事故救援工作的组织指挥责任。

第四节　车辆溜逸及调车冲突事故的原因及预防

一、车辆溜逸

车辆溜逸，一直是运输部门安全生产的隐患，各集团公司和站段必须强化车辆防溜的岗位责任制，认真做好防溜工作。

机车、车辆溜入区间或站内事故，是指以进站信号机和站界标为界，机车、车辆、动车、重型轨道车（包括拖车）由站内溜入区间或由区间溜入站内。在区间岔线内停留的车辆溜往正线越过警冲标时，亦按本项论。其他线路上的机车、车辆溜走时，按产生的后果认定。

（一）机车、车辆溜入区间或站内事故发生的原因

1. 未按规定采取防溜措施。

2. 车辆没有停稳提钩摘车，溜放车辆人力制动机不良或人力制动机制动车辆未停稳松开人力制动机以及违章放风制动。

3. 推进车辆没有试拉。

4. 机车没有施行制动。

5. 机车位于坡道上方，挂车之前撤除了防溜止轮措施。

6. 不熟悉或忽视线路坡道。

7. 不熟悉各种制动工具的性能或使用方法。如人力制动机没拧紧，铁鞋、止轮器、防溜枕木没有牢靠固定，未拧紧规定数量的人力制动机等。

（二）防止机车、车辆溜逸的措施

1. 熟悉掌握线路各段的实际坡度情况。工务部门在养护维修时，应尽量保持站场原设计的纵断面。如坡度发生变化时，必须及时通知车站，车站以此为根据及时修订《站细》。

2. 掌握人力制动机、铁鞋、止轮器、防溜枕木等制动工具的性能、使用方法。车辆部门要加强对人力制动机的检修，经常保持制动作用处于良好状态。

3. 推进车辆时要先试拉。

4. 越区、转场作业，岔线取送车辆，按《站细》规定连结软管。

5. 手推调车由胜任人员负责人力制动机制动。

6. 在超过 2.5‰ 坡度的线路上调车时，禁止溜放作业（为溜放调车而设的驼峰和牵出线除外）；取送摘挂车辆时机车应位于坡道下方，机车必须在坡道上方时，应连结软管，连结软

管的数量,由车站和机务段根据车列情况共同确定并纳入《站细》;摘车前,须做好防溜措施,方可提钩;挂车时,先调整好钩位,检查防溜措施,挂妥后方可撤除防溜措施。

7. 对无动力停留车辆按规定采取防溜措施,并建立对车辆采取防溜措施后的汇报制度和检查防溜措施实施情况的办法,以及建立交接班对号交接车辆防溜情况的制度。

8. 机车停车后,施行制动,机车乘务员要坚守岗位。

二、调车冲突

(一)造成调车冲突事故的主要原因

1. 调车作业计划(包括变更计划)不清,传达不彻底。

2. 作业前检查、准备不彻底。

3. 违反单一指挥。

4. 忘扳、错扳道岔。

5. 信号显示不及时、不准确、错误显示或误认。

6. 间断瞭望或没有执行信号显示要求。

7. 推进车辆前不试拉,推进车列前端无人确认进路或停留车位置。

8. 未按规定连结软管或安装简易制动阀。

9. 未按规定采取防溜措施。

10. 盲目作业、不联系或联系不彻底。

11. 溜放作业时,违反禁止溜放车辆、线路的规定而进行溜放作业,提钩时机不当,漏钩制动,车组间隔不足,掌握速度不当,观速、观距不准确,铁鞋不良、上鞋方法或地点不对,人力制动机不良,人力制动机、铁鞋制动技术不过硬,减速器操纵不当或制动力不足等。

(二)预防措施

1. 调车领导人正确、及时地编制作业计划,调车领导人与调车指挥人必须亲自交接计划;调车指挥人根据调车作业计划制定具体的作业方法,连同注意事项亲自向司机传达;确认有关人员均已了解调车作业计划后,方可开始作业。特别是变更调车作业计划时,更应注意。

2. 调车作业前必须提前排风、摘管,核对计划,确认进路,检查线路、道岔、停留车位置及防溜措施;提前选好、试好人力制动机,准备足够良好的铁鞋。

3. 每台调车机车只准由调车指挥人一人指挥。

配调车长的车站由调车长指挥;利用本务机车调车时可由车站(助理)值班员指挥;遇有特殊情况,可由有任免权限单位鉴定、考试合格的连结员或站务员代替。

4. 调车作业中,调车有关人员要认真执行"要道还道"制度。

5. 调车作业时,调车人员必须正确及时地显示信号;机车乘务员要认真确认信号并鸣笛回示。连挂车辆,要显示"十、五、三车"距离信号(单机除外),没有显示"十、五、三车"距离信号,不准挂车;没有司机回示,立即显示停车信号。当调车指挥人确认停留车位置有困难时,应派人显示停留车位置信号。

6. 推进车辆前要先试拉,车列前端调车指挥人或指派调车组其他人员负责确认进路并及时显示信号。

7. 按规定连结软管，长距离推进时按《站细》规定安装简易制动阀。

8. 对停留车按规定做好防溜措施。

9. 不准两个调车车列同时接近一个道岔，在未划区的线路上禁止同一空线两端同时进行调车作业。

10. 溜放调车作业时，没有得到有关人员做好准备工作的回示或情况不明，联系不上时，调车指挥人不得显示进行信号，不能进行溜放作业。

11. 制动人员要准确观速观距，根据溜放车组走行速度，及时地使用减速器、铁鞋或人力制动机制动。铁鞋制动要防止"漏钩"，加强联防。

复习思考题

1. 什么是铁路交通事故？分为哪几类？

2. 事故报告内容有哪些？

3. 产生车辆溜逸的原因有哪些？如何在调车作业中防止？

4. 调车冲突的原因有哪些？

5. 什么是占用区间？

6. 什么是占用线？

7. 一般事故分为哪几类？

8. 什么是调车冲突？

9. 常用复轨工具有哪些？

10. 繁忙干线包括哪些线路？

11. 什么是中断行车？

12. 什么是耽误列车？

13. 造成调车冲突事故的主要原因有哪些？

14. 调车冲突事故的预防措施是什么？

15. 车辆在土挡脱轨的起复方法有哪些？

16. 车辆在辙叉心后端脱轨的起复方法有哪些？